KB261366

김원장 기자의
앵그리 경제학

김원장 기자의

앵그리 경제학

김원장 지음

빵과 포도주는 더 넉넉해지고
시장은 좀더 공정해지길 바라며,
지민이와 민규에게

영국의 역사가 토머스 칼라일이 『인구론』의 저자 맬서스에게 보내는 편지는 이렇게 시작합니다.

"우울한 학문의 박사님께."

우리가 배웠듯이 맬서스는 "인구는 기하급수적으로 늘어나는데 식량은 산술급수적으로 늘어난다"고 주장했습니다. 당시 지배계급은 이를 사실로 받아들였고, 인구 증가가 두려운 나머지 빈민구제법을 폐지했으니, 그는 참으로 우울한 학문을 했나 봅니다. 그때부터 경제학은 '우울한 학문'으로 불렸답니다.

"맬서스의 장례식에 참석했던 경제학자들 중 일부는 그를 애도하기 위해, 일부는 그가 실제 죽었는지 확인하기 위해 왔을 것이다."

―토드 부크홀츠, 『죽은 경제학자의 살아있는 아이디어』에서

『인구론』이 발표되고 2백 년이 흘렀지만 시장경제는 더 우울해졌습니다. BMW 5시리즈의 국내 판매량이 마침내 제네시스 판매량을 뛰어넘은 2013년 1월, 파견근로자 수도 사상 최고를 기록했습니다.

삼성전자의 영업이익과 가계부채가 경쟁하듯 나란히 기록을 갈아치우고 있습니다. 병원에서, 은행에서, 심지어 학교에서 비정규직의 비율이 빠르게 높아지고 있습니다. 소득 상위 1퍼센트의 소득은 가파르게 오르는데, 이곳 여의도에서 일하는 서무 여직원의 급여는 여전히 10년 전 수준입니다.

금융위기가 어설프게 봉합되고 위기의 진원지 미국은 다시 전가의 보도, '달러 찍어내기'를 반복합니다. 통화주의자들이 무덤에서 벌떡 일어날 만큼 거대한 이 달러 유동성의 시대에 정작 달러값이 오르고 있습니다.

도박판에 돈이 늘자 싸움질은 되레 늘었습니다. '보이지 않는 손'은 타락하고, 늙은 케인지언은 지쳤습니다. 금융위기는 더 잦아졌고, 경제학자들은 더 우울해졌습니다.

"엉터리 경제 상황이 다수 경제학자들의 예측보다 훨씬 길어질 수 있습니다. 하지만 언젠가는 결국 무너질 겁니다. 고통스럽게."

―폴 크루그먼, 2008년 노벨 경제학상 수상자

폴 크루그먼의 저서 『우울한 경제학자의 유쾌한 에세이』의 원제는 'Accidental Theorist', 우리말로는 '얼치기 경제학자'쯤. 경제학자들의 얼치기 전망이 이어지면서 경제학은 참 난처한 학문이 됐습니다. 시장에는 경제학자들이 설명하지 못하거나 또는 설명하고 싶어 하지 않는 현상들이 자꾸 늘어갑니다.

Ⓐ 세계 최대 매출 기업 월마트에 다니는 미국인 A씨. 월마트는 연간 매출이 4,200억 달러, 영업이익이 1백억 달러를 넘는다. 그런데 A씨처럼 월마트에 고용된 20여만 명 대부분이 미국 근로자 평균 급여에 못 미치는 저임금을 받고 일한다. 월마트는 또 거의 모든 제품을 중국 등 제3국가에서 생산한다. 이 제품을 만드는 이들 역시 저임금 근로자다. 그 월마트에서 소비를 하는 소비자도 서민들이다. 서민들이 만들어 서민들이 팔고 서민들이 소비하는 월마트는 천문학적인 이익을 만들어낸다. 그 돈은 다 누가 가져갔을까?

Ⓑ 한국인 자영업자 B씨. 아끼고 아껴 저축성보험에 가입했다. 그런데 가입 3년이 지나도 수익률이 마이너스다. 거의 모든 저축성보험이 짧게는 3년, 길게는 7년까지 수익률이 적자다. 목돈이 급했던 B씨는 자신이 적립한 보험료를 잠시 인출해 쓰면서 9퍼센트의 높은 대출 이자를 물었다. 결국 저축성보험 가입자의 44.7퍼센트가 3년도 안 돼 계약을 해지한다(금융감독원, 2010년). B씨도 3년을 못 버티고 해약했다. 원금보다 적은 환급금이 손에 쥐어졌다. 그런데도 저축성보험 가입자는 자꾸 늘어난다. 이들의 헌신적인 가입에 힘입어 국내 생명보험사는 2012년 3조 원이 넘

는 순이익을 올렸다.

ⓒ 다음 달 신용카드 사용액을 결제하기 어려운 C씨. 대부업체를 이용할 경우 최대 39퍼센트의 이자를 부담해야 한다. C씨 같은 가입자를 위해 카드회사가 제공하는 현금 서비스의 이자율은 29퍼센트에 육박한다. C씨는 어쩔 수 없이 카드론 대출을 받았다. 그런데 카드론도 최대 27퍼센트의 이자율이 적용된다. 이런 C씨가 연체하지 않도록 카드회사는 친절하게 당월 결제액을 다음 달로 미뤄주는 리볼빙 서비스를 제공한다. 그런데 리볼빙 서비스의 이자율도 최고 29퍼센트에 육박한다. 정작 C씨가 이용하는 카드 대금 연체이자는 23퍼센트 정도. 그러니 돈이 부족한 가입자는 연체를 하는 게 가장 절약(?)이다. 한 번 연체의 늪에 빠진 C씨는 좀처럼 신용카드의 늪에서 헤어날 수 없다. 지난 2012년 우리나라의 신용카드 사용액은 또 16퍼센트나 늘었다.

ⓓ 지난해 소득의 14퍼센트를 소득세로 낸 D과장. 올해 세 부담이 또 4퍼센트 올랐다. 그런데 주식양도 차익만으로 수십억 원을 버는 K회장님은 한 푼도 소득세를 내지 않는다. 대기업 총수 Y씨는 증여세도 내지 않고 수십조 원대의 기업을 아들에게 물려준다. 화가 J씨도 목사 W씨도 모두 자녀를 학교에 보내고 도로나 공항을 이용하고 건강보험에 가입하지만 소득세는 내지 않는다. 자영업자의 절반은 소득이 낮거나 또는 낮다고 신고해서 세금을 내지 않는다. 사채업자나 성매매업자는 원래 세금을 내지 않는다. 그러니 정부가 세수를 올릴 경우 더 많은 세금을 내야 하는 사람은 바로 당신, 'D과장'뿐이다.

할 말을 잃은 경제학이 갈수록 심리학을 닮아갑니다. 경제학은 더 이상 땀 흘려 일한 사람들의 주머니를 지켜주지 못합니다. 1퍼센트의 1퍼센트를 위한 1퍼센트에 의한 시장에서 '사익의 추구를 통한 공익의 실현'이라는 시장경제의 지향점은 방향을 잃었습니다.

이 책에서는 경제학이 우리에게 던져주는 메시지가 어떻게 왜곡됐으며, 왜곡된 메시지는 시장을 어떻게 망가뜨렸는지 그리고 우리는 그 메시지에 어떻게 설득됐는지 알아봅니다. 그 메시지에 우리가 화가 나는 이유가 숨어 있습니다. 이 책은 그 가운데 아주 흔한 몇 가지 사례의 정리입니다.

"만약 시장경제가 수많은 가난한 사람을 구제하지 못한다면 결국 소수의 부자들도 구하지 못할 것입니다."

—존 F. 케네디, 1961년 대통령 취임 연설에서

2013년 9월
여의도에서 김원장

소는 우유도 생산하고 가죽 핸드백도 생산합니다. 그런데 1달러 남짓한 우유에 비해 샤넬 핸드백은 5천 달러를 넘습니다. 어떤 사람은 품질은 비슷한데 가격은 매우 비싼 침대를 구입합니다. 그 침대의 한켠에는 'Made in Italia'라는 라벨이 붙어 있습니다.

고전경제학은 샤넬 핸드백과 이탈리아산 침대 가격이 '보이지 않는 손'에 의해 결정됐다고 설명합니다. 그러나 이제는 '집단적 착각'의 결과라고 말하는 사람들이 늘어나고 있습니다.

그렇다면 우리는 왜 착각에 빠지는 걸까요? 중고차 상인의 추천을 믿지 못하는 우리는 왜 증권사 애널리스트의 추천은 신뢰할까요? 어떤 서비스를 평가하는 우리의 믿음은 과연 근거가 있는 것일까요? 우리는 과연 우리가 경험한 것을 정확하게 기억하고는 있는 것일까요? 그래서 우리의 시장참여 행위들은 과연 합리적일까요?

금융위기에 지친 경제학은 우리가 스스로 합리적이라는 착각에 빠져 있다고 말합니다. 1장에서는 우리를 속이는 시장의 속성을 알아보고, 우리가 시장에 속을 수밖에 없는 이유를 짚어봅니다. 착각의 이유들을 공부할 시간입니다.

ANGRY
ECONOMICS
1장
우리는 왜
시장에
속을까

코카콜라와 크리스마스는 도대체 무슨 관계가 있을까?

의심받는 경제학의 합리성

"스스로 어떤 사회적 영향으로부터 자유롭다고 믿는 실용적 인간은
사실은 죽은 경제학자의 노예일 뿐이다."
—케인즈, 이 책에 가장 많이 등장하는 경제학자

'경제학의 합리성'이란 시장에 참여하는 이들은 모두 합리적이라는 가정입니다. 가장 적은 비용으로 가장 큰 효용을 얻을 때, 우리는 그 경제행위를 '합리적'이라고 정의합니다.

그런데 효리 씨는 품질이 비슷한데 가격은 훨씬 비싼 침대를 구입합니다. 그 침대에는 'Made in Italia'라는 라벨이 숨어 있습니다. 시장에는 참여자의 합리성을 의심하게 만드는 수많은 경제 현상이 벌어집니다.

2010년, 코카콜라사는 미국의 한 고등학교 식당에 대형 자판기를 설치했다. 자판기의 높이는 4미터. 아무리 키가 큰 학생도 혼자서는 콜라를 구입할 수 없다. 대신 이 자판기는 1병 가격에 2병을 제공한다. 그러자 학생들은 서너 명씩 힘을 모아 자판기에 올랐다.

이 캠페인은 콜롬비아, 코스타리카, 과테말라 등 6개 나라에서도 추가 진행되었다. 이 자판기를 설치했던 9시간 동안 코카콜라는 자판기당 평균 8백 병이 팔렸다. 이는 일반 자판기에 비해 1,075퍼센트 더 많이 팔린 것이다.

'서로 힘을 모으면 두 배 즐겁다'는 코카콜라의 마케팅입니다. 마케팅은 생산자가 소비자에게 자신의 의도를 달성하도록 하는 가장 효율적인 방법입니다. 이 마케팅을 통해 코카콜라는 혼자가 아니라 여럿이 함께 코카콜라를 마시는 것이 더 즐겁고 맛있다는 메시지를 전달합니다.

여럿이 함께 마시면 즐거워지고 동시에 코카콜라의 매출이 올라갑니다. 그런데 의문이 생깁니다. 여럿이 함께 즐기기 위해 코카콜라를 구입하는 것은 과연 합리적일까요?

김연아와 에어컨은 도대체 무슨 상관인가

대공황이 극심하던 1931년 《새터데이 이브닝 포스트》에 코카콜라를 마시는 산타클로스가 처음 등장한 이후, 크리스마스는 코카콜라의 대표적인 상징이 됐습니다. 산타클로스의 빨간 옷은 코카콜라의 붉은 색 로고를, 흰 수염은 코카콜라의 거품을 연상시킵니다. 시원한 코카콜라는 산타클로스 덕분에 더 따뜻해지고 더 시원해집니다. 몇 해 전부터는 북극곰도 등장했습니다. 역시 산타클로스처럼 따뜻하고 시원한 겨울을 상징합니다.

이제 우리는 코카콜라를 구입하면서 산타클로스와 크리스마스를 떠올립니다. 설탕이 잔뜩 숨어 있는 이 탄산음료는 산타클로스와 북극곰으로 '가족의 사랑'을 상징하며 여전히 세계 음료시장을 지배합니다.

코카콜라가 이처럼 크리스마스를 적극적으로 마케팅에 활용하는 이유는 추운 겨울철에 매출이 크게 떨어지기 때문입니다. 따져보면 크리스마스와 코카콜라가 무슨 상관일까요? 우리가 '코카콜라는 크리스마스처럼 따뜻하다'고 생각하며 구입하는 것은 과연 합리적일까요?

'시장참여자는 합리적이다'라는 경제학의 기둥 명제는 이미 흔들리고 있습니다. 이제 우리가 시장참여 행위를 하면서 얼마나 합리적인지 따져볼 시간입니다.

풍선껌을 잘못 샀다고 땅을 치고 후회하는 사람은 없습니다. 하지만 가족과 함께 이용할 3천만 원짜리 SUV를 샀는데 자주 시동이 멈춘다면, 당신의 잠 못 드는 밤은 길어집니다.

풍선껌이 소비자에게 미치는 영향보다 SUV가 소비자에게 미치는 영향이 훨씬 큽니다. 마케팅에서는 이를 '관여도^{Involvement}'라고 합니다. 쉽게 말해 관여도란 어떤 제품에 대해 소비자가 갖는 관심의 정도입니다. 보통 고가 제품일수록 또 생활과 밀접한 제품일수록 관여도가 높습니다.

소비자는 관여도가 높은 제품일수록 합리적 사고를 통해 제품을 구입할 것입니다. 반면 풍선껌처럼 관여도가 낮은 제품은 감성적이며 즉흥적인 판단으로 구입합니다. 여러 친구들의 제품 소비 경험과 관련 보도와 통계를 검토한 뒤 풍선껌을 구입하는 소비자는 없습니다.

따라서 광고회사는 관여도가 높은 제품일수록 더 자세한 정보를 제 공해 논리적인 판단을 유도하고, 관여도가 낮은 제품은 감성적인 소구 로 구입을 유도해야 합니다. 그래야 합리적인 소비자를 유혹할 수 있습 니다.

그런데 실제로는 그렇지 않습니다. 값비싼 신차 광고 대부분이 '따뜻 함' '어머니' '부드러움' 같은 메시지를 전달합니다. 현대차 투싼IX의 콘 셉트는 '섹시한 차Sexy Utility Vehicle'입니다. 완성차 생산업체의 광고 대부분 이 감성적인 소구를 합니다. 소비자들이 충분히 합리적으로 차를 선택 하지 않기 때문입니다.

실제 삼성전자의 하우젠 에어컨은 김연아 선수를 모델로 쓴 뒤 석 달 만에 매출이 60퍼센트나 급증했습니다. 사람들은 아이스링크 위의 김 연아 선수를 보면서 '하우젠 에어컨은 시원하다, 아름답다'고 생각합니 다. 이는 전혀 합리적이지 않은 판단이지만 광고가 되풀이될수록 이 같 은 잠재적 기억은 더 강해집니다. **"도대체 올림픽 금메달리스트와 에어컨의 성능은 무슨 관련이 있을까?"**

젊고 스마트한 여성이 나이키 운동화를 신고 공원을 달립니다. 진지 하고 단아한 그녀의 얼굴에서 땀방울이 떨어지고, 광고 카피가 이어집 니다. "게임이 아닙니다. 진정한 스포츠입니다!" 이제 소비자들의 관념 속에 나이키 운동화를 신으면 진정한 스포츠맨이 된다는 인식이 파고 듭니다.

지난 1985년 첫 선을 보인 나이키의 조던 농구화는 농구 선수 마이클 조던을 콘셉트로 출시됐습니다. 전 세계 수백만 명의 청소년들이 이 농구화를 신고 조던의 슬램덩크를 상상합니다. 물론 이 농구화가 다른 브랜드에 비해 얼마나 개선된 점프력을 보여주는지 알려진 바는 없습니다.

2008년 23번째 시리즈까지 조던 농구화는 모두 8억 달러(약 8,940억 원)어치가 팔려나갔습니다. 소비자들은 이제 나이키를 보면 나이키의 창립자 필 나이트보다 마이클 조던을 먼저 떠올립니다. 마케팅은 이를 프레이밍 효과Framing Effect라고 부릅니다.

뉴욕에서 뉴저지로 이어지는 어느 도로. 히치하이커들이 차를 얻어 타기 위해 푯말을 들고 서 있다. 당신은 어떤 푯말을 들고 있는 사람을 태울 것인가?

히치하이커1: 저를 태워주시면 10달러를 드릴게요.

히치하이커2: 저는 컬럼비아 대학교 학생입니다.

합리적인 사람이라면 태워주고 10달러를 받거나 안전한 명문대 학생을 태울 것이다. 그러나 정작 당신의 선택은 히치하이커3이다.

히치하이커3: 집에서 크리스마스를 보내려고요.

우리는 변덕쟁이다

코카콜라를 구입할 때처럼 우리는 조던 농구화나 하우젠 에어컨을 구입할 때도 그리 합리적이지 않습니다. 게다가 일관성도 없습니다.

효리 씨에게 물었습니다. "1년 후 사과 하나를 받겠습니까? 1년 1일 후 사과 2개를 받겠습니까?" 우리의 효리 씨는 "1년 1일 후 사과 2개를 받겠어요"라고 답했습니다.

이제 다시 효리 씨에게 물어봅니다. "지금 사과 1개를 받겠습니까? 내일 사과 2개를 받겠습니까?" 효리 씨는 전혀 고민하지 않고 답합니다. "지금 사과 1개를 받겠어요."

행동경제학자 리처드 탈러의 유명한 사과 선택 실험입니다. 탈러는 이 실험을 통해 사람들의 선택이 언제든 변한다는 사실을 증명합니다. 합리적이라는 인간은 바로 코앞에 보이는 이익 때문에 언제든 선택을 바꿀 수 있습니다. 수시로 자신의 선호를 역전시킵니다. 이는 '동태적으로 비일관된Time-Inconsistent 선호' 때문입니다.

쉽게 말해 시장참여자들은 이유 없는 변덕쟁이들입니다. 마라톤처럼 오래 달려야 할 보험상품에 쉽게 가입하고 해지하는 이유도 이 때문입니다.

3대 생명보험회사의 2년 이내 종신보험 해지율은 43퍼센트이고, 1년 이내 해지율도 21퍼센트에 달합니다(금융감독원, 2012년). 2년 안에 종신보험을 해약할 경우 그동안 낸 보험료의 약 33퍼센트만 환급받습니다. 소득이나 소비 여건이 달라진 경우를 감안하더라도, 소비자들은 너무 쉽게 선택을 역전시킵니다.

이제 TV를 사러 마트에 들른 철수 씨를 통해 우리가 얼마나 일관적이지 못한지 살펴봅니다.

유명 가전제품 매장 로마트를 찾은 철수 씨. 삼송전자의 42인치 LCD TV를 살 계획이다. 철수 씨의 마음속 구매 한도는 1백만 원. 매장 한구석에서 예상가격과 비슷한 42인치 LCD TV를 발견했다.

그런데 매장 중앙 손님들이 붐비는 곳에 신형 LED TV가 전시돼 있다.

59인치 신형 LED TV의 가격은 390만 원. 그 옆에는 34인치 신형 LED TV가 전시돼 있다.

마침 34인치는 발매 기념으로 1주일간 18퍼센트 할인된 175만 원에 판매된다. 인기 탤런트가 등장하는 카탈로그에는 소비자들은 이해하기 힘든 신형 LED TV의 다양한 기능이 담겨 있다.

철수 씨는 결국 175만 원짜리 34인치 신형 LED TV를 구매한다. 철수 씨는 크게 할인을 받아 합리적 소비를 했다고 생각하고, 부족한 75만 원은 신용카드 할부 제도를 이용했다.

철수 씨의 선택에서 우리가 주목할 부분은, 그가 계획했던 것보다 비싼 값을 지불하고 당초 사려 했던 LCD TV가 아닌 LED TV를 구입했다는 사실입니다. 이 과정에서 할인이 구매에 결정적인 영향을 미쳤습니다. '구매 한도액 1백만 원'이나 '42인치 LCD TV' 같은 계획은 18퍼센트의 할인율에 덧없이 사라졌습니다.

이처럼 시장참여자들은 자신이 합리적이라는 믿음을 스스로 강조하는 경향이 있습니다. '엉터리 합리성'을 뒤죽박죽 조합해 나름 합리적이라는 결정을 내립니다.

행동경제학자들은 이것을 '객관적 확률에 대한 가중치 함수^{Weighting Function}'로 설명합니다. 우리는 객관적으로 낮은 확률을 주관적으로 높게 해석하는 경향이 있습니다. 시험 날 아침 공부한 문제가 시험에 잘 나온다고 믿거나, 돼지꿈을 꾼 뒤 복권을 사는 이유도 이 때문입니다. 돼지꿈의 가치에 비중을 두고 결정하는 것입니다.

하지만 어떤 경제학자도 돼지꿈이 복권 당첨 가능성을 높인다는 것을 증명하지 못합니다. 그런데도 우리는 돼지꿈을 꾸면 복권을 삽니다. 우리가 속는 이유 중 하나는 우리 자신이 일관적이지 않기 때문입니다.

게다가 철수 씨는 LCD TV와 LED TV의 화질 차이를 구분하는 단위를 정확하게 이해하지 못합니다. 설령 이를 이해하는 소비자라고 한들 그 차이를 계량적으로 판단—"이 LED TV의 1080P 수준 Full HD 화질이 우리 가족에게 주는 효용은 1년에 약 17만 3,400원이야! 감가상각을 제외하고 말이지"—하는 것은 불가능합니다.

이처럼 소비자는 제한된 정보만 손에 쥔 채 최고의 효용을 추구하지만, 기업은 통계 등 다양한 정보를 이용해 소비자를 파고듭니다. 그들은 우리를 잘 아는데 우리는 적을 모릅니다.

당연히 시장참여자는 제한적으로 합리적('제한적 합리성', 허버트 사이먼)인 판단을 할 수밖에 없습니다. 제한적으로 합리적인 소비자는 이제 믿지 못할 전문가에게 의존하거나 아니면 자신이 믿는 팩트에 객관적 확률에 대한 가중치 함수를 부여해 판단할 수밖에 없습니다. 이쯤되면 애덤 스미스와 보이지 않는 손은 저만큼 떠나보내야 하는 상황입니다.

이제 효리 씨가 훨씬 더 비싼 값을 지불하고 이탈리아산 침대를 사는 이유를 알았습니다. 우리는 썩 합리적이지 않습니다. 합리적이지 못한 우리는 더 이상 경제학의 보호를 받기 어렵습니다. 우리가 합리적이지 않으면 경제학도 합리적이지 않습니다.

경험과 다른 기억

경제학자들은 그래서 썩 합리적이지 않은 시장참여자들의 행동을 연구합니다. 행동경제학은 시장참여자들이 어떤 판단이나 결정을 할 때 그리 논리적이지 않으며, 다만 어떤 특정한 심리적·감성적인 자극이 더 크게 작용한다고 믿습니다. 그리고 최근 실시된 수많은 실험들이 이 같은 주장을 뒷받침합니다.

1979년 '기대 이론Prospect Theory', 즉 우리가 어떤 결정을 할 때 그렇게 합리적이지 않다는 이론을 발표해 행동경제학을 본궤도에 올려놓은 대니얼 카너먼 프린스턴대 심리학과 명예교수가 대장내시경 환자의 경험을 조사했습니다. 환자A는 고통스럽고 더 긴 시간 동안 대장내시경 검사를 받았습니다. 환자B는 덜 고통스럽고 더 짧은 시간 동안 검사를 받았습니다. 하지만 검사를 더 고통스럽게 기억한 쪽은 환자 B였습니다.

카너먼은 환자A의 검사가 더 오래 지속됐지만 검사가 끝나는 시점에서 극심한 고통이 지속된 환자B가 더 고통스러웠다는 기억을 갖고 있는 사실을 확인했습니다. 환자가 기억하는 것은 검사가 '끝날 무렵' 고통의 정도였습니다.

그는 이를 통해 경험과 기억은 다르다는 것을 증명했습니다. 그러니 우리가 경험에 따라 합리적으로 구입하는 것의 상당수는 잘못된 기억을 토대로 구입하는 것일지도 모릅니다.

"기억이란 제 스스로 기억하고 싶은 대로 기억하는 속성까지 있다. 기억들이 불러일으킨 이미지가 우리 삶 속에 섞여 있는 것이지, 누군

가의 기억이나 나의 기억을 실제 있었던 일로 기필코 믿어야 하는 것
은 아니다."
—신경숙, 『어디선가 나를 찾는 전화벨이 울리고』에서

우리의 판단을 좌우하는 것은 합리적 사고가 아니라 특정 기억이나
자극이라는 이 이론으로 카너먼 교수는 2002년 노벨 경제학상을 수상
합니다. 우리가 시장에서 합리적인 판단을 내리기 위해 참고하는 기억
은 사실 정확한 경험이 아닐 수 있습니다. **"그 골목 끝 중국집의 탕수육이
제일 맛있다니까!"**

아침에 마실 커피를 고르는 행위 역시 정확한 경험에 근거한 시장참
여가 아닐 가능성이 높습니다. 커피 소비자들은 누구나 커피 전문점에
대한 선호가 있습니다. 그런데 2007년 KBS 2TV 〈뉴스타임〉이 명동에
서 행인들에게 블라인드 테스트를 했습니다. 눈을 가린 뒤 스타벅스와
커피빈 등 유명 브랜드 커피와 노점 커피를 각각 시음한 뒤 가장 맛있는
커피를 고르도록 한 것입니다.

그 결과, 사람들이 가장 맛있다고 응답한 커피는 노점 커피였습니다.
우리가 기억하는 맛있는 커피의 경험은 정확한 기억이 아니었습니다.

우리는 자신이 합리적 판단으로 소비하고 생산하고 판매한다고 믿습
니다. 그러나 이는 다만 우리의 믿음일 뿐 정말로 합리적인 결정인지는
누구도 확인하기 어렵습니다.

비오는 금요일 저녁, 맨해튼에는 택시 손님이 이어진다. 오늘 벌이를 마
친 택시기사 마이클은 일을 접고 일찍 귀가한다. 이틀 뒤 나른한 일요일
오후, 이번엔 손님이 뚝 끊겼다. 하지만 오늘 벌이를 다 채우지 못한 마이

클은 운전대를 놓지 않는다.

합리적인 운전자라면 손님이 많은 날에는 더 오랫동안 일해야 한다. 손님이 뚝 끊긴 날은 일찍 귀가하는 게 합리적이다. 하지만 그렇지 않은 경우가 더 많다. 리처드 탈러 등 행동경제학자들이 뉴욕 택시기사들의 운전 패턴을 조사한 결과, 10명 중 8~9명은 수입이 많은 날 일찍 퇴근했다. 많은 뉴욕의 택시기사들은 경제활동을 하면서 썩 합리적이지 않다.

합리적 기대 이론의 위기

시장참여자는 자신의 모든 정보와 경험을 이용해 합리적으로 시장에 참여한다는 합리적 기대 가설^{Rational Expectation Hypothesis}은 1970년대 로버트 루카스 등 시카고학파가 제시하면서 경제학의 큰 가지 이론으로 자리 잡았습니다.

LA 슬럼가에 쓰레기가 자꾸 쌓인다. 시 당국은 청소인력을 늘리고 3시간마다 청소차량을 운행한다. 3시간마다 시 당국이 거리를 청소한다는 사실을 안 주민들은 이제 더 함부로 쓰레기를 버린다. 쓰레기를 버려도 거리는 잠시 후 다시 깨끗해진다. 시 당국의 환경미화정책은 비용만큼 효과를 보지 못한다. 이처럼 사람들은 자신의 경험으로 다음 상황을 예측한 뒤 이에 맞는 합리적 행동으로 대응한다.

합리적 기대 가설의 핵심은 따라서 어떤 인위적인 경제정책도 효과가 크지 않다는 것입니다. 시장참여자들은 경험을 토대로 미리 대처하기 때문입니다.

정부가 분양가상한제를 도입하려 한다면 건설사들은 미리 원가연동제에 포함된 자재 원가를 올립니다. 정부가 식탁에 오르는 소비재의 가격을 인위적으로 낮추려 한다면 농심은 미리 라면 가격을 올릴 것입니다. 그래서 정부의 물가정책이 오히려 물가 인상을 부추깁니다.

이를 토대로 루카스는 정부의 통화정책이나 재정정책은 별다른 효과가 없다고 주장했습니다. 시카고학파의 합리적 기대 가설은 링컨 대통령의 연설에서 시작됐다고 합니다. **"당신은 어떤 사람을 계속 속일 수 있고, 모든 사람을 잠시 속일 수 있습니다. 하지만 모든 사람을 항상 속일 수는 없습니다."**

비슷한 맥락으로 효율적 시장 가설Efficient Market Hypothesis이 있습니다. 이미 시장은 그것(!)을 알고 가격에 반영하고 있다는 것이 효율적 시장 가설의 핵심입니다. 현재의 가격은 모든 정보가 이미 종합된 결과물입니다.

가을 철새가 오면 조류독감이 유행할 가능성이 높다. 그래서 효리 씨는 여름에 미리 조류독감 백신을 만드는 제약사의 주식을 샀다. 가을이 되고 기대했던 조류독감이 발생했다. 그런데 주가는 크게 오르지 않았다. 효리 씨는 매우 실망했다.

조류독감이 해마다 되풀이되면서 시장은 이미 해당 기업의 주가에 가을에 오를 매출을 반영하고 있었다. 시장은 그것(!)을 미리 알고 있었다. 그러니 쓸데없는 정책 펴지 말고 시장에 맡기라는 것이 효율적 시장 가설을 추종하는 학자들의 주장이다.

이렇듯 합리적 기대 가설과 효율적 시장 가설은 시장참여자와 시장의 합리성을 믿습니다. 그러나 시장의 합리성을 맹신한 나머지, 지난 20여 년 동안 금융 규제는 풀리고 시장의 절제는 무너졌습니다. 최초 투자자를 찾기 어려운, 그래서 위험의 범위조차 계산하기 힘든 파생금융상품들이 쏟아져 나왔고 시장에는 투기와 반칙이 성행했습니다.

2008년 글로벌 금융위기가 또 찾아왔습니다. 금융시장의 참여자들은 분노했습니다. 분노한 시장참여자들은 이제 본격적으로 시장의 합리성을 의심하고 있습니다.

시장은 과연 합리적일까요? 만약 정부가 대대적인 감세정책으로 시중 유동성을 확대하겠다고 발표한다면, 합리적 기대 가설에 따라 시중에는 유동성이 늘고 소비가 증가해야 합니다. 하지만 정작 케네디와 레이건 행정부의 대대적인 감세정책이 발표됐을 때, 소비는 거의 늘지 않았습니다. 오히려 정책이 시행된 한참 뒤 소비가 늘어나 합리적 기대 가설은 현실에 적용되지 못했습니다.

시장참여자들은 기대만큼 썩 합리적이지 않습니다. 그런 시장참여자들이 만드는 시장도 가격도 썩 합리적이지 않습니다. 그러니 이제 시장은 더 예측이 어려워졌습니다.

경제학은 점점 일기예보를 닮아갑니다. 우산도 없이 소나기를 맞는 것처럼, 우리는 시장에서 속고 또 속을 수밖에 없습니다.

미치지 않고
정신병원 입원하기

가짜 전문가들

"사람들은 내게 그런 정보를 도대체 어디서 구하느냐고 묻는다.
나는 사실 어디서나 정보를 구한다. 도둑, 장관, 이사회, 심지어는 술집 아가씨에게도.
단 뱅커, 경제학자, 애널리스트는 빼고."
—앙드레 코스톨라니, 신화적인 투자가

우리는 시장에 참여하는 우리가 기대만큼 썩 합리적이지 않다는 몇 가지 사례를 들여다봤습니다. 그래서 합리적 결정을 도와줄 전문가가 필요합니다. 이제 그 전문가들을 검증할 차례입니다.

정신병원에서 제정신으로 지내기

1972년, 정신과 의사 데이비드 로젠한은 정신병원에서 정신질환이 어떤 맥락에서 진단되는지 실험합니다. 소아과 의사와 주부, 화가, 심리학 전공생 등 남성 5명과 여성 3명, 모두 8명이 이 실험에 참여합니다. 이들은 정부 지원을 받는 주립병원과 매우 평판이 좋은 정신병원 등 미국 5개 주의 12개 대형 정신병원에 입원을 시도했습니다.

이들은 정신과 진단 과정에서 자꾸 '쿵' 소리가 들리며 '텅 빈' 듯하고 '공허한' 기분이 든다는 등의 증세를 호소했습니다. 또 자신의 이름과 직업을 뺀 다른 인적사항(학력, 주소, 가족관계 등)은 모두 정확하게 진술했습니다. 결국 8명 모두 입원에 성공했습니다. 7명은 정신분열증, 나머지 1명은 심각한 조울증 진단을 받았습니다.

길게는 52일, 짧게는 7일을 입원해 있는 동안 이들은 약을 먹는 척하며 뱉어냈고, 평소처럼 정상적인 말과 행동을 했습니다. 환자들과 탁구 경기도 했습니다. 며칠 뒤 3개 병원 118명의 환자 중 35명이 이들이 환자가 아닌 사실을 눈치 챘습니다. **"당신은 미치지 않았어요." "당신은 병원을 몰래 취재하고 있는 기자거나 아니면 연구원이군요?"**

하지만 의료진은 누구도 이를 알아차리지 못했습니다. 가짜 환자들은 그날 그날의 치료와 특이사항을 자세히 기록했는데, 이런 행동을 의료진은 '과대망상적 정신분열 증상'이라고 판단했습니다. 퇴원할 때까지 이들이 의사를 만난 시간은 하루 평균 6.8분이었습니다.

로젠한은 이 실험을 통해 정신과 진단 과정에서 정신질환자와 정상인을 정확히 구분하기는 불가능하다—이들을 구분할 타당한 경계는 없다—는 결론을 얻습니다.

이 연구는 이듬해인 1973년 「정신병원에서 제정신으로 지내기」라는 제목으로 《사이언스》에 발표됐습니다. 정신의학계는 발칵 뒤집혔습니다.

한 저명한 정신병원은 로젠한의 실험에 문제를 제기했습니다. 해당 병원은 로젠한에게 자신의 병원에 앞으로 3개월 동안 가짜 환자를 보낸다면 의료진들이 찾아낼 것이라고 주장했습니다. 로젠한은 이에 동의했습니다.

3개월이 지난 후 해당 병원은 모두 193명의 내원 환자 중 41명의 가짜 환자를 찾아냈으며 42명은 가짜 환자로 의심된다고 밝혔습니다. 언론의 관심은 로젠한이 몇 명의 환자를 보냈는지에 모아졌습니다. 그러나 로젠한은 가짜 환자를 보내지 않았습니다. **"전문가란 엉터리거나 가짜거나 꼭 필요할 때 자리를 비우거나 도움을 준다며 너무 많은 비용을 청구하는 사람들!"**

버클리대 심리학과 교수 필립 테틀록이 1백 가지 미래 사건에 대한 정치 전문가 284명의 예측 8만 2,361건을 10년간 분석했습니다. 그 결과, 전문가들의 예측은 비전문가들의 어림짐작보다 아주 조금 더 나은 수준에 그쳤습니다.

경제학 역시 전문가들의 무수한 시행착오를 겪으며 발전해 왔습니다. 그 압권은 단연 맬서스입니다.

빗나간 예측

1793년 1월 10일, 혁명세력을 피해 달아나려다 실패한 루이 16세가 단두대에서 이슬로 사라질 무렵, 우울한 경제학의 대명사 맬서스는 아주 우울한 연구 결과를 발표합니다. 우리가 사회시간에 배운 인구론입니다.

그는 인구가 25년마다 2배로 증가한다고 예측했습니다. 반면 식량 공급은 절대 이를 따라갈 수 없을 것으로 예측했습니다. 이른바 식량은 산술급수적으로 늘어나는데, 인구는 기하급수적으로 늘어난다는 주장입니다. 2백 년 후 인구는 256배 늘어나는데, 식량은 16배밖에 늘지 않는다는 계산이 나오자 지배계급은 공포에 빠졌습니다.

	현재	25년 후	50년 후	75년 후	100년 후	125년 후	150년 후	175년 후	200년 후
인구	1	2	4	8	16	32	64	128	256
식량	1	2	4	6	8	10	12	14	16

맬서스는 인류의 멸망을 막기 위해 자신의 이론보다 더 우울한 대책을 제시합니다. 먼저 출생률을 낮추는 방법입니다. 영국 정부가 앞장섰습니다. '맬서스 선생이 머잖아 지구에 먹을 것이 부족해진다고 하니 지금부터 아이는 둘만 낳고 잘삽시다'라는 아젠다가 만들어졌습니다.

문제는 빈민계급. 그는 빈민계급이 애들을 더 많이 낳기 전에 이들에 대한 각종 정부 지원을 줄여야 한다고 주장했습니다. 실제 영국 의회는 맬서스의 제안을 받아들여 빈민구제법을 폐지합니다. 그의 빗나간 예언을 사회가 받아들인 것입니다.

세월이 흘러 오직 엥겔스만이 인구론은 '자본주의 수탈을 합리화하기 위한 매우 잔인하고 야만적인 이론'이라고 강하게 비난했습니다.

"제임스 밀, 데이비드 리카도, 존 스튜어트 밀, 앨프레드 마셜 등 경제학자들은 모두 인구론을 수용했다."

—토드 부크홀츠, 『죽은 경제학자의 살아있는 아이디어』에서

그의 우울한 이론이 발표된 지 2백 년이 지났지만, 인류는 다행히 생존해 있습니다. 오히려 다국적 곡물기업의 자본과 발달된 유전공학의 힘으로 농업 생산량은 크게 늘었습니다. 인위적으로 더 많이 또는 더 적게 생산된 농산물은 이제 대표적인 투기상품이 됐습니다. 맬서스의 우울한 예언은 보기 좋게 빗나갔습니다. 전문가들의 예측은 지금도 거의 모든 경제활동에서 빗나갑니다.

전문가들은 가짜다

2010년 말, 국내 21개 증권사는 증시 전망 보고서를 통해 '2011년 투자 유망 종목'으로 118개 기업을 선정해 발표했습니다. 해마다 이 발표는 투자자들에게 큰 지표가 됩니다. 1년 후 이들 종목의 수익률을 확인한 결과 3분의 2에 가까운 76개 종목이 마이너스 수익률을 보였습니다. 평균 수익률은 -5.47퍼센트에 그쳤습니다.

수년간 블루칩으로 추천받았던 종목이나 한 해 동안 수익률이 많이 개선된 것으로 나타난 다수의 종목들도 코스피 지수보다 더 큰 폭으로 떨어졌습니다. 8개 증권사가 복수 추천한 하이닉스, 삼성물산 등의 주가는 1년 동안 평균 30.6퍼센트 내렸습니다.

전망이 빗나가면 증권사들은 "증권사의 추천 종목은 참고자료일 뿐 시장 상황과 업황의 변화에 대응하는 것은 투자자의 몫"이라고 말합니다. 증권사의 추천에 따라 투자하면 어리석은 투자자라면서, 증권사는 해마다 추천 종목을 발표합니다. **"'앞으로 주식시장이 어떻게 될 것 같아요?'라고 JP모건에 물어보면 그들은 항상 '크게 변할 거예요'라고 답한다."**

2009년 개인 투자자 10명과 앵무새 딸기(파푸아뉴기니산, 5세)가 팍스넷 주관으로 6주 동안 투자 대결을 펼쳤다. 딸기는 매주 1차례 시가총액 상위 30위 안에 드는 회사 이름이 적힌 공 가운데 1개를 물어 주식을 구입했다. 종목은 6개 이내로 한정됐고, 딸기는 삼성전자, 한국전력, 메가스터디 등을 선택해 모두 11차례 거래했다.

개인 투자자(10명 중 6명은 투자 경력 5년 이상)는 6천만 원 안에서 주식을 자유롭게 매매했다. 이들은 평균 170회가 넘는 거래를 했다.

그 결과, 개인 투자자 10명의 평균 수익률은 4.6퍼센트, 7명은 투자손실을 기록했다. 반면 딸기는 13.7퍼센트의 수익률을 보여 전체 3등을 차지했다. 효율적 시장 가설(주가는 이미 시장에서 보이지 않는 손에 의해 정해져 있으니, 어떤 예측도 무의미하다)을 주장하는 경제학자들은 경제신문을 보는 것보다 원숭이를 기르는 것이 수익률을 높여준다고 조언한다.

가짜 전문가는 공공부문에서도 예외가 아닙니다. 1990년대부터 집값이 급등하자 시장에서는 '주택공급론자들'이 힘을 얻었습니다. 이들은 청와대와 국회, 정부에 참여해 주택이 부족해 가격이 오르기 때문에 가격 안정을 위해서는 주택을 더 많이 공급해야 한다고 주장합니다.

특히 부동산가격 급등을 막기 위한 분양가상한제, 다주택자 양도세 중과세 등 각종 규제는 큰 효과가 없다고 역설합니다. 규제로 부동산투기를 잡는 것보다 주택을 많이 공급하는 것이 근본적인 해법이라고 말합니다.

그러나 2007년을 고점으로 아파트 공급이 크게 줄었는데도 가격은 2013년까지 지속적으로 하락하고 있습니다. 공급이 줄면 가격이 올라야 하는 시장원리를 거스르고 있습니다.

주택공급론자들은 국민 다수가 내 집을 마련할 경우 집값이 안정될 것이라고 주장했지만, 정작 주택보급률이 매우 높은 강남 3구의 집값은 지난 20여 년 동안 가장 높이 치솟았습니다. 게다가 10여 년 동안 해마다 30만 가구가 넘는 새 아파트가 공급됐지만 수도권의 자가주택보유율은 좀처럼 오르지 않습니다. **"집은 늘어나는데 왜 내 집에 사는 사람은 줄어드는가?"**

새로 공급된 주택의 상당 부분을 이미 주택을 갖고 있는 사람들이 사들였기 때문입니다. 결국 집값이 올랐던 것은 실수요가 아니라 투기적 수요 때문이었습니다. 그런데도 주택공급론자들의 주장을 믿고 정부는 2010년 말까지 신도시 건설과 주택 공급에 매달렸습니다.

그러나 정작 부족한 것은 집을 살 수 있는 소비자들의 주택이 아니라 집을 살 수 없는 소비자들의 임대주택이었습니다. 주택시장에서 전문가들을 믿은 정부와 그 정부를 믿은 소비자에게 결국 시장침체와 막대한 부채만 남았습니다.

국가는 국책 사업을 펼칠 때 비용편익분석Cost Benefit Analysis을 실시합니다. 투입되는 예산이 얼마만큼의 국민적 편익을 가져오는지 과학적으로 계측합니다. 만약 1억 원이 투입되는 사업의 편익이 2라면 이 사업은 비용 대비 2배의 편익을 기대할 수 있습니다. 따라서 모든 국책 사업은 B/C=1을 넘어야 실행할 수 있습니다.

$$\frac{Benefit}{Cost} = \frac{2}{1} = 2(200퍼센트)$$

1987년 경인운하를 건설하고 싶었던 건설교통부는 한국개발연구원KDI의 경인운하 사업성 분석 결과 B/C 2.08이라는 수치를 내놓았습니다. 사업은 추진됐습니다. 하지만 2003년 3월 감사원은 이 분석이 왜곡됐으며 B/C는 1 이하라고 발표했습니다. 사업은 중단됐습니다.

하지만 다시 사업을 추진하고 싶은 정부는 2008년 KDI의 재조사 결과, B/C 1.08이라는 수치를 내놓았습니다. 사업은 결국 추진됐습니다.

2011년 개통된 경인운하(경인 아라뱃길)에는 지금 화물선이 거의 다니지 않습니다. 컨테이너 하역장은 텅 비었습니다. KDI의 사업성 분석은 또 거짓말이었습니다. 이 모든 과정은 국가가 인정하는 최고의 전문가 집단을 통해 이뤄졌습니다.

대운하 논란이 한창이던 2007년에는 대통령직 인수위원회가 대운하 사업의 B/C가 2.7이라는 전망치를 내놓았습니다. 1조 원을 투입하면 대운하를 통해 2조 7천억 원의 경제적 편익을 얻는다는 뜻입니다. 이 과정에서 비용은 줄이고 편익은 부풀렸다는 주장이 이어졌습니다.

예를 들면 사업 과정에서 채취한 골재(모래)를 되팔아 8조 8천억 원의 이익을 올린다는 분석입니다. 그러나 대운하보다 공사금액이 더 들어간(대운하 16조 원, 4대강 사업 23조 원) 4대강 사업에서 골재 채취와 판매를 통한 이익금은 사업이 완료된 2012년 기준 932억 원에 불과합니다.

게다가 이중 계약에 따라 국고로 들어간 돈은 97억 원에 불과합니다. 심지어 한강의 경우 골재 판매량은 적은데 적치장 관리비용 등으로 오히려 6억 3천만 원의 적자를 기록 중입니다. 국책 사업은 전문가들의 예측이 빗나가는 대표적인 분야입니다.

2009년 듀크대 의대팀은 최고의 과학저널인 《네이처》에 특정 암세포를 골라 공격하는 치료제의 연구 결과를 발표했다. 연구팀은 개별 암 환자의 암세포를 분석해 그에게 맞는 치료제를 투약하는 것이 가능하다고 밝혔다.

의학계는 크게 놀랐다. 암 환자의 생존율은 물론 부작용으로 인한 불필요한 고통과 의료비용 등이 크게 줄어들 것이라는 전망이 이어졌다. 이로 인한 경제적 효과가 20억 달러에 달한다는 분석도 나왔다. 이를 토대로 연구팀은 1백 명 이상의 환자에게 임상실험을 진행했다.

그러나 이 과정에서 사망한 한 환자 가족이 의문을 제기했다. 그러자 다른 대학의 연구진들이 해당 논문을 검증했다. 텍사스대 연구팀은 이 논문에서 많은 통계적 오류가 있다는 사실을 발견했다. 치료법은 논문에서부터 거짓이었다. 잘못 입력된 무수히 많은 통계가 발견됐다. 심지어 해당 교수가 뉴질랜드에서 받았다는 로즈장학금은 영국 옥스퍼드대에서만 수여하는 것이었다.

우리는 왜 전문가를 믿는 것일까

권위 때문입니다. 우리는 무의식적으로 타인이 인정하는 권위를 존중하는 경향이 있습니다. 남자A가 10명의 남자들이 안내하는 장소에서 남자B를 만났을 때 10명의 남자들이 모두 B에게 허리를 굽혀 인사하면 남자A도 자연스럽게 허리를 굽힙니다. 설령 그것이 비합리적이거나 야만적인 권위라고 해도 우리는 권위에 수긍하는 경향이 있습니다.

1961년 예일대 교수 스탠리 밀그램이 40명의 실험 참가자를 모집합니다. 이제 그들은 칸막이 건너 학생들이 문제를 틀릴 때마다 버튼을 눌러 전기충격을 가하게 됩니다. 전기충격은 15볼트에서 시작합니다. 학생들이 문제를 계속 틀릴수록 전기충격의 강도가 높아집니다.

전기충격이 1백 볼트에 육박하자 학생들의 비명소리가 커지고 실험 참가자들이 지시에 불응합니다. **"이러다 학생들이 다치겠어요."** **"걱정하지**

마세요. 계약서에서 보셨듯이 모든 실험의 책임은 학교에 있습니다. 여러분은 지시를 이행하시면 됩니다."

결과는 매우 충격적이었습니다. 65퍼센트의 실험 참가자들이 지시에 따라 3백 볼트까지 충격의 강도를 높였습니다. 문제를 틀린 학생들의 고통스런 비명이 이어졌지만 3명 중 2명은 지시를 이행했습니다(물론 칸막이 건너 학생들의 비명은 가짜였습니다). 연구복을 입은 교수들의 권위를 별다른 저항 없이 받아들이고 복종한 것입니다.

이를 통해 밀그램은 이성적인 인간이라도 비이성적인 권위의 지배 틀 안에 들어오면 얼마든지 비합리적인 의사결정을 내린다는 사실을 증명했습니다. 이 실험은 다수의 선량한 독일 국민들이 어떻게 나치 정부의 지시를 이행했는지 이해하는 토대가 됐습니다. **"왜 평범한 사람들이 비이성적인 결정을 내리는지, 왜 정의롭지 못한 지시를 따르는지, 왜 평범한 사람들이 끔찍한 대량학살에 동원되는지 저는 그것이 알고 싶었습니다"**.

당신이 시장에서 선택한 어떤 행위가 실패했다면, 틀림없이 '엉터리 전문가'의 도움이나 영향을 받았을 것입니다. 시장은 갈수록 이성적 선택을 어렵게 만들고 그 선택을 이끌어줄 전문가들은 생각보다 훨씬 엉터리입니다. 그 엉터리 전문가들을 따라 우리는 언제라도 눈을 감고 컴컴한 시장으로 들어갈 준비가 돼 있습니다.

맨해튼에 캐리가 찾는 남자는 없다

결혼과 가격차별

"가격은 집단적 착각이며 위험한 조작 장치다."
—윌리엄 파운드스톤, 저술가

2013년 제네시스 V6 3.8엔진 모델의 가격은 옵션에 따라 5,240만~6,470만 원입니다. 반면 딜러가 가격을 결정하는 미국에서는 3만 4천 달러(약 3,600만 원) 정도에 팔립니다. 미국 판매용 차량의 옵션이 한국보다 사양이 낮다고 해도 한국 소비자는 최소 1,600만 원 이상 비싼 제네시스를 구입합니다.

같은 차량을 생산지 한국에서 더 비싸게 팔 수 있는 것은 현대자동차의 독점 구조 때문입니다. 독점 구조는 공급자의 가격차별을 자유롭게 만듭니다. 그리고 가격차별은 가장 큰 인센티브입니다.

한국 소비자가 제네시스를 선택하는 이유는 가격에 비해 품질이 우수하다는 인센티브 때문이며, 미국 소비자가 제네시스를 구입하는 이유는 품질에 비해 가격이 저렴하다는 인센티브 때문입니다.

인센티브는 시장참여자가 어떤 결정을 하도록 만드는 특별한 조건입니다. 이제 인센티브와 가격차별을 알아봅니다.

"사람들은 도시 반대편 매장에서 1백 달러짜리 스웨터를 20달러 싸게 팔 경우 그곳을 일부러 찾지만, 1천 달러짜리 컴퓨터를 살 때는 20달러를 절약하기 위해 그런 수고를 하지 않는다. 두 경우 모두 20달러를 절약한다는 점을 감안하면 참으로 이상한 선택이 아닐 수 없다."

—에두아르도 포터, 『모든 것의 가격』에서

부유한 영주가 소유한 넓고 비옥한 농지가 있습니다. 이 농지에서 밀농사를 짓는 농노는 한 해 지대(임대료)로 밀 2가마니를 내야 합니다. 이를 토대로 부유한 영주는 계속해서 농지를 사들였고 마침내 영주의 농지는 끝이 보이지 않게 됐습니다.

그런데 때마침 밀의 가격이 폭락하고 양모의 가격이 치솟자 농노들 중 상당수가 밀농사를 포기하고 목초지에서 양을 기르기 시작했습니다. 이제 영주의 땅에서 밀농사를 지을 농노가 부족합니다. 영주는 어쩔 수 없이 지대를 밀 1가마니로 내렸습니다.

‘가격’ 이야기입니다. 농노의 지대처럼 가격은 공급을 하는 자의 ‘힘’으로 결정되지 않습니다. 가격에 아주 중요한 영향을 미치는 요소는 ‘희소성’입니다. 영주의 농지 공급이 너무 ‘많아서’ 가격이 떨어졌고, 여기에 농사를 짓겠다는 농노의 수요가 너무 ‘적어서’ 지대가 떨어졌습니다.

가격은 우리의 경제활동을 결정하는 가장 강력한 동기이며, 우리가 시장에서 속는 가장 근본적인 이유입니다. 이처럼 가격을 결정할 때 희소성이 높다면 강한 ‘협상력Bargain Power’을 갖게 됩니다. 맨해튼의 캐리가 결혼하지 못하는 이유도 희소성 때문입니다.

희소성과 가격 결정력

맨해튼에는 젊은 여성 100명과 젊은 남성 99명이 산다. 이들이 결혼을 할 경우 받는 인센티브는 각각 1억 원이라고 가정한다. 그리고 이들 모두에게 각각 100점에서 1점까지(남성은 99점에서 1점까지) 점수가 주어진다.

맨해튼의 남녀가 점수에 맞춰 결혼할 경우
100점 여성 – 100점 남성
99점 여성 – 99점 남성
98점 여성 – 98점 남성
⋮
2점 여성 – 2점 남성
1점 여성 – ?(남자가 부족하다)

주어진 점수(소비시장에서 수요를 결정하는 재화의 가치)에 맞춰 결혼이 이뤄진다. 보통 38점 남성은 38점 여성과, 99점 남성은 99점 여성과 결혼하면 된다. 그런데 문제가 생겼다. 남성이 1명 부족하다.

이 때문에 모두 자신의 점수에 맞춰 결혼을 한다면 결국 1점을 가진 여성은 결혼하지 못한다. 그런데 1점 여성이 폭탄선언을 한다. "누군가 나와 결혼해 준다면 제 인센티브 1억 원 중에서 9천만 원을 드리겠어요!"

희소성이 가격을 결정하는 맨해튼에서 인센티브가 적용되면 현실은 달라집니다. 만약 맨해튼에서 적용되는 인센티브가 가격차별만 있다고 가정하면, 결혼이 남성과 여성에게 주는 인센티브가 각각 1억 원이기 때문에 맨해튼에 사는 남성 99명과 여성 100명은 모두 최선을 다해 결혼을 하려 합니다.

그 과정에서 협상력이 가장 떨어지는 1점을 가진 여성은 자신의 인센티브 중 9천만 원을 결혼하는 남성에게 주겠다고 제안했습니다. 시장은 요동칩니다. 이 제안에 34점의 남성이 1점의 여성에게 달려갈 수도 있습니다.

이 1점 여성의 제안은 모든 여성들의 협상력에 영향을 미칩니다. 9천만 원을 주겠다는 조건으로 1점 여성이 34점 남성과 결혼하면서, 이제 2점 여성도 1억 원 중 상당 부분을 포기해야 합니다. 만약 "나는 그래도 1억 원을 다 갖겠어요"라고 주장한다면 웨딩드레스를 못 입을 수도 있습니다.

이 때문에 29점 여성도 83점 여성도 협상력이 현저히 떨어집니다. 결국 1점 여성의 제안은 92점을 가진 캐리에게까지 영향을 미칩니다. 캐리는 결국 92점 남성과 결혼하기 위해서는 더 많은 비용을 부담하거나

(인센티브의 일부를 포기하거나) 아니면 점수가 더 낮은 남성과 결혼해야 합니다. 잘나가는 우리의 캐리가 자신의 눈높이에 맞는 남성을 찾지 못하는 이유가 여기 있습니다.

'모든 재화와 서비스의 가격은 소비자의 지불 용의가 있는 최고가격과 공급자가 받기를 원화는 최소가격의 한 지점에서 수요와 공급 법칙에 따라 결정된다'가 이른바 주류 경제학이 찾아낸 가격결정 이론입니다. 그런데 현실에서는 너무나 많은 변수가 있습니다. 그중 가장 중요한 요소는 희소성과 인센티브입니다. 그 희소성과 인센티브가 가격협상력을 결정합니다.

인천-뉴욕 간 대한항공의 이코노미 좌석 평균 요금은 210만 원 정도지만 일등석의 경우 1천만 원이 넘습니다. 1등석은 공급이 부족한 만큼 희소성이 있는 반면 그만큼의 인센티브를 제공합니다(1등석은 라면도 컵라면이 아닌 직접 끓인 라면을 제공합니다). 시장은 이 희소성과 인센티브에 따라 결정된 가격으로 움직입니다.

심지어 원숭이들도 인센티브에 반응합니다. 예일대 키스 첸 교수는 원숭이도 화폐를 이용한다는 사실을 밝힌 '카푸친 원숭이 실험'으로 유명합니다. 그는 하버드 대학원 시절 타마린 원숭이에게 마시멜로를 주는 실험을 했습니다.

마주 보는 두 울타리에 갇힌 원숭이에게 각각 마시멜로를 제공합니다. 하지만 이를 먹기 위해서는 반대편 울타리의 원숭이가 레버를 당겨줘야 합니다.

얼마 지나지 않아 원숭이들은 자신이 레버를 당겨줘야 상대방이 먹게 되고, 상대방도 나를 위해 레버를 당겨줄 것이라는 사실을 깨닫습니다. 원숭이들은 평균 10회 중 4회 정도 상대방을 위해 레버를 당겨줬습니다.

이번엔 항상 레버를 당기도록 훈련된 원숭이를 울타리에 넣었습니다. 자신이 레버를 당기는 것과 상관없이 상대방은 늘 레버를 당겨준다는 사실을 깨달은 원숭이는 레버를 덜 작동했습니다. 당연하게 제공된 인센티브에는 오히려 덜 반응한 것입니다(《키스 첸의 원숭이 연구》, 《뉴욕타임스》, 2005년 6월). 심지어 원숭이까지 인센티브에 맞춰 시장에 참여합니다.

외과 의사가 손을 씻는 일은 거의 비용이 들지 않지만, 중환자의 감염을 낮추는 큰 효용을 불러옵니다. 그런데도 상당수 수술실의 의사들은 제대로 손을 씻지 않습니다. 인센티브가 낮아서입니다.

미국 캘리포니아의 시더스 사이나이 병원에서는 의사들이 수술 직전 손을 씻을 때마다 스타벅스 쿠폰을 지급했습니다. 그러자 손을 씻는 의사의 비율이 1백 퍼센트 가까이 높아졌습니다. 이 사례는 인센티브 이론에서 가장 자주 등장하는 사례입니다.

인센티브는 우리가 구입하는 거의 모든 재화와 서비스에 숨어 있습니다. 신문 간지에 각종 할인 쿠폰이 들어 있는 것도, 패스트푸드점에서 세트메뉴를 주문하는 것도, 할인을 받기 위해 베이커리가 문을 닫을 즈음 빵을 사는 것도, 쓰레기봉투 제도가 도입되면 쓰레기가 줄어드는 것도 모두 인센티브 때문입니다.

여자친구를 바래다줄 때 담벼락이나 편의점 앞이 아닌 가로등 밑에서 키스를 하려는 이유도 환경적으로 더 로맨틱한 키스를 도와주는 가로등의 인센티브 때문입니다.

인센티브를 다른 말로 '경제적 유인'이라고 합니다. 애연가 남편에게 1년간 담배를 끊으면 스포츠카를 사주겠다고 유인하는 것도 인센티브 때문입니다.

인센티브는 역인센티브(손실 또는 처벌)와 함께 작용합니다. 병에 입을 대고 물을 마시는 아이에게, 입을 대고 마시지 않는다는 조건으로 초콜릿을 제공하면 아이는 인센티브에 반응합니다. 만약 계속 입을 대고 물을 마실 경우 매일 제공하는 초콜릿 우유를 더 이상 주지 않겠다고 해도 아이는 역인센티브에 반응합니다.

젊고 진보적인 엔지니어링 회사 직원들에게 한 달 동안 구내식당에서 음식물을 남기지 않을 경우 커피를 무료로 제공하겠다고 약속합니다. 하지만 남은 음식은 크게 줄지 않았습니다.

회사는 만약 남은 음식물이 계속 줄지 않는다면 회사 명의로 공화당에 1만 달러를 기부하겠다고 공표합니다. 1주일이 채 지나지 않아 남은 음식물은 7분의 1로 줄어듭니다. 이처럼 인센티브는 경제적이며 심리적인 유인입니다.

가격차별

가장 확실한 인센티브는 역시 가격차별입니다. 영화관은 아침 일찍 달려오는 관객에게(시간), 노약자나 어린이에게(나이), 요일에 따라(요일)

3급 가격차별	사람·시간·공간에 대한 가격차별 (학생 할인, 휴가철 바가지요금, 항공권 할인)
2급 가격차별	구매량에 따른 가격차별 (단체관람 할인, 기업의 전기요금 할인)
1급 가격차별	소비자가 아닌 공급자 때문에 발생하는 가격차별 (미국이 판매하는 전투기는 각 나라마다 다른 가격에 팔린다)

다른 요금을 적용합니다. 이는 영화관을 찾는 관객이 가격에 민감하기 때문(수요의 가격탄력성이 크기 때문)입니다. 동네 목욕탕에서 남성보다 물을 더 쓰는 여성의 요금이 더 낮다면 그 이유도 여성이 가격에 더 민감하기 때문입니다.

우리가 백화점 세일에 민감하게 반응하는 것도 가격차별이 강력한 인센티브라는 점을 증명합니다.

가격차별은 소비자의 특성을 구별할 수 있어야 하고, 가격차별로 얻는 이익이 가격차별로 인한 손실보다 커야 합니다.

자장면 곱빼기도 대표적인 가격차별 제품입니다. 조금 더 재료를 넣은 곱빼기 제품으로 더 많은 양을 원하는 고객을 유인하는 것입니다. 하지만 자장면 곱빼기는 있지만 탕수육 곱빼기는 없습니다. 나눠 먹기 힘든 음식에만 곱빼기가 존재합니다.

만약 나눠 먹기가 쉽다면 고객들은 2인분 대신 곱빼기 제품을 시키게 되고, 이 경우 공급자의 이익이 감소하기 때문입니다.

우리는 수없이 다양한 인센티브에 반응하고, 그 인센티브는 가격차별을

최저가격보상제의 숨겨진 목적

최고의 가격 유인은 제품의 가격을 싸게 만드는 것이다. 시장원리와 동떨어진 이 마케팅은 그래서 소비자에게 함정이 될 가능성이 높다. 대형 마트들이 자주 이용하는 최저가격보상제는 만약 다른 마트에서 동일한 제품(동일한 용량)을 더 싸게 구입해 올 경우 차액의 몇 배 또는 일정액을 보상해 주는 제도다.

철수마트에서는 주름살 예방에 좋다는 노란병 에센스를 13만 7천 원에 판매한다. 철수마트는 최저가격보상제를 통해 차액의 10배를 보상한다. 노란병 에센스를 구입하려는 효리 씨는 이웃 동네 수현마트에서 13만 2천 원에 판매한다는 사실을 알았다. 효리 씨는 노란병 에센스를 구입한 뒤 최저가격보상제를 통해 차액의 10배인 5만 원을 지급받는다.

효리 씨에게 최저가격보상제에 따라 보상을 실시한 철수마트. 하지만 가격은 내리지 않는다. 오히려 수현마트가 13만 7천 원으로 슬그머니 가격을 올린다. 최저가격보상제는 경쟁업체에 좋은 정보를 제공하고, 경쟁업체들은 이를 토대로 가격을 인상한다. 결국 피해는 다수 소비자에게 돌아간다. 사실상 소비자들이 가져온 정보를 토대로 가격 담합이 이뤄진다. 이것이 최저가격보상제의 비밀이다.

실제 공정거래위원회는 최저가격보상제가 '타사의 가격 정보를 얻으려 한다는 의심이 된다'고 지적했고, 2007년 이마트는 최저가격보상제를 폐지한다(설사 최저가격보상제를 제대로 운영한다고 해도, 대형 마트는 그 부담을 납품업체에 떠넘길 가능성이 높다).

최저가격보상제를 실시하면서 '가장 저렴하게 판매한다'고 광고하는 대형 오픈마켓도 있다. 2010년 6월 G마켓은 '옥션에서 헤맸더니 최저가는 여기 있네'라는 광고를 했다. 하지만 공정위의 조사 결과 G마켓은 이 기간 중 모두 762건의 최저가격보상을 한 것으로 드러났다. 최저가격으로 판매하고 있지 않다는 사실이 자신들이 실시하는 최저가격보상제로 드러난 셈이다.

만들며 이렇게 복잡해진 가격 구조는 우리의 합리성을 더욱 제한합니다.

가격이 수요와 공급의 시장원리를 거스르는 현상을 찾기는 어렵지 않습니다. 먼저 경제학이 아주 오래전 찾아낸 사례 하나.

철수 씨의 회사가 임금을 낮췄다. 우울해진 철수 씨. 소갈비를 먹고 싶었던 철수 씨 가족은 불가피하게 삼겹살집을 찾았다. 돼지고기는 쇠고기의 대체재다. 경기침체로 소득이 낮아진 소비자들이 갈수록 돼지고기를 많이 찾으면서 돼지고기의 가격이 일시적으로 오름세를 보인다. 소득이 낮아지는데 가격이 오르는 기펜재 현상이 발생하는 것이다.

기펜재Giffen Goods는 영국의 경제학자 로버트 기펜이 지적한 재화의 한 형태입니다. 그는 아일랜드에 대기근이 들어 소득이 형편없이 떨어졌는데도 주식인 감자의 가격이 오르는 현상을 보고 기펜의 역설Giffen's Paradox을 주장했습니다. 소득이 떨어지거나 또는 특정 재화의 가격이 오르는 것보다 느리게 소득이 오를 때(소득이 한계적일 때), 그 재화의 대체재가격이 오히려 오른다는 것이 기펜의 역설입니다.

한편 가격이 내렸는데 더 안 팔리는 재화도 많습니다. 미분양 아파트나 주식은 가격이 폭락하면 수요가 줄어듭니다. 반대로 분양가가 치솟던 2000년대 초반에는 모두 아파트 분양에 목을 매고 뛰어들었습니다.

경제학이 그 가격결정 구조를 쉽게 설명하지 못하는 대표적인 재화는 역시 '명품'입니다. 명품은 심지어 가격이 오를수록 수요가 늘어납니다. 1백 년 전 경제학자 소스타인 베블런은 과시를 위한 소비는 가격탄력성이 매우 낮다는 사실을 알아냈습니다. 공급자들은 한정된 소비자들이 충분히 과시할 수 있는 재화를 생산하고, 여기에 의미를 부여한 뒤 가격을 계속 올립니다. 예를 들면 드비어스는 이렇게 광고합니다. "다이아몬드는 영원하다."

"매장이 비어 있는데 줄은 왜 서는 것일까?" 소비자들이 명품을 소비하는 또다른 이유는 자신도 '그들의 집'에 들어갈 수 있다는 착각 때문입니다. 소득이 낮은 소비자가 2백만 원짜리 핸드백을 손에 드는 순간, 스스로 2백만 원짜리 핸드백을 구매할 수 있는 소비계층에 편입됐다고 착각합니다.

이를 알고 있는 명품 매장은 매장 공간이 남아 있는데도 입장객의 수를 제한합니다. '줄을 서야만 입장할 수 있는 매장'을 통해 '그들의 집'은 누구나 들어갈 수 없다는 인식을 제공합니다. 명품에 대한 집단적 착각은 명품 매장 밖에서 줄을 서면서 이미 시작됩니다.

파노플리 효과Effet De Panoplie도 시장 원리를 거스르는 명품의 소비를 비슷한 맥락에서 설명합니다. '집합Set'이라는 뜻으로 장난감 세트에서 도입된 파노플리는 소방차를 가지고 노는 아이들이 자신을 소방관이라고 생각하는 것처럼 명품 소비자들이 자신이 명품 소비자 집단에 들어갔다고 생각하는 것을 의미합니다. 소비자들은 특정 집단에 들어가기 위해 가격이 비싸면 수요가 떨어진다는 시장원리를 기꺼이 거스릅니다.

"지배계급의 눈에 띄는 소비는 사회적 지위를 과시하기 위해 지각 없이 이뤄진다."
—소스타인 베블런, 『유한계급론』에서

가장 대표적인 인센티브인 '가격차별'과 '최저가격보상제'로 우리는 인위적인 가격 조작을 통해 공급자가 소비자를 어떻게 유인하는지 살펴봤습니다. 가격 조작은 시장원리를 거스르며 끊임없이 변화합니다. 분명한 것은, 소비자는 가격에 반응하고 재화는 내재된 불변가치에 의해 가격이 결정되지 않는다는 사실입니다.

특정 상품이 한 가지 가격으로만 유통되기 위해서는 시장은 완전경쟁 상태에 있어야 합니다. 이를 위해서 다수의 공급자가 자유롭게 가격경쟁을 하고 이들의 공급이 가격에 전혀 영향을 미칠 수 없을 만큼 많아야 하며 해당 상품의 질이 동일해야 합니다.

하지만 현실에서 그런 시장은 존재하지 않습니다. 시장은 우리를 속이기 위해 끊임없이 변신합니다.

가격 착각의 주범: 인센티브

인센티브로 포장돼 시시각각 변화하는 가격 속에서 합리적 소비는 갈수록 어려워집니다. 아이폰이 세상에 첫 선을 보였을 때 소비자들은 밤을 새워 아이폰을 구입했지만 66일 후 아이폰의 소비자가격은 평균 40퍼센트나 떨어졌습니다. 남보다 먼저 아이폰을 사용할 수 있는 인센티브는 비싼 가격이라는 비용을 요구합니다.

소비자들은 가장 저렴한 가격을 지불하고 가장 높은 편익을 얻으려 하지만, 공급자들은 끊임없이 이 허점을 파고들며 소비를 부추깁니다.

그런데 효리 씨의 회사는 왜 효리 씨에게 월 급여 120만 원을 지급하지 않고 급여 1백만 원에 20만 원의 인센티브를 지급할까요? 20만 원의 인센티브는 효용을 쉽게 가늠할 수 있지만 1백만 원의 급여는 가늠하기가 쉽지 않기 때문입니다. 효리 씨는 자신이 일한 노동의 값어치를 돈으로 환산하기 어렵지만, 회사가 공짜로 지급하는 20만 원의 인센티브는 그 값을 쉽게 계산할 수 있습니다. **"월급을 주고 또 인센티브도 주는 고마운 우리 회사!"**

같은 이유로 우리는 대형 섬유유연제의 값어치는 계산하지 못하지만 덤으로 주는 작은 주방세제의 값어치는 쉽게 가늠합니다. 결국 대형 마트는 대형 섬유유연제 값을 올린 뒤 값싼 주방세제를 덤으로 얹어줍니다. 우리는 결국 비싼 섬유유연제를 집어 듭니다. 또 인센티브에 속습니다.

결혼시장에도 인센티브가 적용됩니다. 그 인센티브 구조는 너무 깊고 복잡해서 맨해튼의 캐리가 자신의 눈높이에 맞는 남성을 찾기는 매우 어렵습니다. 하긴 경제학의 관점에서 보면 결혼은 소득의 대부분을 나눠야 하고 비용에 비해 효용이 가장 형편없는 경제활동입니다. 통계적으로 최악의 투자인 결혼은 근본적으로 비합리적입니다.

우리는 비합리적이고 시장은 그런 우리를 파고듭니다. 가격차별은 심화되고 우리는 또 집단적으로 착각합니다. 그중에서 결혼이라는 최악의 비합리적인 시장행위를 원하는 92점의 캐리는, 그런데도 인센티브를 포기하지 못하고 오늘도 92점의 남성을 찾아 5번가를 헤매고 있습니다.

"당신이 지불한 것을 '가격'이라고 하고, 당신이 얻은 것을 '가치'라고 해요."

—워렌 버핏, 우리가 잘 아는 그 투자가

김치만두
1+1행사의 진실

효용과 사중손실

"효리 씨가 봉골레 파스타를 선택한 이유도
마이클이 제네시스를 구입한 이유도 효용 때문이다.
당신의 첫사랑이 그토록 소중한 이유도
결국은 한계효용이 체감하기 때문이다."

세 친구가 각각 1백만 원씩 내고 해외여행을 떠났습니다. 여행에서 돌아온 친구들은 그러나 여행의 가치를 각각 60만 원으로 평가했습니다. 친구들은 여행사에 바가지를 썼다고 믿습니다. 날아간 40만 원은 어디로 갔을까요?

우리가 날아간 40만 원 때문에 화가나는 이유를 이해하기 위해서 '효용^{Utility}'을 알아봅니다. 효용은 재화나 서비스를 구입할 때 얻는 실체적이고 직접적인 이익입니다.

오랜만에 고교 동창들과 식사를 하러 나온 효리 씨는 26달러의 씨푸드 플레이트를 주문했다. 친구들 대부분이 효리 씨와 비슷한 가격대의 음식을 주문했고 한 친구는 39.99달러의 애틀랜틱 랍스터를, 다른 친구는 36.55달러의 하와이안 안심 스테이크를 주문했다. 15달러 정도인 봉골레 파스타나 까르보나라를 주문한 친구는 없다. 식사를 마치고, 늘 그래왔듯이 전체 비용을 참석자 수로 나눠 각각 31달러를 지불했다.

소비자가 재화를 구입하면서 얻는 주관적인 이익의 정도를 효용이라고 합니다. 동창회에 나가 씨푸드 플레이트를 맛있게 소비한 효리 씨의 효용은 26달러입니다. 하지만 효리 씨가 지출한 비용은 31달러입니다. 당연히 모임이 끝나고 집으로 향하는 효리 씨는 어딘가 낭비를 했다고 생각합니다.

우리는 효용을 극대화하는 지출을 원하고 그 지점에서 가격이 형성됩니다. 하지만 동창 모임의 더치페이는 그렇지 못합니다. 이를 알고 있는 참석자들은 그래서 자신이 평소에 선택하는 파스타보다 비싼 메뉴를 선택하고, 이 때문에 참석자들이 지불해야 하는 비용은 더 높아집니다. 그 효용과 비용의 차이만큼 모임의 만족도는 하락합니다.

시어머니를 모시고 사는 효리 씨는 시어머니와 비용을 절반씩 부담해 소파를 구입하기로 했다. 백화점에 간 두 사람은 할인된 가격으로 소파를 구입했다. 하지만 소파는 두 사람 모두를 만족시키지 못한다. 효리 씨는 소파의 디자인이 마음에 들지 않고 시어머니는 소파의 가격이 썩 내키지 않았다.

여름휴가를 떠나기로 한 효리 씨 가족. 시어머니는 일본 벳부 온천 여행을 원하고 효리 씨는 제주도 둘레길 여행을 기다렸다. 결국 남편 철수 씨는 제주도로 온천 여행을 가기로 한다. 두 사람 모두를 만족시키기 위한 남편 철수 씨의 결정은 오히려 두 사람 모두를 만족시키지 못한다. 그럼에도 불구하고 올여름 제주도 온천 여행의 비용은 각각 절반씩 부담할 계획이다.

내가 지불한 가치 일부가 어디론가 사라졌다: 사중손실

효리 씨는 소파의 디자인이 마음에 들지 않기 때문에 자신이 지불한 비용보다 효용이 떨어진다고 생각합니다. 또 디자인은 마음에 들지만 지나치게 많은 비용을 지불했다고 판단한 시어머니 역시 마음에 들지 않습니다. 결국 두 사람의 소파 구매는 누구의 마음도 충족시키지 못했습니다. 여름휴가 결정 역시 마찬가지입니다.

이처럼 타인과 내가 비슷한 비용을 들여 모두의 효용을 만족시키는 것은 쉬운 일이 아닙니다. 마음속 효용의 잣대(욕심의 크기)가 서로 다르기 때문입니다. 이런 이유로 경제적 관점에서는 더치페이를 하는 동창 모임이나 시부모와의 동거는 참여자 모두를 만족시키기 어렵습니다.

효리 씨가 친구 수현 씨로부터 스카프 선물을 받았다. 수현 씨가 백화점에서 구입한 스카프의 가격은 17만 원. 하지만 선물을 받은 효리 씨는 스카프

가격을 10만 원 정도라고 생각한다. 그 차액 7만 원은 어디로 사라졌을까?

선물을 받은 사람은 실제 선물의 가격보다 그 가치를 낮게 평가하는 경향이 있습니다. 1993년 조엘 왈드포겔 예일대 교수는 「크리스마스의 사중손실」이라는 논문을 발표했습니다. 이 연구 결과 크리스마스 선물을 받는 사람은 실제 가격보다 10~33퍼센트 낮게 평가했습니다. 이는 선물에서 느끼는 효용과 선물의 실제 가격의 차이 때문입니다. 선물을 주는 사람이 기대했던 효용과 효리 씨가 기대한 효용은 차이가 납니다.

효리 씨가 스카프를 구입한다고 가정할 때 낼 수 있는 돈(지불 용의)은 10만 원인데 수현 씨는 이를 17만 원에 구입했기 때문에 시장에서 7만 원의 가치가 사라졌습니다. 이렇게 균형가격이 성립하지 않고 사라진 비용을 '사중손실Deadweight Loss'이라고 합니다. 이 사중손실만큼 우리는 손해를 봤다고 믿습니다.

소비자는 한계효용, 기업은 한계이윤

인간이 소비를 하는 이유는 그만큼의 만족을 위해서입니다. '최대 다수의 최대 행복'으로 기억되는 제레미 벤담은 인간이 끊임없이 쾌락을 추구하고 고통을 회피한다고 설명합니다. 우리는 가장 낮은 비용을 지불하고 가장 높은 쾌락 또는 만족을 얻기 위한 소비를 하는데, 이때 결정된 비용이 '가격'입니다.

이 같은 경제행위를 경제학은 '한계효용의 극대화'라고 합니다. (공교롭게도 벤담이 주장한 최대 다수의 최대 행복은 경제학의 목표, 즉 '제한된 자원의 효율적인 분배'와 같은 맥락입니다.) 따라서 제대로 된 가격을 지불하기 위해 우리는 그 만족의 값(효용)을 먼저 계산할 수 있어야 합니다.

효리 씨가 가장 좋아하는 봉골레 파스타의 가격은 15달러다. 효리 씨는 오늘 점심에 기꺼이 15달러를 내고 봉골레 파스타를 주문했다(그녀는 봉골레 파스타에 대한 지불 용의가 있다). 그런데 오후 4시쯤 부서 간식시간에 또 봉골레 파스타가 나왔다. 가격은 7달러. 봉골레 파스타에 대한 만족도(효용)가 조금 떨어졌지만 반값이라서 효리 씨는 다시 봉골레 파스타를 선택했다. 대신 3달러짜리 호박 수프를 추가했다.

여기서 두 번째 봉골레 파스타에서 얻는 효용이 '한계효용^{Marginal Utility}입니다. 이처럼 한 단위를 더 소비할 때 느끼는 효용이 한계효용으로, 만약 저녁식사에 또 봉골레 파스타를 먹는다면 세 번째 봉골레 파스타에 느끼는 효용도 한계효용입니다.

그런데 봉골레 파스타의 가격이 15달러였다면 효리 씨는 구입하지 않았을 것입니다. 불과 4시간 전에 15달러에 봉골레 파스타를 구입한 효리 씨는 그만큼 한계효용이 체감했습니다. 이 때문에 저녁 약속에서 만약 5달러에 봉골레 파스타를 먹을 수 있다고 해도 효리 씨는 이를 구입하지 않을 가능성이 높습니다.

반면 아직 썩 배가 고프지 않은 효리 씨가 호박수프를 추가한 이유는 역시 저렴한 가격 때문입니다. 배가 고프지 않아도 3달러라면 호박수프를 구매할 의사가 있습니다. 오후 4시 간식시간에 봉골레 파스타는 7달러만큼의 효용을, 호박수프는 3달러만큼의 효용과 일치합니다.

소비자들은 이처럼 한계효용의 균형을 맞춰 소비를 합니다. 즉 한계효용을 극대화하려 합니다. 물론 그때마다 더 낮은 비용으로 더 높은 효용의 재화와 서비스를 얻으려는 노력을 게을리 하지 않습니다.

기업 역시 한계이윤Marginal Profit을 최대로 높이기 위한 생산을 합니다. 철수 씨의 햄버거 가게는 소비자들의 한계효용이 체감하기 때문에 햄버거 1개를 더 구입할 때마다 가격을 2백 원씩 깎아주기로 했습니다.

한 번에 많이 구입할수록 가격을 많이 깎아주기 때문에 철수햄버거의 한계수입도 햄버거가 많이 팔릴수록 체감합니다. 그러나 생산시설이나 투입된 노동량이 증가할수록 규모의 경제에 따라 어느 지점까지 한계비용은 감소하게 마련입니다. 결국 햄버거를 3개 팔 경우 한계수입과 한계비용은 일치해 한계이윤은 0(한계수입=한계비용)이 됩니다. 철수햄버거는 이 지점까지 생산하는 것이 가장 많은 이윤을 남길 수 있습니다.

그러나 햄버거를 4개 팔 경우 매출은 증가하지만 한계이윤은 적자(-150원)로 돌아섭니다. 따라서 모든 기업은 한계수입과 한계비용이 일치할 때까지 생산하는 것이 가장 효율적입니다.

철수햄버거의 한계이윤

	1개	2개	3개	4개
총 판매가격	1,000원	1,800원	2,600원	3,200원
한계수입(개당)	1,000원	800원	600원	400원
한계비용	700원	650원	600원	550원
한계이윤	300원	150원	0원	-150원

효리마트 1+1행사의 진실

이제 현실에서 한계효용을 적용해 봅니다. 개점 10주년을 맞은 효리마트에서 고객의 성원에 보답한다는 명목으로 1+1행사를 합니다. 3천 원짜리 고기만두를 사면 1,200원짜리 김치만두를 덤으로 줍니다.

덥석 카트에 만두를 담은 철수 씨. 철수 씨의 구매 결정은 어떻게 이뤄진 것일까요? 철수 씨의 한계효용을 들여다봅시다.

철수 씨의 한계효용

	생산원가	판매가격	철수 씨의 한계효용
고기만두	2,000원	3,000원	2,500원
김치만두	600원	0원(1,200원)	800원

고기만두와 김치만두에 대한 철수 씨의 한계효용은 2,500원과 8백 원입니다. 따라서 철수 씨는 고기만두(3천 원)와 김치만두(1,200원)를 구매하지 않습니다. 이 경우 효리마트는 0원의 이윤을 내고, 고기만두와 김치만두의 생산원가 2천 원+6백 원을 회수하지 못합니다.

하지만 김치만두를 덤으로 준다면 철수 씨는 3천 원의 비용으로 2,500원+8백 원의 한계효용을 얻게 되므로 이를 구입하겠다는 결심을 하게 됩니다.

철수 씨의 비용(3,000원) 〈 철수 씨의 한계효용(2,500원+800원)

또 철수 씨의 구매 결정으로 효리마트는 고기만두에서 1천 원의 이익과 김치만두에서 6백 원의 손실을 입어 결국 4백 원의 이익을 남깁니다. 이처럼 소비자와 기업은 한계효용과 한계이윤을 극대화하면서 시장에 참여합니다. 물론 현실에서는 유통기한이 임박한 재고 처리나 본사의 밀어내기 영업 등의 외부 효과가 더해질 것입니다.

여기서 우리가 무한 이익이 아닌 '한계적 이익'을 추구하는 것은 우리가 지불할 수 있는 자원(돈)이 제한적이기 때문입니다. 우리의 욕망은 무한대인데 반해 자원은 제한적이기 때문에 가급적 비용을 줄이고 효용을 높이려는 노력을 하는 것입니다.

시장은 1+1행사 같은 각종 장치를 개발해 제한된 효용 속에서 우리가 더 높은 비용을 지불하도록 유도합니다. 그러니 시장참여자가 지불한 비용만큼 효용을 찾기는 갈수록 어려워집니다. 우리는 자꾸 속을 수밖에 없습니다.

효용 극대화를 위한 거래가 확대되면 '무역'이 됩니다. 이제 무역에 대해 알아볼 시간입니다.

무역도 효용 때문이다

19세기 영국, 목초지 대신 공장으로 돈을 번 신흥자본가(부르주아)계급이 기존 지주계급과 대립합니다. 이들은 인구 증가로 가파르게 치솟는 곡물가격을 낮추기 위해 자유무역을 주장합니다. 물론 노동자들의 엥겔지수를 걱정해서가 아닙니다. 곡물가격이 오르면 임금을 올려달라는 주장이 높아지기 때문입니다.

반면 지주계급은 곡물 수입에 강력하게 반대합니다. 저렴한 가격으로 농산물이 수입될 경우 당연히 대규모 농지를 소유한 지주들의 이익이 줄어들기 때문입니다.

결국 이 싸움에서 지주들이 승리하고 영국 의회는 특정한 가격 이하로 곡물가격이 떨어질 경우만 자유무역을 허용하는 곡물법^{Corn Law}을 통과시킵니다.

당시 곡물법을 반대했던 데이비드 리카도가 발견한 법칙이 '차액지대론'입니다.

비옥한 철수 씨의 사과농장은 재료비 1백만 원과 임대료 50만 원을 투입하면 1천 개의 사과를 생산한다. 마침 인구가 늘고 사과 수요도 늘어 조금 덜 비옥한 수현 씨의 농지도 사과를 재배하기로 한다. 수현 씨의 사과농장은 재료비 1백만 원과 임대료 50만 원을 투입하면 8백 개의 사과가 열린다. 동일 비용을 들이고도 철수 씨보다 생산량이 못한 수현 씨는 철수 씨 농장의 지주 효리 씨를 찾아간다.

"임대료 1백만 원을 드리겠으니 경작권을 저에게 주세요."

이렇게 비옥한 토지(더 나은 생산 여건)를 통해 지주인 효리 씨가 추가로 얻는 이익(50만 원)이 바로 '지대^{Economic Rent}'입니다.

수현 씨에게 비옥한 토지(우등지)를 뺏긴 철수 씨. 철수 씨는 바닷가 주변 땅(열등지)을 개간해서 사과농사를 지었다. 이번에는 재료비 1백만 원과 임대료 30만 원을 투입해 사과 3백 개를 생산했다. 이듬해 철수 씨는 지주 효리 씨를 찾아가 임대료를 2백만 원 줄 테니 경작권을 돌려달라고 부탁한다. 이제 효리 씨의 지대는 1백만 원으로 치솟았다.

인구는 계속 증가하고 수요가 늘지만 비옥한 토지 공급이 한정되면, 생산자들은 열등한 토지에서 더 많은 노동력을 투입할 수밖에 없습니다. 이 경우 생산자들은 높은 임대료를 지불하고서라도 비옥한 경작지를 차지하려 듭니다.

이처럼 투입 노동량이 증가하면서 사과의 가격이 높아지고, 이 사과의 가격이 지대를 밀어 올립니다. 리카도는 수요를 따라가지 못한 비옥한 토지로 인해 곡물가격이 오르고, 이렇게 오른 곡물가격이 지주의 불로소득인 지대를 높인다는 사실을 밝혀냈습니다.

대지주였던 리카도는 지대를 부정적인 시선에서 분석하고, 자유무역을 위해 곡물법을 폐지할 것을 주장했습니다. 물론 이를 통한 곡물가격의 안정은 대지주들에게 훗날 재앙이 됐습니다.

서울 효리고등학교의 서울대 진학률은 전국 최고 수준이다. 그래서 철수고등학교나 수현고등학교 학부모까지 효리동으로 이사를 한다. 수요가 늘면서 효리동의 주택가격이 치솟았다. 학부모들은 효리동 집주인들이 지나치게 임대료를 비싸게 받는다고 푸념한다. 하지만 효리동의 임대료를 올린 사람들은 다름 아닌 '이사 온 학부모들'이다.

차액지대론을 통해 자유무역의 정치적 배경이 완성됐다면, 비교우위론은 자유무역의 경제적 근거를 마련합니다. 한계효용의 가장 완성된 사례가 이렇게 해서 생긴 무역입니다.

이제 무역에서 절대우위와 비교우위를 알아봅니다.

가수 효리 씨는 노래도 잘하지만 자신의 운전기사인 수현 씨보다 운전도 더 잘합니다. 이 경우 효리 씨는 가수도 하고 운전기사도 하는 것이 경제적일까요? 그렇지 않습니다. 효리 씨가 수현 씨보다 운전을 더 잘한다고 해도, 운전은 수현 씨에게 맡기는 것이 더 경제적입니다. 리카도는 그것을 증명해 냈습니다.

뉴욕 주 효리카운티는 자전거와 자주포가 주요 생산품이다. 자전거 1대를 생산하는 데 6명의 노동자가, 자주포 1문을 생산하는 데는 9명의 노동자가 필요하다.

효리카운티와 철수리의 절대우위	자전거 1대	자주포 1문
효리카운티	6명	9명
철수리	13명	10명

반면 경기도 가평면 철수리 주민들은 자전거 1대를 만드는 데 13명이, 자주포 1문을 생산하는 데는 10명의 노동자가 필요하다.

절대우위에서는 자전거나 자주포 모두 효리카운티가 생산하는 것이 더 경제적(더 생산적)이다. 자전거 1대와 자주포 1문을 생산하는 데 효리카운티에서는 15명이 필요하지만 철수리에서는 23명이 필요하기 때문이다.

하지만 효리카운티 주민들이 자전거만 생산할 경우, 자전거 2대를 생산

효리카운티와 철수리의 비교우위	기존 생산 필요인력	비교우위로 인한 자유무역시	유휴인력
효리카운티(자전거)	15명	12명(6명x2대)	3명
철수리(자주포)	23명	20명(10명x2문)	3명

하기 위해서는 12명(6명×2대)이 필요할 뿐이다. 또 철수리 주민들이 자주포만 생산할 경우 2문을 생산하기 위해서는 20명(10명×2문)이 필요하다. 이 경우 생산량은 동일(자전거 2대, 자주포 2문)하지만 효리카운티와 철수리는 각각 3명의 유휴인력이 남는다. 이 6명의 유휴인력이 사과를 재배할 경우 두 지역은 그만큼의 이익을 더 챙길 수 있다.

이를 통해 리카도는 19세기 모직물과 와인 모두 영국에 비해 포르투갈이 더 저렴하게 생산할 수 있지만, 비교우위에 의해 영국은 모직물을, 포르투갈은 와인을 생산하는 것이 더 경제적이라고 주장했습니다. 자유무역으로 두 나라 모두 효용이 커집니다. 투입 노동량을 줄일 수 있고 동일 노동력으로 더 많은 생산이 가능해집니다.

리카도의 비교우위론은 이후 국제 분업과 무역의 이론적 토대가 됐습니다. 물론 현실에서는 많은 문제점이 발생합니다. 예를 들어 무역으로 재편된 산업에서 남은 노동력과 자본은 곧바로 추가비용 없이 다른 재화나 서비스를 생산한다고 가정하지만, 이는 오류입니다.

무역뿐만 아니라 시장에서 이뤄지는 모든 거래는 효용을 위해서입니다. 선조가 피난길에 맛있게 먹었던 묵이라는 생선을 환궁 이후 먹어보니 맛이 없는 것도 다시 기름진 음식을 먹다 보니 효용이 떨어져서입니다. 전란 때 이 생선을 '은어'라고 이름 붙였던 선조는 이후 다시 '묵'이라고 이름 붙입니다. 그래서 도루묵입니다.

우리가 점심에 효리햄버거를 구입한 것도, 수백만 파운드의 연봉을 주고 박지성 선수를 스카우트하는 것도 모두 지불한 가격만큼의 효용을 기대하기 때문입니다. 그런데 만약 소비자들의 한계효용이 모두 채워져 소비가 줄어든다면 어떤 일이 생길까요?

우리는 한계효용의 욕구를 채우기 위해 소비한다

기업들은 이를 위해 끊임없이 효용을 창조해 냅니다. 단지 걸을 때 발을 보호하는 기능의 구두가 샤넬을 통해 3천 달러가 넘는 명품 구두로 변신하는 것도 샤넬 구두를 신는다는 의미의 효용이 창조됐기 때문입니다.

소비자들의 이성적 욕구가 거의 채워진 현대시장에서 기업들은 감성적이고 비이성적인 욕구를 창조하고 이를 채워주는 제품과 서비스를 끊임없이 제공합니다. 시간이 표시되는 휴대전화를 24시간 손에 쥐고 살지만 손목시계가 여전히 팔리는 것도 이 때문입니다.

오래된 삼성아파트에 '래미안'이라는 브랜드를 덧칠하는 것도, 앉지도 못하는 이탈리아 수제 의자를 구입하는 것도 모두 비이성적인 한계효용을 자극하는 유혹입니다.

'필요한 것'이 거의 채워진 시대, 이제 '원하는 것'을 사려는 소비자들의 효용이 커지고 기업은 이를 놓치지 않습니다. **"제가 필요한 것 말고, 원하는 것을 사주세요."** —영화 〈러브 액츄얼리〉에서 기업은 그 효용에 인센티브라는 덤을 제공하며 가격을 올리거나 거래를 부추깁니다. 가격은 효용과 인센티브가 아주 복잡하게 버무려져 있습니다. 시장에서 소비자는 매일매일 효용과 인센티브를 추려내서 자신이 지불해야 할 가격과 비교하는 싸움을 합니다. 그 이기적인 싸움이 시장을 움직인다고 고전경제학자들은 설명합니다.

문제는 우리가 시장에서 정확하게 효용을 계산하고 합리적인 가격을 지불하는 것이 갈수록 어려워진다는 사실입니다. 게다가 현실에서는 '사익 추구를 통한 공익 실현'이라는 기존의 경제학 프레임에서는 절대로 이해할 수 없는 현상이 무수히 일어납니다.

"매우 뛰어난 외과 의사가 있습니다. 그에게는 심장과 간, 췌장과 신장을 이식받지 못해 죽음을 앞둔 4명의 젊은 환자가 있습니다. 어떤 장기기증 소식도 들려오지 않습니다. 옆방에는 건강검진을 받으러 온 건강한 젊은이가 낮잠을 자고 있습니다. 그를 죽이면 4명의 젊은 생명을 살릴 수 있습니다. 이제 경제적 효용을 가장 잘 실현하는 외과 의사의 선택은 무엇입니까?" —마이클 샌델, 『정의란 무엇인가』에서

고전주의 경제학에 몰입해 있는 합리적인 시장참여자라면 '건강한 젊은이를 죽여야 한다'가 답일 것입니다. 1명의 희생으로 4명을 살릴 수 있으니 효용 극대화가 이루어지기 때문입니다. 그러나 누구도 이 같은 결정이 옳다고 말하지 못합니다. 경제학은 인간의 지나친 효용 추구가 곳곳에서 시장을 병들게 하는 현실에 당황하고 있습니다.

만약 수돗물을 민간기업이 공급한다면 비용은 크게 높아집니다. 코

레일의 효용 극대화가 계속되면 무궁화열차 요금은 3배 이상 오르게 됩니다. 우수한 의료진을 둔 종합병원의 효용 극대화는 부자 환자만 유치하는 것입니다. 등록금을 계속 올려도 경쟁률이 떨어지지 않았던 미국의 아이비리그 대학들은 이제 지나친 백인 중산층 위주의 학생 구성으로 경쟁력을 잃고 있습니다.

"탐욕은 좋은 것이다"라고 영화 〈월스트리트〉의 기업사냥꾼 고든 게코는 말했지만, 지나친 효용 추구는 결국 사회적 비용을 낳습니다. 이기심이 탐욕으로 변질되면서, 최저의 비용으로 최대의 효용을 추구하는 인간의 얼굴은 시장경제를 병들게 합니다.

시장은 속고 속이는 전쟁터로 변해갑니다. 다시 애덤 스미스를 살려내 『도덕감정론』(남을 먼저 생각하고 타인에게 공감하는 인간에 대한 애덤 스미스의 평가가 담긴 책) 강의를 들어야 할 시간입니다.

리카도는 차익지대론을 통해 대지주의 불로소득을 비판하며 자유무역을 옹호했습니다. 그는 지주의 손해를 무릅쓰고 자유무역을 주장했던 신흥자본가들의 편에 섰습니다.

이제 경제학은 병든 시장에서 사익 추구를 통한 공익 실현 기능을 다시 살려야 하는 과제를 안고 있습니다. 시장경제는 개인의 이기심을 추구하면서도 공공의 이익 실현을 추구해야 생존이 가능합니다.

효용을 강조했던 벤담은 자신의 시신을 해부 실습용으로 기증했습니다. 벤담의 얼굴은 뼈 위에 밀랍으로 형상화된 오토 아이콘으로 영국 유니버시티 칼리지에 전시돼 있습니다. 평생 비용과 효용을 연구했던 그는 죽은 뒤 썩어 사라질 몸에 대해 '연구용'이라는 '최대 효용'을 선택했습니다.

홈쇼핑은
왜 안마의자를
무료로 빌려줄까?

부존 효과와 매몰비용

"포기에 대한 결정은 매우 중요하지만 가장 소홀히 여겨지고 있다."
—피터 드러커, 미국의 경영학자

아파트 구매 과정의 의사결정을 통해 우리가 재화나 서비스를 얼마나 불합리하게 소유하는지 알아봅니다.

대치동 은마아파트 76.79㎡형은 2006년 11억 2천만 원까지 가격이 올랐다. 효리 씨 가족의 월 평균소득은 1천만 원, 효리 씨는 가격이 충분히 떨어지기를 기다렸다.

2년 뒤인 2008년 여름, 가격은 9억 6천만 원까지 떨어졌고 효리 씨는 마침내 은마아파트의 주민이 됐다. 부족한 4억 원은 대출을 받았다. 효리 씨 가족은 이제 월 179만 원, 연간 2,148만 원의 이자를 부담한다. 2011년부터는 원금 상환도 시작돼 매년 4천만 원 가량의 원리금을 갚아야 한다. 이는 효리 씨 가족 전체 소득의 40퍼센트에 달한다. 구입 4년이 지난 2012년 봄, 은마아파트 가격은 8억 원 아래로 떨어졌다.

—국토해양부 아파트 실거래가 홈페이지에서

월 소득 5백만 원의 급여생활자가 2억 원의 빚을 내서 5억 원의 아파트를 구입했습니다. 자산의 담보가치 대비 대출금액 비율인 담보인정비율^{LTV}은 40퍼센트, 이 행위는 합리적일까요? 매달 2백만 원이 넘는 이자비용을 감당할 만큼 그 아파트가 우리에게 합당한 편익을 제공할까요?

아파트가격이 속절없이 추락하고 있습니다. 집값 하락 시대, 비싼 값에 아파트를 구입한 소비자들의 분노가 높습니다. 그들은 왜 아파트를 구입했을까요? 그들이 속은 이유는 그들이 화가 나는 이유와 비슷합니다.

우리는 떼 지어 판단한다

아파트를 사는 이유 중 하나는 우리가 결혼을 하는 것처럼(?) 다수의 타인들이 선택하는 일이기 때문입니다. 우리는 시장에 참여하면서 남들의 행위를 따라 떼 지어 행동하는 경향이 있습니다.

1967년 미국 캘리포니아 커벌리 고등학교. 역사 교사 론 존스가 집단 참여 실험을 했다. 실험 제목은 '파도The 3rd Wave'. '파도'라는 모임에 속한 학생들은 구호와 경례, 집단 훈련을 통해 규율을 지키고 서로 뭉친다. 회원들에게는 회원증이 발부되고 규율 준수를 위한 별도의 조직인 '갈매기 군단'이 조직됐다.

엄격한 규율에도 불구하고 사흘 만에 30명이던 회원 수가 2백 명으로 늘어났다. 시간이 흐르면서 참여 학생들이 '파도'에 지나치게 집착하고, 심지어 '파도'에 속하지 않은 학생들을 무시, 회유하거나 또는 협박하는 일이 발생했다.

실험이 너무 과열됐다고 판단한 교사 론 존스는 실험 나흘째 '파도'를 해체하고, 다음날 모든 학생들에게 내일 낮 12시 '파도'의 최고위원이 메시지를 전할 것이라고 말했다.

다음날 12시, 매우 불투명한 TV 화면에 등장한 사람은 히틀러였다. 학생들이 무심코 집단 속에서 따르고 기다렸던 권위는 알고 보니 나치였다. 이 실험을 통해 학생들은 99퍼센트의 독일 국민이 1퍼센트의 나치의 결정을 어떻게 따르게 됐는지 배운다.　　—EBS 지식채널e 〈환상적인 실험〉에서

어떤 기회비용을 지불하고서라도 조직에 편입하고 이들과 비슷한 행동을 하려는 태도는 주택 구매에서도 다르지 않습니다. 그 집을 사서 어떤 효용을 얻을지보다 남들이 사니까 나도 사야 한다는 생각이 먼저 듭니다. 그리고 주택을 구입함으로써 자연스럽게 그 조직에 편입됩니다.

마치 축제 행렬이 이어지면 누군가 그 행렬을 따라 가는 것과 같습니다. 이를 밴드왜건Band Wagon 효과라고 합니다.

어린 시절 우리가 하얀 소독 연기를 내뿜는 방역차량을 따라 달렸던 것도 방역차량이 주는 효용에 앞서, 친구들이 너도 나도 따라 달렸기 때문입니다. 그 첫 번째 마차를 따라 달리는 순간, 모두가 함께 가는 길에 나도 합류했다는 안도감과 만족감을 얻게 됩니다(그 마차가 어떻게 우리 인식에 파고드는지는 1-1의 프레이밍 효과에서 공부했습니다).

이를 알고 있는 건설사들은 무리를 해서라도 대열에 합류하라고 유혹합니다. 삼성 래미안 아파트의 CF. 오페라하우스에서 만난 친구의 키홀더는 래미안입니다. 친구는 키홀더를 부럽게 바라보고 **"래미안. 당신의 이름이 됩니다."**

전문가들과 각종 통계도 우리에게 하루 빨리 아파트를 사야 한다고 속삭입니다. **"땅은 부족하고 아파트가격은 계속 오를 것입니다."** 부동산투기를 탓하며 집값이 얼마나 올랐는지 증명하는 각종 신문기사와 통계를 통해 오히려 효리 씨는 더 빨리 아파트를 사야 한다고 확신합니다.

우리는 통계와 전문가 그리고 그들이 만들어내는 권위를 쉽게 믿는 경향이 있습니다. 그리고 합리적 기대 가설(1-1 참고)이 효리 씨에게 파고듭니다. 효리 씨는 이제 합리적(?)으로 판단합니다. **"이런 제길, 그때 샀어야 했구나!"**

내 것은 더 소중하다

계속 오를 것으로 믿었던 아파트가격이 추락합니다. 그런데 집주인들은 보통 "우리 아파트가격이 1억 원이나 떨어졌어"라고 말하지 않고 "원래 가격은 6억 원인데 지금 많이 내렸다더군"이라고 말합니다.

가격이 많이 내린 재건축이나 재개발 지역 주택 소유자들은 "끔찍하지만 재건축의 가치가 폭락하고 말았어"라고 말하지 않고 "지금은 이래도 사업 승인만 받으면 치솟을 거야"라고 말합니다.

내재된 재화의 가치는 하나의 가격으로 표시되지 않으므로 재화의 가격은 정해져 있지 않습니다. 그런데도 일단 집주인이 된 효리 씨는 스스로 적정가격을 매기고 가격 하락을 인정하지 않습니다. 우리는 효리 씨처럼 우리가 소유한 어떤 재화의 가치를 우리가 소유하지 않은 재화의 가치보다 더 높게 평가하는 경향이 있습니다. 이를 부존 효과 Endowment Effect라고 합니다.

일면식도 없는 홈쇼핑이 우리에게 1백만 원짜리 안마의자를 1주일간 무료로 빌려주는 이유도 부존 효과를 노린 것입니다. 소비자는 1주일간 자신의 거실에 실존한 안마의자를 되돌려 보내기 쉽지 않습니다.

우리는 한 번 소유하면 좀처럼 그것을 포기하려 하지 않습니다. 회사가 월급을 20퍼센트 인상한 뒤 다시 10퍼센트 내린다고 발표할 경우 모든 직원이 크게 실망합니다. 회사는 결과적으로 급여를 10퍼센트 인상했지만, 인상된 20퍼센트는 직원들에게 이미 '내 것'입니다. 회사는 급여를 10퍼센트 인상한 게 아니고 10퍼센트를 빼앗아간 것입니다.

아파트를 소유한 사람이 집값이 올랐을 때 이를 팔고 차익을 실현하거나, 집값이 내렸을 때 손실을 최소화하고 다시 무주택자가 되기 어려운 이유도 이 때문입니다. 철수 씨가 갖고 있는 식탁과 효리 씨가 갖고 있는 식탁이 같은 브랜드의 같은 모델이라고 해도 효리 씨가 "아무렴, 내가 더 깨끗하게 썼는데, 적어도 1백 달러는 더 받을 거야"라고 생각하는 것도 같은 이유입니다.

이 같은 이유에서 우리는 이익을 올리는 기회를 추구하기보다 손실을 낼 수 있는 기회를 회피합니다. 5백 달러의 기대이익보다 5백 달러의 손실비용이 더 크다고 느낍니다. 이제 우리가 잘 아는 대니얼 카너먼 교수는 우리는 1백만 원을 벌었을 때의 만족감보다 1백 만 원을 잃었을 때의 손실감이 2~2.5배 크다고 주장했습니다.

그래서 우리는 건강검진으로 드러난 작은 종양 수술로 1백만 원의 수술비용은 아깝지만, 그로 인해 수천, 수억 원의 기회비용이 줄어들었다는 사실에는 썩 기뻐하지 않습니다.

같은 값이라고 해도 손실에서 느끼는 고통이 이익에서 느끼는 기쁨을 상쇄하고 남습니다. 그러니 이제라도 아파트를 팔아서 남는 차익을 실현하거나 손실을 최소화하기보다 어떻게든 집을 팔지 않고 버티려 합니다. 그러나 집을 팔지 않고 이익을 실현하거나 손실을 최소화하는 방법은 없습니다.

1985년 세계 최고 통신업체는 모토로라였다. 당시 모토로라는 거대한 이리듐 프로젝트를 추진했다. 통신위성 60여 개를 쏘아 올려 지구촌이 위성 휴대전화로 연결되는 시대를 예고한 것. 이를 위해 전 세계 20여 개 통신사들이 컨소시엄에 참여했다. 모토로라는 이 사업에 10년 동안 13억 달러를 투입했다.

그런데 1990년대 중반에 접어들자 기존 휴대전화의 로밍 기술이 빠르게 발전했다. 값비싼 위성전화의 필요성에 의문이 제기됐다. 머잖아 여행객들은 자신의 휴대전화에 간단한 조작을 하는 것만으로 국제전화를 할 수 있게 됐다.

하지만 초기 투입비용이 지나치게 큰 나머지 모토로라는 이리듐 프로젝트를 포기하지 못했다. 1998년 결국 서비스가 시작됐고 이리듐은 출시 첫해 20억 달러의 손실을 기록했다. 1999년 8월, 이리듐 컨소시엄은 파산했다.

모토로라가 초기 투입비용 13억 달러가 아까워 이리듐 프로젝트를 끝까지 추진했던 것처럼(모토로라는 이리듐 프로젝트의 실패로 사실상 성장세가 꺾였습니다) 효리 씨가 무리하게 사들인 아파트를 포기하지 못하는 이유도 손실회피 경향 때문입니다.

그러나 손실을 회피할수록 매몰비용Sunk Cost은 계속 늘어납니다. 투입비용 중 회수되지 않는 비용이 매몰비용입니다. 효리 씨가 은마아파트를 구입하느라 발생한 대출 때문에 매달 지출하는 이자비용이 대표적인 매몰비용입니다. 효리 씨는 해마다 2천만 원이 넘는 매몰비용을 지급하고 있지만, 이렇게 투입된 매몰비용이 오히려 효리 씨의 합리적인 의사결정을 방해합니다. **"지금까지 들어간 돈이 얼만데……."**

그때 샀어야 했다: 자이가닉 효과

50대가 넘는 기성세대는 대부분 부동산시장에 대한 기대가 있습니다. 실제 지난 40여 년 동안 부동산시장은 물가 인상을 뛰어넘을 만큼 높게 치솟았고, 기성세대가 만든 대부분의 자산은 집값 상승의 혜택을 입은 것이었습니다.

그때 집을 사지 못한 철수 씨는 이후 모든 자산의 문제가 '그때 그 집을 못 샀기 때문'입니다. 그때 그 집을 사지 못한 아쉬움은 집값이 오를 때마다 더욱 강해져 결국 철수 씨의 가슴에 '집은 반드시 사야 하는 재화'라는 인식을 새겼습니다. 이를 자이가닉 효과 $^{Zeigarnik\ Effect}$라고 합니다. 사람은 누구나 그때 하지 못한 것에 대한 더 강력한 환상이 있습니다.

무주택자 철수 씨는 전세가격이 오를 때마다 이로 인한 손실을 더 심각하게 받아들입니다. 그때 아파트를 샀다면 이런 고통은 없었을 것이라고 생각합니다. 무주택자가 부담하지 않는 집값 하락에 따른 리스크나 대출로 인한 각종 금융비용에 대한 상대적인 이익은 이 손실에 대한 아쉬움에 가려 깨닫지 못합니다. 집값이 본격적으로 하락해 주택소유자가 떠안는 고통이 현실이 돼도 철수 씨는 깨닫지 못합니다.

여전히 철수 씨는 생각합니다. '이번 기회에는 어떻게 해서라도 집을 사야지.' 이제 철수 씨도 효리 씨가 주택시장에서 걸어온 실수를 되풀이할 것입니다.

"그런 식으로 쳐다보지 마라.

안다 다 아니까.

말하지 마라.

그때 아파트를 샀어야 했다.

잘난 당신이 어떤 생각을 하든 간에

내가 아는 것은 그뿐이다.

뭐, 니가 아는 것도

실은 그뿐이잖아?"
—박민규, 「딜도가 우리 가정을 지켜줬어요」에서

우리는 때 지어 행동해서 아파트를 구입했고, 내 것의 가치를 더 높이

평가하기 때문에 집값이 떨어지는 것을 인정하기도 쉽지 않습니다. 언젠가 오를 것으로 믿기 때문에 이제 와서 아파트를 팔기도 어렵습니다.

특정 재화의 가격이 계속 오르려면 공급이 한정돼 있거나 수요가 계속 높아져야 합니다. 이는 가격 결정에 대한 경제학의 가장 근본적인 믿음입니다. 그런데 아파트라는 재화는 강남 등 일부 지역을 제외하면 얼마든지 공급이 가능하고 수요는 계속 줄어들고 있습니다.

어떤 재화도 가격이 계속 오를 수는 없습니다. 미국과 일본 등 앞서 부동산 거품을 경험한 나라가 이 같은 사실을 증명합니다. 그런데도 철수 씨는 여전히 소득보다 턱없이 높은 대출을 받아서라도 주택시장에 뛰어들 태세입니다. 우리는 주택시장에서도 역시 썩 합리적이지 않습니다.

"당신은 당신이 보는 것이 세상의 전부라고 쉽게 믿게 됩니다. 사람들은 자신이 만들어놓은 틀을 쉽게 사실이라고 믿어버립니다."

—대니얼 카너먼, 『생각에 관한 생각』에서

서울과 수도권의 아파트가격이 자꾸 떨어집니다. 그 사실을 인정하기 싫은 효리 씨지만 이제라도 아파트를 팔아야 할까요? 서둘러 결정할 필요는 없어 보입니다. 주위에는 믿기 힘든 통계와 의심스런 전문가들이 가득합니다. 무엇보다 우리는 또 그다지 합리적이지 않습니다. 결정적으로는 지금 내놓는다 해도 팔리지도 않습니다.

악마는 가장 뒤에 처진 사람을 잡아먹는다는데, 어리석은 철수 씨라도 아파트시장에 뒤늦게 뛰어들어주길 바라는 수밖에 없습니다. 당신은 효리 씨인가요? 철수 씨인가요?

대륙국가 미국에서
왜 철도가
사라졌을까?

경쟁과 담합

"정유사들의 담합을 적발하는 것은
1,500개의 퍼즐을 맞추는 것처럼 복잡한 일이다."
—공정거래위원회 팀장

이제 소비자가 불합리한 결정을 내릴 수밖에 없는 불합리한 산업구조를 들여다볼 시간입니다. 그 핵심은 담합과 독립입니다.

여의도의 주유소들은 모두 비슷한 가격을 유지합니다. 여의도의 운전자들이 쉽사리 여의도를 벗어나 기름을 넣기 어렵다는 점을 이용하는 암묵적인 담합입니다. 이들 주유소에 기름을 공급하는 정유시장도 독과점과 담합이 판을 칩니다.

1964년 정부가 정유산업을 육성하면서 SK(당시 선경) 등 일부 기업들이 사실상 독점을 보장받았습니다. 심지어 1997년까지 정부가 기름가격을 고시하면서 안정적인 영업이익을 챙겨왔습니다. 이 과정에서 정유사-유통사-주유소로 이어지는 독과점 사슬이 완성됩니다. 한 기업이 만들고 유통하고 판매하는 것입니다.

정유시장에는 가격을 낮추거나 품질을 높여 더 많은 이익을 만드는 보이지 않는 손이 작용할 공간이 부족해집니다. 시장가격은 얼마든지 조작됩니다.

타이거오일이라는 업체가 기름을 수입해 팔아보려 이 시장에 뛰어들었지만, 팔아주겠다는 주유소를 찾지 못하고 결국 2003년 퇴출되었습니다. 반면 일본은 20개가 넘는 석유 유통기업이 있습니다.

우리가 슈퍼에서 만나는
거의 모든 제품이 독점이다

19세기 미국의 철도부호들이, 록펠러와 스탠더드 오일 오브 캘리포니아가, 20세기의 마이크로소프트가 그랬던 것처럼 국내 산업 역시 대부분 두세 곳의 대기업이 독점하고 있습니다.

1개 회사가 시장의 50퍼센트 이상을 차지하거나 3개 회사의 시장점유율이 75퍼센트를 넘는 경우 정부는 이를 독과점이라 규정합니다. 국내 산업의 92.9퍼센트가 독과점입니다. 소비시장은 이미 독과점에 포위돼 있습니다.

농심이 시장의 67퍼센트를 차지하면서 3개 라면업체가 전체 라면시장의 83.6퍼센트를 점유합니다. 면세점은 롯데와 신라호텔 등 3개 업체가 87퍼센트를, 분유시장은 남양유업과 매일유업 등 3개 업체가 82퍼센트를 가져갑니다.

화학은 LG화학 등 3개 기업이 97퍼센트, 담배는 KT&G 등 3개 기업이 99퍼센트의 시장을 독점합니다.

심지어 현대자동차와 기아자동차는 승용차시장의 90.5퍼센트를 독점합니다. 정유시장은 81.8퍼센트, 맥주시장은 100퍼센트를 3개 기업이 독점합니다(공정거래위원회, 2010년).

독점은 곧 담합의 유혹을 낳습니다. 이제 3개 회사만 모여 합의하면 얼마든지 가격을 올릴 수 있습니다. 이들에게는 경쟁이나 기술 개발, 서비스 개선보다 담합이 수익률을 올리기 가장 쉬운 방법입니다.

인간의 이기심이 경제의 원천

애덤 스미스는 『국부론』을 통해 개인의 이윤 추구가 시장과 국가에 미치는 영향을 증명한다. 또한 그는 이기심을 바탕으로 한 개인의 경제활동이 모든 재화와 서비스를 만드는 원천이라고 설명한다.

"우리가 저녁을 먹을 수 있는 것은 푸줏간과 양조장, 빵집 주인의 고마운 마음 덕분이 아니다. 그들의 이기심 때문이다."

실제 거의 매년 정유와 맥주, 라면 등 독과점업체들의 담합이 적발됩니다. 소비자물가는 손쉽게 올라갑니다. 마트에서 샴푸나 우동, 분유 가격이 브랜드에 상관없이 또 올랐다면 담합이 숨어 있을 가능성이 높습니다.

우리는 속을 수밖에 없습니다. 시장경제에서 경쟁은 제품의 품질을 높이고 가격을 낮춥니다. 담합은 이 같은 경쟁을 포기하는 경제행위입니다. 보이지 않는 손을 묶어 시장의 경쟁을 근본적으로 억제하는 행동입니다.

오늘 낮에 치즈햄버거를 사 먹는 소비자의 효용 극대화와 이 햄버거를 팔겠다는 기업의 이윤 극대화가 거래를 만듭니다. 그 극대화된 이기심의 접점이 가격입니다.

이를 보이지 않는 손이 결정한다고 애덤 스미스는 설명합니다. 또한 그는 이 이기심이 모아져 햄버거가게는 물론 국가의 부가 만들어진다고 설명합니다(그 전까지 경제학자들은 국가의 부를 부동산이나 금은보화 같은 재화의 총합계로 이해했습니다).

훗날 경제학은 이를 '재화는 내재된 불변가치에 의해 가격이 결정되지 않는다'라고 정리합니다. 재화의 가격은 정해져 있지 않습니다. 가격은 시장이 만들어가는 것입니다.

전미 경제학회[AEA] 소속 경제학자 8백여 명은 해마다 모여 미국 경제를 논의한다. 지난 정기총회는 애틀랜타에서 열렸다. 날짜는 1월 3일부터 사흘간, 장소는 애틀랜타 메리어트 호텔이 결정됐다. 궁금한 효리 씨가 물었다. "왜 그 호텔이죠?"
이유는 간단했다. 순번에 따라 정기총회 도시는 애틀랜타였다. 애틀랜타에서 8백 명이 회의를 할 수 있는 장소는 메리어트 호텔뿐이었다. 메리어트 호텔은 1년중 1월 3~5일이 가장 방값이 저렴했다.

호텔 숙박료는 시간에 민감합니다. 맨해튼에 가을이 찾아오고 여행 수요가 높아지면 가격은 치솟습니다. 맨해튼을 상징하는 아스토리아 호텔은 11월 추수감사절이 되면 디럭스룸의 가격이 1주일 만에 3배가량 뛰어오릅니다. 물론 수요가 낮아지면 가격은 언제든 내려갑니다.

해마다 매출이 급증하고 있는 볼트버스[Boltbus.]의 뉴욕-워싱턴 편도 가격은 33달러 정도. 그러나 승객이 없을 때는 1달러까지 가격이 떨어집니다. 그래서 '1달러에 탈 수 있는 고속버스[Bus for a Buck]'라고 광고합니다. 이렇게 모든 수요와 공급은 자연스럽게 그 합의점을 찾아간다는 이론이 애덤 스미스의 보이지 않는 손입니다.

경쟁이 없으면 독점이 찾아온다

보이지 않는 손이 작동하기 위해서는 자유로운 경쟁이 이뤄져야 합니다. 1월 3일 애틀랜타의 메리어트 호텔 방값이 가장 저렴한 이유도 경쟁 때문입니다.

자유로운 경쟁이 이뤄지지 않을 경우 특정 기업의 독점이 시작됩니다. 독점은 가격 담합으로 이어집니다. 독점과 담합은 기업이 시장참여자를 속이는 가장 쉬운 방법입니다

2012년까지 정부는 전국 1,237개 학교에 인공잔디구장을 조성하는 사업을 벌였다. 투입된 사업비는 5,834억 원. 그러나 이 사업의 36.5퍼센트를 대기업 K가 수주했다. 또다른 대기업 H도 223개 학교를 수주해 1,038억 원을 챙겼다. 이들 K와 H가 납품·설치한 학교는 모두 676개로 전체 인조잔디구장의 54.6퍼센트에 달한다.

2개 업체가 사업을 독점한 가운데 정부는 시공 지침이나 구체적인 매뉴얼 없이 수년간 사업을 발주했다. 결국 교과부는 263개 학교에서 시공상의 심각한 문제를 적발했다.

독과점은 시장을 장악하고 가격을 조작합니다. 이는 고스란히 소비자의 손실로 전가됩니다. 삼성과 LG뿐인 국내 전자제품시장이 대표적인 독과점시장입니다.

삼성전자가 분기마다 10조 원의 수익을 올릴 경우, 이 수익은 추가 고용과 공장 신설, 제품 개발 등 신규투자로 이어질 것입니다. 그런데 수익의 대부분을 대주주와 일부 경영진이 챙겨간다면 천문학적인 이윤은

일부 서비스시장은 경쟁이 오히려 부작용을 낳는다. 그래서 경쟁에 참여하지 못하는 소비자나 공급자를 위해 정부는 대가를 치르지 않고도 서비스를 받을 수 있는 공공재시장을 만들어 공급한다. 가스나 전기, 방송 서비스 공급시장이 대표적인 공공재시장이다.

이들 서비스시장의 가격은 수요 공급의 원칙과 더불어 구매력이 없는 소비자들의 형편을 고려해 결정된다. 거제도의 작은 섬마을까지 같은 가격의 우표 한 장으로 편지를 보낼 수 있는 것도 정부가 우정 서비스를 공공재로 규정해 독점하기 때문이다. 이 독점은 선한 의도의 독점이다. 그런데 만약 공공재시장에까지 경쟁의 손길이 뻗친다면 어떻게 될까?

효리 정부가 치안시장의 비효율적인 서비스를 개선하기 위해 경쟁을 도입했다. 이제 계약을 맺고 돈을 지불하는 주민들에게만 치안 서비스가 제공된다. 이에 따라 서울 강남구의 A아파트 주민들이 가구당 수십만 원짜리 치안 서비스를 구입했다. 우수한 경찰인력이 첨단 장비로 주민들을 24시간 보호한다. 사복을 입은 여경이 어린이들의 등하굣길도 보살핀다.

반면 치안 서비스를 구입할 여력이 없는 B지역 임대아파트 주민들은 사실상 치안의 사각지대에 놓인다. 범죄율은 높아지고 치안비용은 치솟는다.

공공재를 구별하는 방법은 쉽다. 공공재의 소비는 타인의 소비에 영향을 미치지 않는다. 이를 비경합성 Non-Rival Consumption 이라고 한다. 1백 대의 자전거가 팔리는 시장에서 A가 자전거를 구입할 경우 수요 증가로 자전거의 가격이 오르고 이는 또다른 자전거 소비자 B에게 영향을 미치지만, 정부가 제공하는 기상정보를 A가 이용한다고 해서 B가 영향을 받는 일은 없다.

이 경우 자전거는 사유재지만, 기상정보는 공공재다. 공공재시장에서 가격은 보이지 않는 손이 결정하지 않고 정부가 결정한다. 경쟁은 억제되고 분배는 계획된다.

시장으로 분배되지 못합니다.

실제 2010년까지 5년간 100대 그룹의 일자리는 불과 1.5퍼센트 늘었을 뿐입니다. 반면 주식의 절반이 외국인 소유인 국내 대기업들은 해마다 30억 달러(3조 원이 넘는) 배당금을 외국인 주주에게 송금합니다. 이 때문에 배당이 발생하는 4월에는 항상 소득수지가 적자로 전환됩니다. 우리는 대기업의 천문학적 이익에 박수를 보내지만 정작 잔치는 외국 주주들의 저택에서 벌어집니다.

적절히 분배되지 않는 삼성전자의 이익이란 결국 소비자들의 고비용 저효율을 의미할 뿐입니다. 삼성전자의 수익이 올라갈수록 소비자들은 삼성전자 제품을 더 비싸게 샀다는 뜻입니다. 이를 가능하게 하는 것이 대기업의 독점 구조입니다. **"그들의 이익이 분배되지 않는다면, 그들의 늘어난 이익은 단지 우리가 비싸게 샀기 때문이다."**

반면 소니를 비롯한 일본의 10여 개 전자기업들은 치열한 내수 경쟁 속에서 삼성전자의 10분의 1에도 미치지 못하는 수익을 올립니다. 일본의 전자기업들은 경쟁 속에서 더 적은 이윤을 내고, 일본의 소비자는 그만큼 더 높은 효용을 챙기고 있다는 뜻입니다. 독과점이 사라지고 경쟁이 강화되면 가격은 떨어지고 소비자들의 효용은 높아집니다.

자동차 공화국 미국. 세계 인구의 5퍼센트에 불과하지만 세계 자동차 운행거리의 50퍼센트, 휘발유 소비의 40퍼센트를 차지합니다. 미국과 독일, 일본, 한국 등 30여 개 생산차업체가 치열한 경쟁을 벌입니다. 덕분에 미국은 독일보다 독일차가 더 저렴한 나라가 됐습니다. 사익 추구를 통한 공익 실현을 위해서 경쟁은 필수입니다.

대륙국가 미국에서 철도산업이 낙후된 이유

20세기 초 미국의 거대한 자동차시장을 지배하던 제너럴모터스[GM]. 제2차 세계대전 때는 B24 폭격기를 제조하는 등 국민기업으로 자리를 잡았습니다. **"GM에 좋은 것이면 미국에도 좋다."**

GM은 장기적인 독점 구조 완성을 위해 내셔널 시티라인 등 미국 굴지의 전동차회사들을 사들입니다. 파이어스톤 타이어 등 타이어회사와 스탠더드 오일 오브 캘리포니아 등 정유회사들이 GM의 계획에 동참했습니다. 모두 철도산업이 위축되고 자동차산업이 팽창할수록 수익률이 높아지는 기업들입니다.

1936년~1950년까지 로스앤젤레스 서던 퍼시픽 등 미국의 철도 서비스를 책임졌던 철도와 전동차 회사들은 속속 매각·분리·청산됐습니다. 뉴욕과 로스앤젤레스, 시카고 등 미국 주요 도시의 철도 서비스는 크게 줄었고, 대륙국가 미국은 자동차 왕국으로 재편됐습니다.

GM 등 철도와 전동차 회사를 사들였던 기업들은 이후 기소돼 법정에 섰지만, 대륙국가 미국은 이미 철도를 이용하기에는 너무 어려운 국가가 됐습니다(그런 GM은 지난 2009년 파산위기 때 130억 달러, 한화로 약 14조 6,185억 원이 넘는 공적자금을 지원받았습니다). 독과점을 통해 지나친 경쟁을 축소하려는 시도와 공공재시장에 지나친 경쟁을 도입하려는 시도는 지금도 계속됩니다.

우리나라에서 월 1만 원의 건강보험료를 부담하는 농민과 월 5백만 원의 건강보험료를 부담하는 고소득자는 동일한 비용으로 삼성서울병원을 이용합니다. 국내 최고의 위암 수술 권위자에게 받는 수술도 시골의 무명 외과 의사에게 받는 수술과 같은 비용이 청구됩니다. 소득에 상관없이 양질의 의료 서비스를 받을 수 있습니다. 정부가 공공재시장을 보호했기 때문입니다.

의료시장에 지나친 경쟁이 도입된다면 농민은 더 이상 삼성서울병원을 이용하기 어려워집니다. 첨단 의료시설은 비싼 보험료를 부담하는 계층만 이용이 가능해집니다. 이름난 명의에게 간암 수술을 받기 위해서는 수억 원을 싸들고 가야 하는 날이 올 수도 있습니다.

경제학은 적당한 경쟁을 부추기고 지나친 경쟁을 억제하는 노력을 계속해 왔습니다. 그 노력이 실패할 경우 인간의 이기심은 고삐를 놓치고 보이지 않는 손은 멈춰섭니다. 지속가능한 시장경제는 불가능해집니다. 우리는 이미 전자와 자동차, 정유 시장 등 수많은 시장에서 독과점과 이를 통한 담합의 피해를 입고 있습니다. **"독과점과 담합은 보이지 않는 손을 묶으려는 보이지 않는 손이다."**

독과점과 담합은 이제 새로운 시장권력입니다. 코카콜라의 국내 시장점유율은 80퍼센트. 2012년에 가격을 5~9퍼센트씩 올렸고, 2011년에도 두 번이나 가격을 올렸습니다. 2007년 4,600억 원이었던 코카콜라의 매출은 2012년에는 9,100억 원까지 껑충 뛰었습니다. 같은 기간 영업이익은 적자 74억 원에서 흑자 909억 원으로 급등했습니다. 이 모든 걸 가능하게 하는 것이 독점입니다.

국내 간장시장의 50퍼센트 이상을 차지하고 있는 샘표식품은 2010년 이후 세 번이나 가격을 올렸습니다. 매년 10퍼센트 이상 가격이 치솟습니다. 그런데도 독점시장에서는 소비자들이 비교할 마땅한 대상조차 없습니다. 가격이 오르면 매출이 줄어든다는 시장경제의 가격 결정 이론을 비웃습니다.

소비자는 화를 낼 겨를도 없이 속고 맙니다. 3년 전 1,960억 원이었던 샘표간장의 매출은 2,270억 원으로 되레 늘었습니다. 같은 기간 2억 5천만 원 정도였던 샘표간장의 영업이익은 50배나 치솟아 124억 원이 됐습니다.

경제학의 주인공들이 제시한 처방전들이 약효를 잃어가고 시장에는 초과 발행된 화폐가 넘쳐납니다. 발행된 화폐는 성문 안에서만 유통되고, 성문 안에 살고 있는 사람들의 승자독식 구조가 굳어집니다. 지구 최고 기업 애플의 아이폰을 생산하는 근로자들은 여전히 가난합니다.

승자독식 시대, 성문 밖에서 패자들의 아우성이 높아지면서 정부의 거짓말이 시작됐습니다. 모두가 잘살게 됐다는 정부의 발표는 여러 의심스런 통계로 포장됐습니다. 대기업의 잔치가 곧 우리 것이 될 것이라는 약속도 거짓말이었습니다.

1장에서 우리가 속는 이유를 들여다봤다면 2장에서는 정부의 거짓말을 찾아볼 시간입니다. 마트에서 파는 방울토마토의 값이 올라간 것은 정부가 대기업을 위해 인위적으로 환율을 올렸기 때문입니다. 거짓이 드러나고 위기가 찾아온 시장에는 정부가 다시 발행한 화폐만 깃발처럼 나부낍니다. 그 넘치는 화폐 역시 거짓말처럼 장부 안에서만 유통되고 있습니다.

ANGRY
ECONOMICS

2장
국가의
거짓말

빨간색 차가
새똥에
제일 잘 맞는 이유

평균값의 거짓말

"통계라는 것은 다 조합해 놓고 보니
예전보다 오늘 더 많은 바보를 풀어놨다는 것을 보여줄 뿐이야.
다시 말해 나라가 부자가 됐으니까 1년에 독립기념일을 두 번 쉬자고 하는 것이라니까."
(Statistics show that we lose more fools on this day than on all other days of the year put together.
This proves, by the numbers left in stock, that one Fourth of July per year is now inadequate,
the country has grown so.)
—마크 트웨인, 소설가

영국의 자동차용품 판매점 핼포즈가 1,100대의 차량을 조사한 결과 새똥을 가장 자주 맞는 차량의 색깔은 빨간색(18퍼센트)으로 나타났습니다. 그 다음으로 파란색 차량이 14퍼센트, 검은색 차량이 11퍼센트였습니다.

이를 근거로 핼포즈는 새들이 빨간색을 위험하다고 인식하거나 자신들의 둥지로 착각한다고 해석했습니다. 같은 맥락으로 흰색 차량은 갈

매기 똥에, 회색 차량은 비둘기 똥에 주로 노출된다고 설명했습니다. 이 통계에 대해 영국 조류협회는 다음과 같은 결론을 내렸습니다. **"새똥은 다만 차가 주차돼 있는 장소나 새 둥지에 영향을 받을 뿐이다."**

우리는 통계의 잘못된 해석에 무방비로 노출돼 있습니다. **"놀이공원의 롤러코스터보다 자신의 침실에서 중상을 입은 어린이가 훨씬 더 많다. 그러니 어린이들은 롤러코스터에서 잠을 자는 게 더 안전하다."**

실제 1년간 미 전역에서 큰 부상을 입은 13세 이하 어린이의 부상 장소를 살펴보면 집이 가장 많습니다. 반면 롤러코스터에서 중상을 당한 어린이는 거의 없습니다. 롤러코스터가 집보다 안전하다는 터무니없는 논거는 이렇게 만들어집니다.

"미국 37개 국제공항 가운데 연착률이 가장 높은 공항은 필라델피아 공항이다. 필라델피아 공항을 이용하는 여객기 중 32퍼센트가 지연 출발하고 평균 연착 시간은 1시간에 달한다. 필라델피아 공항에는 또 57개의 레스토랑과 7개의 라운지가 있다. 필라델피아 공항은 그래서 연인을 새로 사귀기에 가장 좋은 공항이다."

—유니레버사 리서치(2011년)에서

통계는 언제든 잘못 해석되거나 의도적으로 조작됩니다. 통계는 정확한 수치의 잘못된 조합을 통해 이뤄지거나 잘못된 수치의 정확한 조합을 통해 또는 정확한 수치의 정확한 조합을 잘못 해석하면서 왜곡됩니다.

그럼 먼저 정확한 수치의 잘못된 조합을 통한 엉터리 통계를 알아봅니다. 그 첫 번째 사례는 물가상승률과 실업률 통계입니다. **"청년 실업자는 넘쳐나는데 도대체 우리가 어떻게 OECD 최저 실업률 국가가 됐을까?"**

물가상승률과 실업률의 불편한 진실

정부는 물가의 체감도를 높이기 위해 5년마다 한 번씩 물가지수 산정 기준을 바꿉니다(소비자물가 조사는 전국 37개 시도에서 481개 품목을 대상으로 이뤄집니다. 2012). 2011년 한 해 물가가 지나치게 오르자 정부는 조사 대상에서 한 해 동안 가장 가격이 많이 오른 금반지를 슬그머니 제외했습니다. 그러자 전체 물가지수는 0.25퍼센트 포인트 낮아졌습니다. 2011년 소비자물가상승률은 크게 내려갔습니다.

불필요한 항목을 추가하거나 필요한 항목을 제외한 뒤 통계를 왜곡하는 대표적인 사례는 역시 실업률 통계입니다. 우리는 '통계적으로' 실업자로 분류되기 어려운 나라에 살고 있습니다.

정부는 '구직을 적극적으로 희망하는 사람 중 일자리가 없는 사람'만 실업자로 분류합니다. 실업률 통계에 필요한 여러 항목들이 사라진 것입니다. 정부의 실업률 계산에 등장하는 숫자는 거짓말이 아니지만, 잘못 조합돼 '통계'라는 가면으로 거짓말을 합니다.

정부의 실업률 계산법

대학 4학년을 마치고 일자리를 구하지 못해 대학원에 다니는 A씨 학생은 실업자에 포함되지 않는다.

약대를 졸업하고 결혼한 주부 B씨 가끔 작은아버지가 일을 보러 나가실

때 작은아버지의 약국 일을 돕는다. 적극적인 구직 의사가 없으면 실업자가 아니다.

거의 매출이 없는 작은 꽃집을 하는 주부 C씨 규모에 상관없이 자영업자는 실업자가 아니다.

대학원을 졸업하고 공기업 입사시험을 준비하는 D씨 1주일에 한 번씩 조카의 공부를 도와주고 형수님에게 용돈을 받는다. 1주일에 1시간 이상 일하고 급여를 받았으니 실업자가 아니다.

대기업에 다니는 E씨 공기업 입사시험 준비를 위해 오늘 사표를 썼다. 전직 의사가 있는 자는 실업자가 아니다.

이러다 보니 통계상 실업률은 3퍼센트를 넘지 않습니다. 통계대로라면 한국의 실업률은 OECD 회원국 평균인 8.5퍼센트(2010년)보다 훨씬 낮습니다. 사실상 경제학에서 말하는 완전고용 상태입니다. 당연히 정부 대책도 필요 없습니다. 이는 거짓 사실을 담고 있지는 않지만 조합을 마치고 나면 거짓말이 되는 통계의 전형입니다.

취업 준비를 위해 편의점 아르바이트를 하는 학생도, 몸이 아파 잠시 직장을 그만둔 과장님도, 회사에서 해고돼 가족이 운영하는 농장에서 잠시 일하는 친구도 모두 실업자 통계에 잡히지 않습니다.

오직 정부가 실시하는 설문조사에서 '나는 취업을 하기 위해 구체적인 노력을 하고 있는 구직자다'라고 답해야 진정한 실업자가 될 수 있습니다.

잘못 조합된 실업률 통계는 결국 정부 발표에서조차 모순을 만들어 냅니다. 2012년 2월 통계청의 고용 동향을 보면 취업자 수는 전년보다

44만 명이나 늘었습니다. 취업자 수가 늘면 당연히 실업률이 낮아져야 합니다. 하지만 2월 실업률은 거의 매년 올라갑니다.

2월은 대학가의 졸업 시즌으로 당연히 취업자 수가 늘어납니다. 하지만 실업자의 개념을 '구직 희망자'로 제한하다 보니 졸업생이 쏟아지는 2월에는 구직 희망자도 늘어 통계상 실업자도 늘어나는 모순이 발생합니다. 취업자가 급증했는데 실업률이 올라가는 것입니다.

또 20대에 구직 희망자로 실업자 통계에 포함됐던 젊은이들이 30대 중반을 넘어서면 자연스럽게 구직을 포기하고 스스로 어떤 직업을 가졌다고 평가하게 됩니다. 이들은 자신도 모르게 구직 희망 의사를 접고 실업자 통계에서 사라집니다. 일자리가 줄어도 한국의 실업률이 좀처럼 높아지지 않는 불편한 진실이 여기 있습니다.

엉터리 해석이 만든 거짓 통계

미니스커트가 늘어나면 경기가 좋아집니다. 1926년 경제학자 조지 테일러의 주장입니다. 미니스커트를 입은 여성의 수를 계량화하기도 어렵고 어디까지가 미니스커트인지 길이를 규정하기도 어렵지만, 경기가 어려워지면 여성이 실크스타킹을 살 돈이 없기 때문에 스커트를 길게 입는다는 해석이 더해져 버젓이 '헴라인 지수Hemline Index'라는 경제 이론이 됐습니다. 이 이론은 1970년대 후반 여성의 치마가 짧아지면 주가가 오른다는 더 자극적인 이론으로 발전합니다.

이처럼 통계는 올바른 수치와 올바른 조합에도 불구하고 잘못된 해석으로 변질됩니다. 다음은 도시의 소음이 커지면서 매미의 울음소리가 커졌다는 해석입니다.

매미 울음소리는 7월 들어 더 극심해졌다. 서울 반포동 고속버스 터미널 인근 경남아파트의 경우 한낮 매미의 울음소리가 7월 한 달 평균 90데 시벨에 육박했다. 이는 지하철이 역사에 진입할 때의 굉음과 비슷한 수 준이다. 전문가들은 해마다 도심 소음이 커지면서 짝을 찾는 매미들의 울음소리가 더 커진 것으로 분석했다.

차량의 소음이 커진 것도, 매미의 울음소리가 90데시벨에 육박할 정 도로 커진 것도 사실이지만 이 분석은 사실이 아닙니다. 환경적 요인으 로 매미의 개체수가 늘었고 그래서 소음이 커졌을 뿐입니다. 소음 때문 에 매미의 울음소리가 진화하기 위해서는 최소한 수만 년이 걸린다는 것이 생물학자들의 견해입니다.

실업률 통계가 작성 과정에서 의도적으로 가공 또는 조작된다면, 이 처럼 잘못된 해석으로 거짓 통계가 만들어지는 경우도 많습니다. 특히 의도적으로 잘못 해석된 통계는 가장 사악한 통계입니다. 통계는 이제 본격적인 거짓말 덩어리가 됩니다.

사교육비는 줄었지만, 줄지 않았다

2012년 2월 교육과학기술부는 총 사교육비가 전년에 비해 3.6퍼센트 감소하는 등 지속적인 감소세를 보이고 있다고 발표했습니다. 실제 정 부 조사 결과 2011년 사교육비 총규모는 약 20조 1천억 원으로 2010년보다 7,452억 원 감소했습니다.

정부는 사교육 관련 물가 지수를 감안한 실질사교육비 총규모가 7.2퍼센트 감소했다고 덧붙였습니다. 그러자 정부의 사교육비 절감 노력이 효과를 보이기 시작했다는 일부 언론의 분석이 이어졌습니다. 이 통계는 그러나 해석의 거짓말입니다.

이 기간 정부 통계에서조차 1인당 사교육비는 26만 4천 원으로 오히려 2010년보다 2천 원 증가했습니다. 1인당 사교육비는 늘었지만 해마다 전체 학생 수가 꾸준히 줄면서 사교육비의 총액이 줄어든 것입니다. 하지만 교육부는 유리한 통계를 인용하고 전체 학생 수가 줄어들었다는 사실은 감추는 꼼수를 썼습니다. 통계의 해석을 조작한 것입니다.

엉터리 해석을 통한 통계의 거짓말은 끝없이 이어집니다. 방송통신위원회 발표에 따르면 가구당 통신비는 명목 소비지출 대비 2007년 6.5퍼센트, 2008년 6.0퍼센트, 2009년 5.8퍼센트로 해마다 가계 부담이

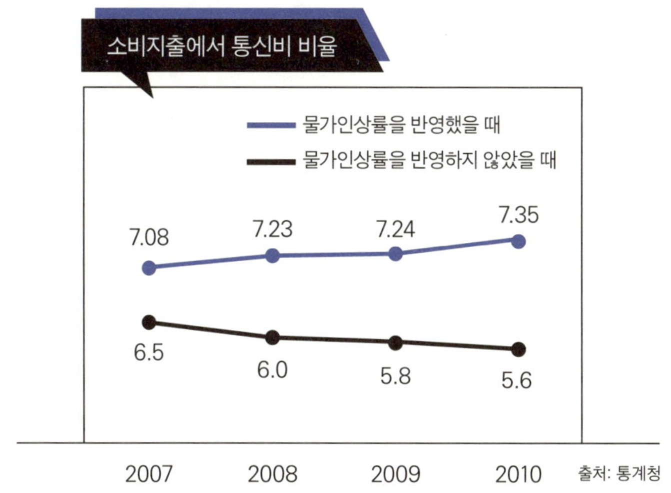

줄어듭니다.

이를 통해 정부의 지속적인 가격 인하 정책이 효과를 봤다는 해석이 나왔습니다. 하지만 방송통신위원회의 이 같은 발표는 물가 인상치를 적용하지 않은 수상한 통계입니다.

물가인상률을 반영할 경우 통신요금이 소비지출에서 차지하는 비중은 2006년 6.84퍼센트에서 2007년 7.08퍼센트, 2008년 7.23퍼센트, 2009년 7.24퍼센트, 2010년 7.35퍼센트 등으로 오히려 꾸준히 올라갑니다. 2009년 가구당 13만 원을 돌파한 통신비 지출은 2010년 하반기에는 14만 원을 넘어섰습니다.

이는 방통위의 수상한 통계와 대형 통신회사들의 각종 결합 상품입니다. 여기에 의도된 복잡한 할인율이 더해지면서 소비자들은 '정부가 압력을 넣었더니 휴대전화 요금이 좀 내렸나 봐요'라는 잘못된 정보를 인식하게 됩니다.

평균값은 대푯값이 아니다

시애틀의 한 호프집, 톰과 마이클이 퇴근길 맥주 한잔을 위해 들렀다. 이 호프집의 손님은 모두 18명으로 이들의 연 평균 소득은 6만 2천 달러다. 그런데 지나가던 빌 게이츠가 호프집에 들어왔다. 빌 게이츠가 맥주 한잔을 주문하는 순간 이제 호프집 손님의 연 평균 소득은 832만 달러로 높아졌다. 톰과 마이클의 소득은 바뀐 게 없지만 호프집 손님의 평균 소득은 1백 배 이상 높아졌다.

이 호프집 손님 19명의 소득 통계는 거짓이 아니지만, 이를 조합한 통계는 현실을 크게 왜곡합니다. '19대 국회의원 3백 명의 평균재산은 117억 2,700만 원이다' 역시 왜곡된 통계입니다. 재산이 3조 원에 달하는 정몽준 의원을 빼면 나머지 국회의원들의 평균재산은 28억 4,700만 원으로 크게 낮아집니다.

이처럼 평균값은 대푯값이 아닙니다. 따라서 어떤 현상의 평균값이 그 현상을 대표한다고 믿어서는 안 됩니다.

효리나라와 철수나라 국민의 평균소득이 각각 1천 달러라고 가정해

효리나라와 철수나라의 평균소득 분포

	효리나라	철수나라
10분위	1,732달러	9,614달러
9분위	1,511달러	84달러
8분위	1,398달러	81달러
7분위	1,109달러	67달러
6분위	1,009달러	66달러
5분위	980달러	54달러
4분위	879달러	32달러
3분위	887달러	1달러
2분위	839달러	1달러
1분위	665달러	0달러

봅니다. 가난한 철수나라 국민 10명 중 9명은 월 소득이 1백 달러에도 못 미칩니다. 하위 3분위(하위 30퍼센트)의 소득은 1달러 이하입니다. 그러나 하위 10분위(상위 10퍼센트)의 소득이 9천 달러를 넘습니다. 이 때문에 통계상 철수나라 국민들의 월 평균소득은 1천 달러입니다.

그러나 1천 달러가 철수나라 국민들의 소득을 대표하지 못합니다. 철수나라 국민을 소득에 따라 일렬로 세운 뒤 가장 가운데 사람의 소득을 조사하면 불과 54달러에 불과합니다. 철수나라 국민들은 여전히 가난합니다.

실제 1인당 국민소득이 1만 달러 정도인 브라질은 소득 상위 1퍼센트가 전체 GDP의 60퍼센트를 차지합니다. 브라질의 1인당 평균 GDP는 브라질 국민의 평균소득을 대표하지 못합니다. 정몽준 의원이 포함된 국회의원의 평균재산은 국회의원의 평균적인 재산을 대표하지 못합니다.

그런데도 우리는 흔히 평균값이 대푯값이라고 생각합니다.

통계는 미래 예측의 기준이다

1988년 아이오와 대학교는 IEM^{Iowa Electronic Market}을 도입했습니다. IEM은 미국의 선거 결과를 예측하는 의사결정 선물시장입니다. 이 모델은 2007년 오바마 대통령이 민주당 대선 후보가 될 것이라는 사실을 여론조사 결과보다 두 달이나 앞서 예측했습니다.

이제 정치권은 각종 예측 모델을 이용해 선거에 참여합니다. 정치 모델에서 발달한 예측시장은 금융상품은 물론(프로그램 매매도 결국 미리 입력된 통계에 금융 전문가의 의견이 들어간 컴퓨터 매매일 뿐입니다) 각종 사회지표와 문화적 범주까지 그 영역을 넓히고 있습니다.

HSX^Hollywood Stock Exchange에서는 새 영화가 나오면 관객들이 사이버머니를 통해 흥행될 영화를 미리 사고팝니다. 이렇게 가격이 오르거나 내린 영화는 투자자들에게 매우 중요한 지표가 됩니다. 프로스포츠 경기마다 예측시장이 열려 다가올 시즌을 전망하고 팬과 도박사들의 베팅이 이뤄집니다.

인간은 통계를 통해 신의 영역인 미래를 내다봅니다. 따지고 보면 관상이나 토정비결도 모두 통계입니다. 하지만 통계가 만들어낸 예측이 복잡할수록, 그리고 그 통계가 예측한 미래가 더 큰 파장을 불러올수록 통계는 더 위험해지기 쉽습니다. 최종 의사결정은 통계를 통해 이뤄지기 때문입니다.

결국 임진왜란도 통계의 부재 때문이었습니다. 동인과 서인의 당쟁으로 일본의 군비 강화 움직임을 통계적으로 확인하지 못했기 때문입니다. 멀리는 1929년의 대공황, 가깝게는 1997년의 외환위기도 모두 재정과 외환, 금융의 통계 부족 때문에 사전에 대비하지 못했습니다.

메이저리그에 2년차 투수 징크스(성적이 크게 저조해지는)가 있는 것도 데뷔 1년쯤 뒤에는 타자들이 그 투수의 구질을 통계적으로 분석, 파악하기 때문입니다.

올바른 통계는 모든 사회 현상을 만드는 근거입니다. 전문적이며 도덕적인 국가 통계가 필요한 이유도 이 때문입니다. 그러나 시장에 떠도는 통계는 검증이 어렵거나 불가능한 것 투성이입니다.

유산균이 얼마나 위암 발병률을 낮춰주는지, 학생들의 폭행기록을 학생부에 기재하는 것이 교내폭력을 얼마나 줄일 수 있는지, 4대강 사업이 얼마나 큰 경제적 효용이 있는지.

　과학자들이 발표한 수치는 경제적·정치적 이유로 끊임없이 변질됩니다. 통계는 수많은 방법으로 포장되고 왜곡돼 우리를 속일 준비를 마쳤습니다. 우리가 오늘 접하는 그 어떤 통계는 과학적으로 잘 조작된 거짓말일지 모릅니다.

　"내가 만약 유아사망률 통계를 요구할 때는, 다른 어떤 수상의 재임 기간보다 내 재임 때 사망한 유아의 수가 가장 적었다고 말해 주면 돼. 그것만 알면 돼.(The first lesson that you must learn is, when I call for statistics about the rate of infant mortality, what I want is proof that fewer babies died when I was Prime Minister than when anyone else was Prime Minister.)"　—윈스턴 처칠, 전 영국 총리

룸살롱에서
1백 달러를 쓰면
GDP가 올라갈까?

GDP의 거짓말

"GDP는 우리 삶을 가치 있게 만드는 것 이외의
모든 것을 측정할 수 있으며, 우리가 미국인임을
자랑스럽게 만드는 것 이외의 모든 것을 말해 준다."
(GDP measures everything, in short, except that which makes life worthwhile.
And it tells us everything about America except why we are proud that we are Americans.)
─로버트 케네디, 전 상원의원

누군가 마을 어귀의 집에 불을 질렀습니다. 집을 새로 건축하면 그 비용만큼 GDP가 올라갑니다. 마을을 가로지르는 개울이 오염됐습니다. 이제 주민들은 모두 생수를 구입해서 마셔야 합니다. 주민들이 생수를 소비한 만큼 GDP가 올라갑니다. 마을의 GDP는 자꾸 높아집니다. 그런데 주민들은 무엇을 얻었을까요?

이제 통계 중에서 가장 규모가 큰 거짓말인 GDP를 살펴봅니다.

GDP는 경제적으로 그 나라의 부를 평가하는 가장 일반적인 척도입니다. 그 나라 국민들이 그 나라 안에서 얼마나 많은 부가가치를 생산했는지를 보여줍니다. GDP가 높으면 그 나라 국민들이 그만큼 많이 생산했으며 그만큼 많이 소비했다는 뜻입니다.

GDP는 각 생산단계에서 추가로 얻어진 이윤을 모두 합친 값을 말하는데, 각 단계별 총합은 마지막으로 거래된 가격과 일치합니다.

또 이렇게 5백만 원어치의 거래가 있었다면 누군가는 생산을 하고 누군가는 소비를 한 것입니다. 당연히 생산한 값(소득)의 총액은 소비(지출)의 총액과 일치합니다.

생산단계별 추가 이윤과 최종 가격	
생산단계	GDP
A씨, 포도를 재배해 200만 원에 판매	+200만 원
B씨, 포도로 잼을 가공해 300만 원에 판매	+100만 원
C씨, 포도잼으로 샌드위치 가공해 500만 원에 판매	+200만 원
최종 샌드위치의 가격	= 500만 원

만약 효리나라에 국민이 모두 3명, 이들이 2030년 각각 110만 원과 1백만 원, 90만 원의 소득을 올렸다고 가정합니다. 이렇게 번 돈을 이들은 모두 소비했습니다. 이들이 생산한 총액과 소비한 총액은 항상 일치합니다. 이 경우 효리국의 2030년 총 GDP는 3백만 원, 1인당 GDP는 1백만 원입니다.

	생산(소득)	소비(지출)
효리	자전거 110만 원	미용실 50만 원+임대료 지급 60만 원
철수	미용실 100만 원	자전거 70만 원+임대료 지급 30만 원
수현	임대료 수입 90만 원	자전거 40만 원+미용실 50만 원
300만 원(총생산) = 300만 원(총소비) = GDP(국내총생산)		

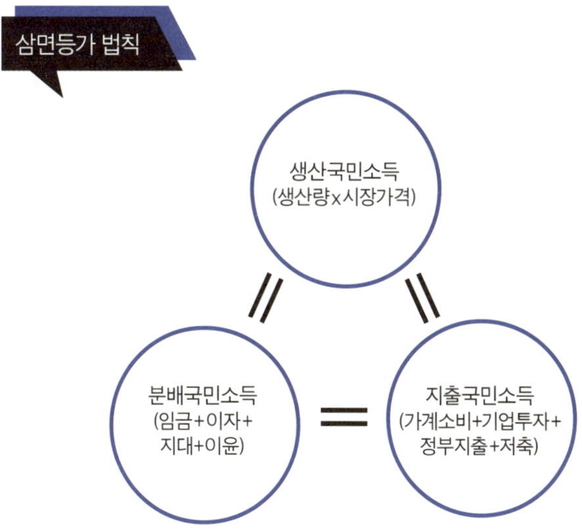

이처럼 GDP는 생산한 총액 또는 소비한 총액을 말합니다. 이를 더 자세히 들여다보면 우리가 생산한 모든 재화와 서비스의 총합(생산량× 시장가격)은 이 같은 생산의 대가로 지급된 임금이나 이자, 땅값과 같고 이는 또 가계소비(저축)나 기업투자, 정부의 세출처럼 벌어들인 돈을 지

출하는 총액과 일치합니다. 따라서 GDP를 올리기 위해서는 누군가 많이 생산해야 하지만, 또는 누군가 많이 소비하도록 유도하면 됩니다.

스웨덴이 왜 콩고보다 부자인가

스웨덴이 콩고공화국보다 부자나라라고 하는 것은 스웨덴 국민이 콩고 국민들보다 돈을 쓸 일이 더 많다는 뜻입니다. 스웨덴 국민들이 돈을 더 쓴다는 말은 스웨덴 국민들이 그만큼 돈을 더 번다는 뜻입니다(누군가의 소비는 누군가에게는 소득입니다). 스웨덴 국민들이 돈을 벌 일이 더 많다는 말이기도 합니다.

콩고공화국 국민들이 스웨덴 국민보다 돈을 더 쓰지 못하는 이유는 돈 쓸 일이 없기 때문입니다. 콩고공화국에 놀이공원이 들어서 국민들이 돈을 쓰고(소비), 이렇게 매출이 올라간 기업이 직원을 뽑고(고용), 새 놀이공원이 개장하면(투자), 자연스럽게 콩고 공화국의 GDP가 올라갑니다.

하지만 콩고공화국에는 놀이공원에서 돈을 쓸 만한 사람이 크게 부족하고 그래서 놀이공원을 건설하겠다는 사람도 없습니다.

결국 GDP가 낮은 나라 국민은 돈을 쓰고 싶어도 쓸 곳이 없습니다. 결정적으로 쓸 돈도 없습니다.

그럼 이제 우리가 시장에 참여할 때 구체적으로 어떻게 GDP가 올라가는지 알아봅니다.

① **10만 원짜리 케이크를 구입했다면 GDP는 얼마 올라갈까?** 10만 원이 올

라갑니다. 밀을 재배한 농민이 제분업자에게 통밀을 3만 원에 팔았다면 농민은 3만 원의 GDP를(+3만 원), 제분업자가 혜진베이커리에 밀가루를 5만 원에 팔았다면 제분업자는 2만 원의 GDP를(+2만 원), 혜진베이커리가 케이크를 10만 원에 팔았다면 5만 원의 GDP를(+5만 원) 올린 것입니다.

이처럼 각 생산단계에서 얻어진 부가가치의 합계(2+3+5만 원)는 최종 소비된 재화(케이크 10만 원)나 서비스의 가격과 일치하고 이 최종가격이 곧 GDP입니다.

② 진구 씨가 룸살롱에서 1백만 원을 쓰면 GDP가 올라갈까? 올라갑니다. 1백만 원을 벌어들인 술집 주인 슬옹 씨는 이 돈으로 미용실에도 가고 핸드백도 사면서 소비를 합니다. 시중에 유통된 돈은 한 번만 유통되지 않고 수차례 손을 옮겨가며 승수 효과(부록 참고)를 만들어냅니다.

다만 룸살롱에서 이뤄진 소비나 생산이 정당하게 소득신고가 되지 않을 경우 통계에 포함되지 않을 수 있습니다. 정부는 이런 수치까지 추정해 GDP 통계를 보정합니다.

③ 잠실에 2조 원짜리 150층 빌딩을 건설하면 GDP가 높아질까? 단기간은 높아집니다. 2조 원의 건설비용(투자)이 건설회사나 설계회사, 자재를 공급하는 회사로 흘러들어가 소득을 높입니다.

또 건물이 준공된 뒤 그곳에 멀티플렉스 영화관이 들어서 관객이 몰리면 또다른 부가가치가 만들어져 소비가 늘어납니다. 식당가에 식당들이 들어서고 손님이 몰리면 그만큼의 GDP가 또 높아집니다.

하지만 새로운 부가가치의 창출이 아니고, 주변 부가가치를 빼앗아오는 경우라면 국가적 GDP는 높아지지 않습니다. 150층 빌딩에 들어선 멀티플렉스 영화관에 관객이 몰리면서 주변에 있던 기존 영화관의 관객이 그만큼 줄어든다면 멀티플렉스의 GDP 효과는 그만큼 떨어집니다. 150층 빌딩의 식당들이 새롭게 부가가치를 창출한 게 아니라 주변 식당 고객을 빼앗아왔을 뿐일 수도 있습니다.

따라서 150층짜리 건물을 세울 것이냐를 고민할 것이 아니라, 그 안에서 어떤 부가가치를 새롭게 생산할 것이냐를 고민해야 합니다.

④ 박지성 선수는 GDP에 얼마나 기여할까? 박지성 선수가 맨체스터유나이티드로부터 6백만 달러의 연봉을 받는다고 해도 이는 국외 소득이기 때문에 우리 GDP와는 아무 상관이 없습니다. GDP는 국내(D=domestic)에서 발생한 생산이나 소비만 계산합니다.

물론 박지성 선수가 이렇게 번 돈을 한국으로 송금해서 아버지가 그랜저를 구입한다면 그만큼의 GDP가 올라갑니다(박지성 선수는 아마 대부분의 소득을 국내로 갖고 들어올 것입니다).

⑤ 혜진 씨가 바이올린을 배우면 GDP가 올라갈까? 올라갑니다. 일단 바이올린 교사에게 지급된 비용과 바이올린을 배우기 위해 구입한 교구재 가격만큼 GDP가 올라갑니다.

하지만 연인을 위해 바이올린을 연주하고 이를 통해 높아진 창의력으로 간접적인 생산활동이 증가한다고 해도 이는 GDP에 포함되지 않습니다.

오직 거래된 가격만 GDP에 포함됩니다. 따라서 수많은 문화·예술적인 창조활동도 거래되지 않으면, 다시 말해 누군가 이를 돈을 주고 소비하지 않으면 GDP는 올라가지 않습니다.

같은 논리로 아이를 낳는 인류의 가장 생산적인 경제활동 역시 GDP에 포함되지 않습니다.

⑥ 교통사고가 나면 GDP가 내려갈까? 오히려 올라갈 가능성이 높습니다. 만약 슬옹 씨가 운전 중 교통사고를 내서 1천만 원의 손실(지출)이 발생했다면 이는 공업사나 병원, 보험회사의 소득이 되기 때문에 그만큼 GDP가 올라갑니다. 나아가 슬옹 씨가 새 차를 구입한다면 그만큼 자동차회사의 이윤이 높아집니다.

그러나 병원에 입원한 만큼 슬옹 씨의 생산활동이 중단되고, 또 자동차 수리나 보험 비용, 새 차 구입에 지출이 늘어난 만큼 슬옹 씨는 다른 소비활동을 줄이기 때문에 그만큼 예고된 GDP의 생산이 감소합니다. 또한 슬옹 씨가 교통사고 때문에 다음 학기 대학 등록을 포기한다면 그만큼의 예고된 GDP가 감소합니다.

우리가 어떤 경제활동을 하면 GDP가 올라가는지 살펴봤습니다. 이제 GDP를 올리기 위해 마구 소비를 할 시간입니다. 하지만 그런 일은 일어나지 않습니다.

시장참여자들은 늘 합리적으로(1장에서 살펴봤듯이 시장참여자들은 누가 뭐래도 스스로 합리적이라고 생각합니다) 참여하기 때문에 GDP를 올리기 위해 일부러 에버랜드를 찾거나 고의적으로 교통사고를 내지 않습니다. 오직 자신의 이윤을 추구하기 위해 시장에 참여할 뿐입니다.

GDP를 올리기 위해 가장 효율적인 방법은 창의적인 부가가치를 만들어 소비를 일으키는 것입니다. 애플의 태플릿 PC인 아이패드가 수천만 개 팔리면서 그만큼 아이패드 생산 국가와 소비 국가의 GDP가 올라갑니다. 혁신적인 제품이나 서비스일수록 제조와 판매 과정에서 높은 이윤을 얻게 됩니다. 높은 가격을 받을수록 높은 GDP 창출 효과가 있습니다.

2012년 초 기준으로 애플의 시가총액(애플의 모든 주식 수×시장 주가)은 5천억 달러를 넘어섰습니다. 이는 GDP 규모 19번째 국가인 폴란드의 연간 GDP 4,694억 달러를 넘는 수준입니다. 애플의 시장가치가 폴란드 안에서 1년간 생산 또는 소비된 액수보다 더 높다는 뜻입니다.

GDP가 오르는데 왜 삶은 그대로인가

만약 효리나라에서 지난해 1억 달러어치의 재화나 서비스를 생산했는데 올해는 1억 1천 달러어치를 생산했다면 GDP는 10퍼센트 높아집니다. 이를 일반적으로 '경제가 10퍼센트 성장했다'고 표현합니다. 효리나라 국민들이 10퍼센트만큼 소비를 더 한 것이고, 바꿔 말하면 효리나라 상인들이 10퍼센트만큼 장사를 더 잘한 것입니다.

정부가 내년 우리 경제성장률을 3.7퍼센트로 예측했다면 한국에서 내년에 생산 또는 소비되는 재화나 서비스의 양이 올해보다 3.7퍼센트 늘어난다는 뜻입니다.

$$경제성장률 = \frac{(올해\ 실질성장률 - 지난해\ 실질성장률)}{지난해\ 실질성장률 \times 100}$$

그런데 거래된 가격으로 GDP를 산출하다 보니 생산량은 그대로인데 가격만 올라도 GDP가 올라갑니다. 다시 말해 GDP는 물가를 반영하지

	장미 생산량	판매가격	명목 GDP	실질 GDP
2011년	320만 송이	1달러	320만 달러	320만 달러
2012년	340만 송이	0.5달러	170만 달러	340만 달러

못합니다. 그래서 이 같은 명목 GDP의 단점을 보완하기 위해 실질 GDP 가 등장합니다.

효리나라는 2011년 모두 320만 송이의 마르시아 장미를 생산했습니다. 계산의 편의를 위해 효리나라의 모든 생산 재화가 마르시아 장미뿐이라고 가정합니다.

마르시아 장미 1송이의 가격은 1달러. 따라서 효리나라의 2011년 GDP는 320만 달러입니다. 1년 후 효리나라 국민들은 더 열심히 일해 340만 송이의 장미를 생산했습니다. 그런데 가격이 50센트로 폭락했습니다.

GDP는 생산된 재화의 양×판매가격이기 때문에 효리나라의 명목 GDP는 170만 달러로 오히려 추락합니다. 그러나 2011년 물가(송이당 1달러)를 기준으로 한다면 2012년 효리나라의 GDP는 340만 달러로 20만 달러 높아집니다.

이처럼 물가를 반영하지 못하는 명목 GDP의 단점을 보완하기 위한 지표가 실질 GDP입니다. 2012년 효리나라의 실질 GDP는 340만 달러입니다.

GDP는 틀렸다

물가를 어렵사리 반영하는 GDP는 그러나 오직 거래된 재화나 서비스의 규모만 측정한다는 치명적인 허점이 있습니다. **"GDP는 국민 전체의 경제적 수준을 평가할 수 없다."** 1934년 GDP를 만든 경제학자 사이먼 쿠즈네츠의 고백입니다. 실제로 지진이 나서 수만 명이 희생돼도 이 때문에 건설산업의 매출이 늘어나기 때문에 GDP는 증가합니다.

또한 효리 씨가 앞마당에 심은 마르시아 장미는 아무리 화사하게 꽃을 피워도 GDP를 올리지 못합니다. 오직 효리 씨가 이 장미를 꺾어 시장에 내다 팔아야 GDP에 계산됩니다. 이처럼 GDP는 가사노동처럼 보이지 않은 생산, 또 각종 범죄로 인한 보이지 않은 손실을 계산하지 못합니다.

게다가 GDP 총액을 일률적으로 총 국민수로 나누다 보니 빈부격차가 심한 나라인데도 상위 계층의 소득이 높으면 1인당 GDP도 함께 높아집니다. 프랑스의 1인당 GDP가 4만 1천 달러인데 반해 도시국가 카타르의 1인당 GDP는 7만 6천 달러입니다(IMF, 2010년).

그러나 카타르가 프랑스보다 부자나라라고 믿는 사람은 거의 없습니다. 게다가 센 강변에서 딸에게 줄 그림을 그리는 파리 시민의 생산적 활동은 GDP에 포함되지 않고, 카타르 시민이 오늘 소비한 담배가격은 GDP에 추산됩니다.

슬옹나라의 차량이 늘어나면서 교통사고가 크게 증가했다. 교통사고는 차량 정비업체와 병원, 자동차회사의 소득을 높이면서 GDP를 높인다. 차량이 늘어나면서 대기오염이 심해지고 폐암 환자도 늘었다. 암 환자는 병원의 매출을 크게 높이면서 단기적으로 GDP를 끌어올린다.

슬웅나라는 교통난 해소를 위해 해안 모래사장에 자동차 전용도로를 건설했다. 건설사들의 매출이 늘었고, 차량 통행으로 유류 소비가 증가하며 GDP를 올린다. 아름다운 해안은 사라졌지만 GDP는 계속 올라간다.

한편 혜진나라는 빈부격차 해소를 위해 복지정책을 강화하기로 했다. 임직원 수가 26명이 넘는 회사는 보육시설을 의무화했다. 저소득층 아동에 대한 공교육 지원도 강화했다. 그러자 규제를 피해 몇몇 대기업이 본사를 외국으로 옮겼다. 민간학원의 매출도 줄었다. GDP는 오히려 더 떨어진다.

또 의사들이 65세 이상 노인의 진료비를 26퍼센트 내리기로 했다. 병원 매출이 줄면서 GDP는 감소한다. 정부는 저소득층을 위해 공원이나 학교에서 무료 공연을 확대했다. 유료 공연이 그만큼 줄었고 공연 예술이 올리던 GDP도 감소했다. 보육시설이 늘고, 노인들의 의료비 지출이 줄고, 무료 공연도 늘었지만 혜진나라는 통계적으로 더 가난한 나라가 됐다.

노동자에 대한 인권정책이 후퇴해 단기적으로 기업의 생산성이 높아져도 GDP는 이를 성장이라고 해석합니다. GDP는 삶의 수준까지는 평가하지 못합니다. 하지만 인간의 삶은 GDP의 척도가 되는 '거래와 가격'으로만 결정되지 않습니다.

이 같은 문제 해결을 위해 사르코지 프랑스 전 대통령은 지난 2008년 국가의 부를 가늠할 수 있는 새로운 지표의 연구를 주문했습니다.

2001년 노벨 경제학상을 수상했고, 정보경제학의 일인자로 클린턴 행정부의 경제를 총괄 지휘했던 조지프 스티글리츠 컬럼비아대 교수가 위원장을 맡은 '경제 성과와 사회 진보 측정을 위한 위원회'가 설립됐습니다.

위원회는 2009년 5월, GDP 측정법의 개선 방향을 담은 보고서 「우리 삶의 잘못된 측정^{Mismeasuring Our Life}」을 발표했습니다.

「우리 삶의 잘못된 측정」의 주요 5개 권고 사항

① 국민들의 실질소득에 주목하자(생산이 증가해도 소득은 그대로인 경우도 많다).

② 국가나 기업보다는 가계의 입장에서 바라보자.

③ 소득에 앞서 자산 정도를 고려하자(소득은 높은데 빚이 많은 경우도 있다).

④ 평균소득이 아닌 중간 계층의 소득에 비중을 두자.

⑤ 가사활동이나 취미생활에도 수준을 측정하자.

GDP가 만든 오해를 바로잡기 위해 경제학자들은 다양한 대안을 모색 중입니다. 가난하지만 가장 행복한 나라라는 부탄의 국민총행복지수^{Gross National Happiness, GNH}처럼 시장의 규모보다 인간의 삶의 질에 방점을 둔 모델을 찾고 있습니다.

UN은 지난 1990년부터 매년 인간개발지수^{Human Development Index, HDI}를 발표합니다. HDI는 국민들이 얼마나 교육을 받고 지적인 삶을 사는지, 그 삶의 수준이 척도가 됩니다.

1인당 국민소득이 2만 3천 달러 정도로 비슷한 바하마의 HDI는 53위, 뉴질랜드의 HDI는 5위(2011년)입니다. 이 밖에 세계은행 전문가들이 창안한 ISEW^{Index of Sustainable Economic Welfare} 등이 있습니다.

GDP는 과학적 통계가 만들어내는 과학적인 거짓말입니다. GDP는 틀렸고, 시장은 이제 다른 기준을 요구하고 있습니다.

"그리스 망했다고 너무 욕하지 마라. OECD 국가 중 자살률 꼴찌 국가다. 한국은 OECD 국가 중 자살률 1위다." —홍종학, 경원대 경제학과 교수

칼국숫값 인상이
왜 대기업 탓일까?

트리클다운과 대기업 우선 정책

**"구성원 다수가 가난하고 궁핍하게 살아가는 사회는
번영할 수도, 행복해질 수도 없다."**
—애덤 스미스, 이기심이 자유시장경제를 만든다는 사실을 발견했지만 인간의 이기심이 어디까지
확장될지 예견하지 못했던 경제학자

제나라 선왕이 맹자에게 정치에 대해 물었다. 맹자는 답하기를 백성들이 배부르게 먹고 따뜻하게 지내면 왕도의 길이 열린다고 했다. 맹자는 백성들이 배부르지 않으면 항상 바른 마음을 가질 수 없다며 '무항산 무항심無恒産 無恒心'을 강조했다. 그는 또 백성들이 죄를 저질러 이를 처벌하는 것은 곧 그물을 치는 것과 같다고 설명하고, 가장 좋은 정치는 백성을 배부르게 하는 것임을 강조했다.

트리클다운의 시작

맹자는 그래서 곧 '부의 이전이 선한 백성을 만든다'고 설명합니다. 곳간의 인심이 백성을 선하게 한다는 주장입니다. 경제학도 지난 수십여 년 동안 이 문제를 고민해 왔습니다.

'트리클다운 Trickle Down'이라는 이론이 있습니다. 양동이의 물이 넘쳐야 잔디밭에 물이 공급된다는 이론입니다. 따라서 시장참여자 모두가 부자가 되려면 먼저 핵심산업과 큰 기업, 부자들이 더 성장해야 합니다. 그들의 부가 흘러넘쳐 고용과 투자가 확대되면서 시장의 전체 파이가 커진다는 이론입니다.

하버드대 정치경제학 교수 벤저민 프리드먼(밀턴 프리드먼 교수와는 다른 사람이지만 두 사람 모두 분배보다 성장을 중시한다는 공통점이 있습니다)은 그의 책 『경제 성장의 미래』에서 경제가 성장하면 사회의 갈등이 축소되고 사회가 더 도덕적으로 발전한다고 설명합니다.

"경제 성장은 우리 사회를 더 도덕적으로 만든다는 데 가치가 있다."

—벤저민 프리드먼

이는 결국 '곳간에서 인심난다'는 우리 조상들의 믿음과 맹자의 '무항산 무항심'과도 맥을 함께합니다. 맹자는 곳간이 풍성해지면 백성들의 성정이 곧게 된다고 믿었습니다. 대기업과 부자들의 성장이 우리 모두에게 이롭고, 그것이 궁극적으로 시장을 선하게 만든다는 이론은 실제로 1970년대 시장에 정책으로 도입됩니다.

레이거노믹스를 통해 작은 정부와 감세를 추진했던 레이건 대통령은 프리드먼과 하이에크를 신봉했던 대표적인 자유방임주의자였습니다.

그는 1985년 미식축구 결승전인 슈퍼볼 경기장에서 "게임의 법칙에

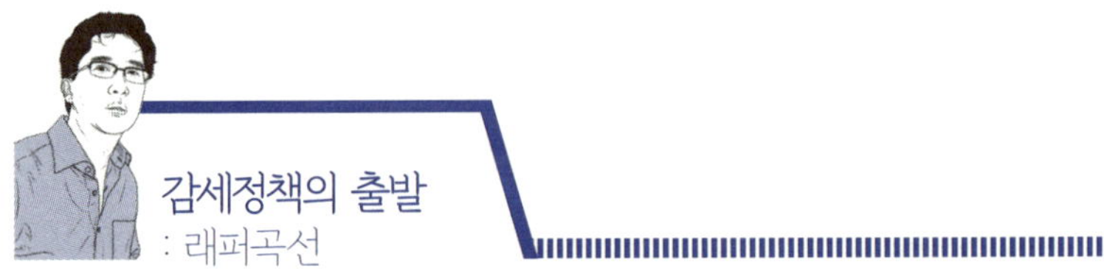

감세정책의 출발
: 래퍼곡선

1970년 제럴드 포드 대통령과 딕 체니, 와니스키와 래퍼 교수 등이 워싱턴의 한 식당에서 만났다. 이들은 경기침체를 돌파할 대안으로 소득세 인상을 논의한다. 그때 경제학자인 아서 래퍼 서던 캘리포니아대 교수가 냅킨에 곡선 한 줄을 그린다. 이른바 '래퍼곡선'이다.

래퍼는 이 곡선을 통해 세율이 높아지면 세수(정부의 세금 수입)는 높아지지만 일정 수준을 넘어서면 근로자들과 기업의 근로의욕을 떨어뜨려 결국 세수는 줄어든다고 설명한다. 세율이 1백 퍼센트라면 소득을 모두 세금으로 내야 하고 이 경우 누구도 일하지 않기 때문에 결국 세수는 0이 된다고 래퍼 곡선은 설명한다. **"소득의 1백 퍼센트를 세금으로 낸다면 누구도 일하지 않을 것이다."**

이들은 감세정책이 투자자와 기업의 근로의욕을 자극해 기업의 투자가 활성화되고, 이는 기술혁신으로 이어져 총 공급이 늘어난다고 전망했다.

이를 토대로 세금을 더 거두고 싶으면 일단 세금을 덜 거둬야 한다는 감세정책의 논리가 완성됐다. 훗날 이 래퍼곡선은 1970~80년대 미국과 영국 등 신자유주의 정부의 소득세와 법인세 인하 정책의 이론적 배경이 된다.

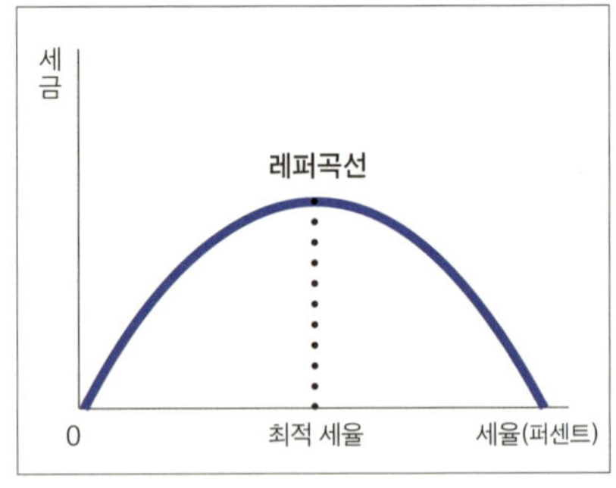

따라 강자가 이기면, 약자도 손해 볼 것이 없다"고 선언합니다. 트리클다운 이론이 정책에 도입된 것입니다.

연방 정부가 부과하는 법인세율이 48퍼센트에서 34퍼센트로 인하되고 개인의 최고 소득세율도 70퍼센트에서 28퍼센트까지 떨어집니다. 기업과 부자들의 세금이 혁명적으로 줄어듭니다(믿지 않겠지만 불과 30년 전에 부자들은 소득의 최고 70퍼센트를 세금으로 냈다).

1989년 이어서 집권한 부시 대통령(아버지 부시)은 중공업 등 대형산업을 적극 지원합니다. 대형차의 엔진 부분에 정책 지원을 집중해 여기서 얻어지는 기술발전과 영업이익이 중소형차 부분으로 옮겨지길 기대했습니다. 양동이의 물이 중소기업으로 흘러주길 바랐습니다.

하지만 대기업과 부유층의 이익 상승이 이론처럼 중소기업과 서민층으로 전이되지 못했습니다. 성장과 분배의 선순환 가설은 현실에서 이뤄지지 않았습니다. 성장률은 높아졌지만 이 기간 소득격차는 크게 벌어졌습니다. 1993년 민주당의 빌 클린턴 대통령이 집권하면서 트리클다운 정책은 슬그머니 역사책으로 사라집니다.

2008년부터 우리 정부도 '비즈니스 프렌들리'를 기치로 트리클다운 정책을 도입했습니다. 법인세를 인하해서 대기업의 수익기반을 확대하고 수도권 공장 증설을 허용하는 등 대기업에 대한 각종 규제를 완화했습니다.

2009년 4월에는 논란이 돼온 출자총액제한제도를 폐지하고 대기업의 타 업종 진출을 사실상 자유화했습니다. 대기업이 회사 돈을 이용해 다른 회사를 사들이거나 새로 만들 수 있도록 규제가 풀렸습니다.

2009년 정부는 또 산업자본의 은행 지분 소유 한도를 크게 높였습

니다. 금산분리 원칙에 따라 산업자본은 금융자본을, 금융자본은 산업
자본을 지나치게 소유할 수 없도록 한 규제를 완화한 것입니다. 이제 대
기업이 은행 지분을 소유하기도, 이 은행 돈으로 제조업회사를 사들이
기도 한결 편해졌습니다.

곳간에서 인심을 얻기 위한 노력이 시작된 것입니다.

폐광지역에 내국인 카지노 강원랜드가 들어서면서 지역 주민 4백여 명
이 고용됐다. 급여 등 매달 직접적으로 10억여 원이 지역사회로 유입된
다. 카지노의 성장과 함께 토지가격도 급등했으며, 카지노가 24시간 운
영되다 보니 주민들이 운영하는 식당과 숙박업소는 물론, 택시업체와 주
유소 등의 매출도 큰 폭으로 늘어났다. 정선 카지노에 흘러넘친 물이 마
침내 지역 주민들에게 흘러 들어간다.

트리클다운은 없다

하지만 시장에선 정선 카지노의 트리클다운은 이뤄지지 않습니다.
2012년 국가대표 기업 삼성전자의 3분기 말 현금성 자산은 3조 6천억
원, 1년 새 2배가량 늘었습니다. 반면 시설투자는 10분기 만에 최소 수
준으로 떨어졌습니다.

현대자동차도 같은 기간 1조 1천억 정도였던 곳간의 현금이 1년 새
약 2조 2천억 원으로 급증했습니다. 그런데도 현대자동차의 올해 국내
생산은 10만 대 이상 줄어들 것으로 보입니다. 현대자동차는 2012년에
이미 국내에서 190만 대를 생산한 반면 해외에서는 250만 대를 생산했

습니다. 대기업 곳간이 풍족해져도 좀처럼 인심은 나지 않습니다.

2010년 말 현재 10대 그룹 상장 계열사의 유보율은 1,219퍼센트로 2004년 6백 퍼센트의 2배를 넘어섰습니다. 유보율이란 기업의 이익금을 자본금으로 나눈 수치로, 이익을 얼마나 곳간에 쌓아두고 있는지를 보여줍니다.

2008년 이후 대기업의 이윤은 크게 높아졌지만, 좀처럼 투자나 고용으로 이어지지 않는다는 의미입니다. 우리 대기업들은 종잣돈(자본금)보다 12배나 되는 돈을 곳간에 쌓았지만, 인심은 나지 않고 있습니다.

특히 2008년 금융위기 이후 3년간 30대 대기업의 영업이익은 70퍼센트나 늘었지만 가계 실질소득 증가는 2.4퍼센트에 그쳤습니다. 이 기간 30대 대기업의 자산은 12.65퍼센트 증가했지만, 5인 이상 사업체 근로자의 실질임금은 0.5퍼센트 감소했습니다(LG경제연구소, 2012). 2008년 이후 5년간 무려 1,324억 달러의 무역흑자가 났지만 좋은 일자리는 좀처럼 늘어나지 않습니다.

GDP가 오르고 무역수지가 개선되고 대기업의 영업이익률이 치솟아도 다수 국민들의 주머니 형편이 나아지지 않은 이유도 이 때문입니다. 누군가 부를 독점하기 때문입니다. 돌이켜보니 경기회복은 그들만의 것이었습니다.

"한국 경제가 1백 명의 마을이라면 경제활동인구는 59명.

그중에서

자영업자 17명

비정규직 14명

정규직 28명(28명 중 599개 대기업 계열사에 다니는 사람 1명)

그런데 우리는 왜 삼성전자와 현대자동차만 잘되면 우리 모두가

다 잘살게 된다고 믿고 있을까?"　　　　　—이원재, 『이상한 나라의 경제학』에서

대기업의 이익을 위해 중소기업과 하청업체의 희생이 더 강요된다는 분석도 나옵니다. 대형 백화점에 납품되는 정장 구두의 대부분은 서울 성수동 등 하청업체에서 만들어집니다. 가죽 구두의 특성상 대부분 수작업을 통해 완성됩니다. 이렇게 만들어진 구두의 납품가는 3만 원에서 7만 원가량입니다.

이들 구두의 백화점 판매가는 대부분 20만 원이 넘습니다. 하지만 생산자가 챙기는 공임은 5천 원에서 7천 원가량, 반면 백화점은 판매가의 30~40퍼센트인 8만 원~15만 원가량을 매장 수수료로 떼어갑니

다. 남은 이익은 구두에 브랜드를 제공하는 유명 브랜드 업체의 몫입니다. 그러니 백화점의 구두가 아무리 많이 팔려도 정작 구두를 만든 사람은 부자가 되기 어렵습니다.

2009년 6.94퍼센트였던 삼성전자의 순이익률은 2012년 12.32퍼센트까지 뛰어올랐지만, 삼성전자에 납품을 하는 부품업체의 순이익률은 여전히 4.46퍼센트에 머물러 있습니다. 같은 기간 현대자동차의 순이익률도 9.3퍼센트에서 12.22퍼센트까지 치솟았지만 납품업체의 순이익률은 3.07~3.54퍼센트로 오히려 바닥을 쳤습니다(전자공시).

대기업의 이윤이 부품업체로 흐르지 않고 오히려 부품업체의 남은 온기마저 대기업이 가져간다는 주장입니다. 이처럼 막대한 매출과 사상 최대의 이윤을 창출하고 있는 대기업은 우리가 생각하는 것보다 훨씬 더 많은 빚을 사회에 지고 있습니다.

칼국숫값 인상이 왜 대기업 탓일까?

정부는 2008년 이후 인위적인 고환율정책을 유지하고 있습니다. 외환시장에서 달러화 가치가 지나치게 높게 거래되는 것을 모른 척 용인하는 것입니다. 상대적으로 원화의 가치가 떨어지면 대기업은 수출상품의 가격경쟁력을 얻게 됩니다. 이렇게 대기업 우선 정책은 외환시장에도 숨어 있습니다.

1천 원=1달러였던 환율이 상승해 1,100원=1달러가 될 경우, 타이어를 수출하는 우리 기업은 개당 1백 달러짜리 타이어 하나를 수출하고 11만 원을 받게 됩니다. 1만 원(11만 원-10만 원)의 이익이 늘어납니다.

또는 10만 원=1백 달러에 판매하던 타이어를 10만 원=89달러에 수출이 가능해집니다.

하지만 이렇게 우리 돈의 가치가 떨어지면(원화의 평가절하) 수입품과 수입 원자재의 가격이 올라갑니다. 우리 돈의 가치가 떨어졌기 때문에 더 많은 원화를 주고(더 비싼 값에) 수입해야 합니다. 이 때문에 국내 생산자물가가 올라가고 덩달아 소비자물가가 올라갑니다.

1천 원=1달러였던 환율이 1,100원=1달러가 됐을 경우 정유업체는 10퍼센트 더 비싼 돈을 주고 원유를 수입하게 됩니다. 운전자들은 더 비싼 값에 주유를 하게 되고 각종 석유제품의 가격 역시 10퍼센트가량 인상 요인이 발생합니다.

이렇게 오른 경유가격은 온실재배 농산물의 가격을 끌어올립니다. 딸기의 출하가격이 오르고 스트로베리 셔벗의 가격이 따라 올라갑니다. 대기업을 위한 고환율정책이 어제 효리 씨가 구입한 셔벗의 가격을 올린 것입니다.

환율 상승으로 수입 천연가스 요금이 오르면 프로판가스(LPG)를 이용하는 붕어빵 노점상까지 원가 상승 압력을 받게 됩니다. 실제로 기름값은 전체 소비자물가의 5.4퍼센트를 차지합니다. 기름값이 오르고 수입 밀의 가격도 오르면 칼국숫값도 오를 수밖에 없습니다. **"정부의 대기업 정책이 결국 칼국숫값까지 올린 것이다!"**

고환율정책이 계속되면서 2009년 4월부터 1년 동안 수입 원자재값은 18.8퍼센트 올랐지만, 대기업 부품업체의 납품단가는 1.7퍼센트만 올랐습니다(중소기업청). 결국 대기업의 성장을 위해 중소기업과 모든 국민이 그 부담을 나눠 지는 것입니다. '남편 월급 빼고 안 오르는 것이 없는 이유'에는 이처럼 수출산업을 위한 정부의 고환율정책이 숨어 있습니다.

그렇다면 이렇게 온 국민이 부담을 나눠서 지는데도 왜 트리클다운은 작동하지 않는 것일까요? '성장이 갈등을 해소하고 사람을 선하게 한다'는 프리드먼 교수의 믿음은 왜 현실에서는 살아나지 않을까요?

대기업의 성장이 예전처럼 고용을 불러오지 않습니다. 과거 경부고속도로를 건설할 때 현대건설은 굴삭기를 사고 엔지니어를 고용하면서 투자와 고용을 늘려갔습니다.

하지만 이제 연간 수조 원의 영업이익을 올리는 첨단기업들은 투자를 해도 사람을 고용하기보다는 자동화된 생산 라인을 도입합니다. 투자의 대부분이 설비투자입니다. 게다가 이 자동화된 생산 라인 대부분은 수입품입니다.

대기업의 투자가 해외에 집중됩니다. 현대자동차의 2012년 해외공장 생산량은 52퍼센트로, 이제 국내보다 해외에서 더 많이 차를 생산합니다. 주식의 43퍼센트를 외국인들이 갖고 있습니다(2011년 5월). 5대 해외법인의 직원만 1만 명입니다.

제품의 절반 이상을 외국에서 생산하고 주식의 대부분을 외국인이 갖고 있는 대기업이 국내에서 투자나 고용을 확대하는 것은 쉽지 않습니다. 그러니 현대자동차가 해마다 7퍼센트 이상 매출이 늘어난다고 그 과실이 대부분 우리나라에서 열릴 것이라고 믿는 것은 어리석습니다.

상당수 경제학자들은 근본적으로 '성장이 사람을 선하게 한다'는 주장에 반대합니다. 이 이론은 '이기적인 이윤추구로 이뤄지는 시장의 원리'와 정면으로 충돌합니다. 시장참여자는 근본적으로 이기적입니다.

OECD 국가들의 조세부담률	
덴마크	48.2퍼센트
스웨덴	45.8퍼센트
이탈리아	43.0퍼센트
프랑스	42.9퍼센트
노르웨이	42.8퍼센트
오스트리아	42.0퍼센트
⋮	⋮
한국	26.9퍼센트
멕시코	18.1퍼센트

출처: OECD(2012)

이 논리가 어긋나면 고전경제학부터 다시 써야 합니다.

이윤을 추구하기 위해 존재하는 대기업은 서울에서 성공한 큰오빠처럼 고향에서 보따리를 풀지 않습니다. 오히려 더 높은 수익을 향해 달려갑니다. 게다가 주주자본주의가 강화되면서 기업의 이윤은 우선 주주에게 배당됩니다. 주주들은 투자보다 자신들의 보따리를 채우는 데 열중합니다.

대기업이 더 부자가 되면 시장 전체가 풍요로워질 것이라는 믿음, 나아가 누군가 부자가 되면 더 선해질 것이라는 믿음은 알고 보니 순진한 것이었습니다.

정부의 법인세 인하 조치로 2009년부터 2010년까지 줄어든 법인세는 13조 원, 이 가운데 9조 원 정도의 법인세 인하 효과가 대기업에 돌아갔습니다(기획재정부). 이렇게 사회적 혜택을 입은 대기업들의 일자리 창출은 더디기만 합니다.

반면 2012년 상반기에만 자산 순위 10대 그룹 소속 83개 상장사는 25조 원의 영업이익을 올렸습니다. 이는 증시 1,518개 상장사 영업이익의 70.6퍼센트에 달합니다(재벌닷컴). 대기업을 우선 지원했더니 대기업의 이익만 우선 늘어납니다.

세금을 깎아주면 경제가 성장한다는데 대부분의 선진국들은 여전히 초고율의 소득세와 법인세를 유지하고 있습니다. 노르웨이나 스웨덴 등 경제위기를 모르는 서유럽 국가들은 여전히 GDP의 절반가량을 세금으로 거둬갑니다. 감세가 성장을 만든다는 환상은 어쩌면 이들 국가의 성적표에서는 실패가 예견돼 있는 것이었습니다.

성장이 분배를 낳지 못하는 현실에서, 경제학은 오랫동안 파이를 키울 수 있는 대안을 모색 중입니다. 분명한 사실은 공정한 분배 시스템이 건강한 성장의 발판이라는 것입니다.

"부자나라가 부자가 될 수 있었던 것은 개인의 기업가적 에너지를 집단적 기업가 정신으로 전환할 수 있는 능력 덕분이다. 성공한 개인이나 대기업을 만드는 것은, 훌륭한 엔지니어를 만든 교육 시스템과 기업의 자금조달을 가능하게 해준 금융 시스템, 기업활동을 영위할 수 있는 각종 정비된 법률 덕분이다."

—장하준, 『그들이 말하지 않는 23가지』에서

성장이 파이를 키우지 못하는 현실에서 '미친 듯이 뛰어난 애플 Insanely Great APPLE!'의 아이폰을 생산하는 노동자들은 여전히 가난합니다. 폭스콘 중국 공장에서 아이폰을 만드는 노동자들은 하루 12시간, 한 달 27일을 노동하고 시간당 83센트를 받습니다(2010년).

2011년 애플의 영업이익은 433억 달러. 우리 돈으로는 약 48조 6,900억 원으로 서울시를 3년 정도 운영할 수 있는 돈입니다. 애플의 CEO인 티머시 쿡은 연봉 80만 달러(약 8억 9,960만 원)와 보너스 5백만 달러(약 56억 2,250억 원)를 받았고, 5,230만 달러(약 588억 1,140만 원) 상당의 애플 주식을 갖고 있습니다(2010년). 이제 어떤 전문가도 아이폰의 지속되는 성장이 폭스콘 노동자들을 부자로 만들어줄 것이라고 믿지 않습니다.

트리클다운은 실패했습니다. 사회적 혜택을 받고 더 거대해진 대기업들은 여전히 사회적 책임에는 관심이 없습니다. 부자가 된 기업이 알아서 공익을 추구할 것이라는 믿음은 환상으로 드러났습니다. 격차는 더 벌어지고 아랫목은 더 차가워졌습니다.

'사익 추구가 공익을 실현한다'는 애덤 스미스의 예언은 승자독식 사회에서 빛이 바랬습니다. 시장이 모든 것을 알아서 해결해 줄 것이라는 믿음은 경제학자가 아닌, 오직 몽상가들의 것입니다.

중앙은행과
소매치기의 공통점

연방준비제도이사회와 인플레이션

"정부는 절대 알지 못한다. 결국 국민만 깨닫는다."
(Governments never learn. Only people learn.)
—밀턴 프리드먼

돈에도 값이 있습니다. 외국 돈과 그 값을 비교하면 환율이 되고, 재화나 서비스를 구입하는 가격으로 따지면 물가가 됩니다. 거래를 위해 값을 매기면 가격이 되지만, 딸기가격과 목욕탕요금처럼 개별 요금을 한데 묶어 평균을 내면 물가가 됩니다.

이미 알고 있듯 물가가 오르면 모두가 손해를 봅니다. 인플레이션은 소매치기처럼 조용히 다가와 주머니를 털어갑니다. 특히 서민들에게 더 가혹합니다. 인플레이션은 정부가 우리를 속이는 또다른 거짓말입니다.

경기침체가 예상되는 효리랜드. 효리 여왕은 1달러 화폐를 1천만 장 더 발행하기로 한다. 이제 은행에 돈이 공급되면, 곳간이 넉넉해진 은행은 대출이자율을 내리고 국민들은 더 싼 이자로 대출을 받아 주택을 구입할 수 있다.

기업은 더 싼 이자로 투자를 하고 기업의 투자가 이어지면서 일자리가 늘어 소득은 늘어날 것이다. 늘어난 소득은 곧 소비 증가로 이어지고 효리랜드의 침체된 경기는 불길처럼 살아날 것이다. 그런데, 현실은 전혀 달랐다.

돈을 풀고 석 달이 지났지만 경기는 나아질 기미가 보이지 않는다. 금리는 낮아지고 대출은 쉬워졌다. 시중에 돈이 넉넉해지면서 효리랜드 사람들은 이제 지갑을 열 준비가 됐다. 하지만 재화나 서비스의 공급이 이를 따라가지 못한다.

현금을 손에 쥔 철수 씨, 꿈에 그리던 승용차를 사고 싶은데 주문이 3개월이나 밀렸다. 돈이 흔해진 효리랜드에서 수현 씨도 놀이공원에 갔지만 줄이 너무 길어서 포기하고 말았다. 차를 사려는 사람들이 밀려들자 자동차 제조사는 가격을 올렸고, 놀이공원도 입장료를 인상했다.

모든 재화와 서비스 가격이 약속한 듯이 올라간다. 재화나 서비스의 공급이 풀린 돈을 감당하지 못하면서 효리랜드의 물가가 천정부지로 치솟는다. 인플레이션이 찾아온 것이다. 1만 달러에 살 수 있었던 승용차는 1만 3천 달러가 됐다. 돈이 풀려 예전보다 2천 달러를 더 손에 쥐고 있던 철수 씨는 승용차를 구입하기가 더 어려워졌다.

인플레이션은 반복된다

화폐가 지나치게 공급되면 돈의 가치는 반드시 하락합니다. 1866년, 왕권 강화를 꾀하던 흥선대원군은 경복궁 재건을 위해 당백전을 발행합니다. 만성적인 재정난 탈출을 위해 당백전은 기존 상평통보보다 1백 배의 가치로 시중에 공급됐습니다.

하지만 당백전의 구리 함유량은 상평통보의 6배 정도였습니다. 국민들은 무턱대고 발행하는 당백전의 가치가 상평통보의 1백 배에 미치지 못할 것을 알고 있었습니다. 초기 화폐는 대부분 태환지폐로, 화폐의 가치가 금이나 은, 구리 등의 함유량과 연동됩니다.

이 때문에 상평통보 1백 냥을 당백전 1냥으로 바꾸는 거래는 이뤄지지 않았습니다. 거래를 꺼리면서 당백전은 시장에서 자취를 감췄습니다. 오히려 상평통보 6냥을 녹여 당백전 1냥을 만드는 일이 성행했습니다. 시장에서 화폐를 통한 거래는 줄어들고 주먹구구식 물물교환이 자리를 잡았습니다.

비싼 당백전이 넘치면서 지배계층의 구매력은 크게 높아졌습니다. 하지만 재화의 생산이 이를 따라잡지 못하면서, 10냥 정도였던 쌀 1섬의 가격이 6배가량 폭등했습니다. 발행 반년이 안 돼 조선 조정은 당백전 발행을 중단했습니다.

제1차 세계대전 이후 천문학적인 전쟁 보상금을 지불해야 했던 독일 정부는 마르크화를 대량 발행했다. 단기간에 늘어난 유동성은 천문학적인 인플레이션을 유발했다. 1913년 12마르크였던 가죽 구두의 가격은 1923년 32조 마르크로 폭등했다.

하이에크가 박사학위를 마치고 조국 오스트리아 비엔나의 한 통계연구소에서 일하던 1923년, 그의 월급은 8개월 동안 2백 번 넘게 올랐다. 바게트 빵의 가격이 1억 마르크를 넘자 국민들은 결국 화폐를 버리고 코냑이나 담배로 거래를 했다. 이 지독한 하이퍼인플레이션에 지친 독일 국민은 강력한 정부의 강력한 리더십으로 시장이 회복되기를 기대했다. 나치 정권과 히틀러는 그렇게 등장한다.

이처럼 물가는 화폐량과 밀접한 관계가 있습니다. 다시 말해 물가는 화폐의 수요에 비례합니다. 유통되는 돈의 양을 늘리면 돈을 쓰겠다는 수요가 늘어나고 물가는 올라갑니다. 피셔의 교환방정식에 따라 통화량이 올라가면 물가 또는 재화나 서비스의 총량이 올라갑니다.

피셔의 교환방정식

M(통화량)×V(화폐의 유통 속도, 즉 돈이 거래된 횟수)
=P(물가 수준)×Q(재화와 서비스의 생산량, 즉 GDP)

물가는 또 환율의 영향을 받습니다. 환율은 돈을 바꾸는 가격표로, 국가 간 유통되는 돈의 교환(외환시장) 과정에서 돈의 값을 결정하게 됩니다. 딸기를 찾는 수요가 높아지면 딸기의 가격이 높아지듯이, 달러를 찾는 수요가 높아지면(외환시장에서 서로 달러를 사려고 하면) 달러의 가치는 올라갑니다.

달러의 가치가 올라가면 우리는 수입품을 더 비싼 가격에 들여와야 합니다. 그만큼 국내 물가는 올라갑니다. 여기에 세금 등 정부의 각종 정책도 물가에 영향을 미칩니다. 정부가 지하철요금 같은 공공요금을 인상하면 물가는 큰 폭의 영향을 받습니다. 정부는 생산자물가 지수와 소비자물가 지수를 만들어 시중 유동성과 물가 동향을 매월 점검합니다.

국가가 휘두르는 흉기: 인플레이션

소비자물가 지수는 통계청이 전국의 주요 시장을 지정해 8천여 개의 소매점과 서비스업체를 직접 찾아가 조사합니다. 또 3천여 곳의 전셋집과 월세 가정을 지정해 가격을 조사합니다. 조사 품목 수는 5백 개 남짓입니다. 계란부터 노트북, 휘발유, 휴대전화 가격을 표본 조사합니다.

그런 다음 우리 생활에 밀접한 정도만큼 가중치를 적용합니다. 당연히 주택가격의 가중치가 제일 높고 쌀 같은 기본적인 식료품가격도 가중치가 높습니다. 우리는 휴대전화나 휘발유 가격의 가중치가 높지만 멕시코는 옥수수, 프랑스는 와인 가격이 가중치가 매우 높습니다.

조사 품목은 시대를 반영해 5년에 한 번씩 바뀌고, 가중치는 해마다 변동됩니다.

이제 물가의 개념을 이해했다면 인플레이션이 서민들의 주머니를 구체적으로 어떻게 털어가는지 살펴봅니다.

•**치킨점을 하는 철수 씨** 각종 재료비가 너무 올라서 결국 치킨 1마리 가격을 2만 원으로 인상했습니다. 덕분에 손님이 뚝 끊겼지만 매출은 크게 줄지 않았습니다. 그런데 건물주 신자유 씨가 다음 달부터 월세를 올려

달라고 합니다.

- **삼송전자에 다니는 수현 씨** 인플레이션으로 매출이 줄자 회사는 임금을 동결했습니다. 소득은 그대로인데 물가는 너무 올랐습니다. 외식을 줄이고 식탁에 올라오는 반찬의 가짓수도 줄였습니다. 승용차를 바꾸려던 계획도 아들의 학원비가 너무 올라서 포기했습니다.

- **철수 씨의 치킨점 건물을 소유한 신자유 씨** 건물을 매입할 때 은행에서 대출을 받아 매월 2백만 원의 이자를 부담합니다. 하지만 인플레이션으로 돈의 가치가 떨어져 이자 부담이 줄었습니다. 철수 씨로부터 받는 임대료 수입도 크게 늘었습니다. 신자유 씨에게 인플레이션은 썩 불편한 존재가 아닙니다.

인플레이션은 돈의 가치를 떨어뜨립니다. 이제 부동산이나 금을 사려면 더 많은 돈을 내야 합니다. 때문에 부동산이나 금 같은 자산을 갖고 있는 계층이 유리해집니다. 이를 서민들이 눈치 챈다고 해도 인플레이션을 이용해 부동산시장에 뛰어들기는 어렵습니다. 오히려 오르는 집세를 감당하기도 어렵습니다. 따라서 인플레이션은 자산이 많은 계층에겐 유리하게 작용합니다.

또 보통 가계는 예금을 하고 기업은 대출을 받습니다. 따라서 예금을 한 가계는 손해를 보고, 대출을 받은 기업은 돈의 가치가 떨어진 만큼 이익을 봅니다.

기업뿐 아니라 기업의 주인인 대주주도 인플레이션으로 이익을 봅니다. 주식은 기업을 함께 소유하고 그것을 주식이라는 증서로 나눠 가진 것입니다. 따라서 자산가격이 급등하는 인플레이션 시기에 주식은 최고의 재테크 수단입니다. 하지만 보통 주식은 부자들의 것입니다. 따라서 서민들이 역시 더 손해를 봅니다.

특히 노후에 이자소득이나 연금에 의존하는 계층은 인플레이션의 고통을 가장 직접적으로 체감합니다. 만약 연 7.2퍼센트씩 물가가 꾸준히 오른다고 가정하면 10년 후 1억 원은 지금의 5천만 원의 값어치로 떨어집니다. 물가 인상은 고지서 없는 세금처럼 우리 주머니를 털어갑니다.

하지만 세계 각국의 정부는 이를 알고도 단기적인 경기 활성화를 위해 시중에 유동성을 공급하고 일정한 수준의 인플레이션을 감수합니다. 그 고통의 대부분은 서민들이 짊어지고, 그 수혜의 대부분은 대기업이나 정부가 챙겨갑니다.

"정부는 언제나 인플레이션의 책임을 다른 곳에서 찾는다. 탐욕스러운 기업들의 가격 인상, 10년 만에 찾아온 이상기온, 노조의 임금 인상 요구, 중동 국가들의 지나친 기름값 인상……. 이런 요인들은 개별 가격의 인상을 불러올 수 있지만 일반 물가의 상승까지는 이어지지 않는다. 지속적이고 광범위한 인플레이션의 원인은 항상 지나치게 돈이 많이 풀려 있기 때문이다."
—밀턴 프리드먼, 『화폐경제학』에서

인플레이션이 위험 수위에 다다르면 정부는 보통 기준금리를 인상해 총수요를 줄여 인플레이션을 억제하려 합니다. 통화주의자들의 충고를 믿고 서둘러 기준금리를 높여 돈을 시중 은행으로부터 흡수합니다.

하지만 통화량이 줄어든다고 해도 물가는 그만큼 즉각 움직이지 않습니다. 한 번 오른 신라면의 가격은 좀처럼 다시 떨어지지 않습니다.

오히려 단기적으로는 실업률이 높아집니다. 통화량이 줄어들면 당장 주머니에서 돈을 빼앗긴 소비자들이 소비를 줄이지만 상품가격은 떨어지지 않고 결국 기업의 매출만 줄어듭니다. 기업은 서둘러 고용을 줄입니다. 결국 인플레이션을 해소하는 과정에서도 서민들의 주머니가 가장 크게 털립니다.

연방준비제도이사회의 탄생으로 인류는 시장에 유통되는 돈의 양을

FRB: 인플레이션을 해소한다지만 인플레이션을 유발하는 곳

1913년, 뉴욕에서 조지아 주 지킬 섬으로 향하는 열차에 피아트 앤드류 미 재무부 차관보와 넬슨 올드리치 국가화폐위원회 위원장, 헨리 데이비슨 JP모건 사장, 폴 와버그 로스차일드 가문의 대리인 등이 타고 있었다. 이들은 지킬 섬의 한 별장에서 인플레이션 대책 기관 설립에 합의한다.

이렇게 탄생한 연방준비제도이사회Federal Reserve Board, FRB에 언제든 달러를 찍어낼 수 있는 화폐 발행권이 부여된다. 미국 정부가 채권을 발행하면 연방준비제도이사회가 이를 인수한다. 달러를 찍어낼 수 있는 유일한 기관인 연방준비제도이사회가 채권을 인수하면, 그만큼의 달러가 미국 정부로 들어가고 이 현금이 시장에 뿌려진다. (미국은 지금도 달러의 정확한 발행량을 공개하지 않는다. 도박판에서 미국만이 돈을 찍어낼 수 있고 그렇게 도박판으로 갖고 들어온 돈의 양조차 알려주지 않는다.)

이렇게 무한대 달러 공급의 매뉴얼이 완성됐다. 이제 경기가 침체되면 언제든 시장에 달러를 무한공급할 수 있게 됐고, 월가의 화폐 장사꾼들에게 무슨 일이 생겨도 돈을 빌려줄 수 있는 '최후의 대부자'가 탄생한 것이다.

통제할 수 있는 장치를 마련했습니다. 이제 경기가 상승하면(파티가 무르익으면) 너무 과열되지 않도록 적당한 시간에 금리를 올리면(파티 그릇을 치우면) 됩니다. 그러나 케인즈 이후 돈을 풀면 경기가 살아난다는 사실을 알아차린 중앙은행들은 여전히 돈을 거둬들이는 것보다 돈을 쏟아 붓는 데 관심이 많습니다.

펀치볼을 치우는 것을 잊어버리고 파티에만 몰두합니다. 새벽을 잊은 파티는 결국 2008년 글로벌 금융위기를 불러왔습니다.

위기는 EU 국가들을 중심으로 지금도 진행 중입니다. 그 위기의 시작은 두 명의 연방준비제도이사회 의장으로부터 비롯되었습니다. 바로 볼커와 그린스펀입니다.

> "중앙은행이 할 일은 파티가 끝나기 전에 펀치볼을 치우는 일이다."
> (The Federal Reserve's job is to take away the punch bowl just as the party gets going.)
> —윌리엄 마틴, 전 연방준비제도이사회 의장

볼커와 그린스펀

폴 볼커가 1979년 8월 연방준비제도이사회의 의장으로 취임합니다. 오일쇼크로 경기침체가 본격화되는 가운데 물가인상률은 11퍼센트를 넘어서고 있었습니다. 그는 원칙대로 경기보다 물가안정을 택했습니다. 취임 초 기준금리를 무려 14퍼센트까지 올렸고, 그래도 물가가 잡히지 않자 1981년에는 21퍼센트까지 인상합니다(우리가 상상도 하지 못한 경제 현상이 현실에서는 종종 벌어집니다).

파격적인 금리인상이 이어지면서 시중 유동성이 진공청소기처럼 흡수됐습니다. 1982년 물가상승률은 3.2퍼센트까지 떨어졌습니다. 물가를 잡기 위해 불가피한 고금리가 지속되면서 그는 '미국 경제를 쓰러뜨린 강도'로 비난받았고, 실제 인플레이션을 막기 위해 경기침체를 용인한 카터 대통령은 이후 선거에서 패배합니다. 이를 두고 미국 언론은 '볼커가 인플레이션을 잡았지만 카터도 잡았다'라고 기사화했습니다.

그러나 고금리 통화정책을 통해 인플레이션이 잡히면서 세계 각국은 통화량 관리의 중요성을 깨닫고 비로소 통화주의자들의 말을 믿기 시작했습니다. **"그러니까 내일이라도 금리를 올려서 시중의 돈을 흡수하라니까!"**

볼커는 특히 해마다 몸집을 불려온 투자은행에 대한 감독을 강화했습니다. 투자은행의 자기자본투자Proprietary Trading는 물론 헤지펀드와 사모펀드의 지분 취득을 원칙적으로 금지했습니다. 특정 은행이 지나치게 몸집을 불리지 못하도록 은행의 시장점유율도 규제했습니다. 고객 돈으로 위험한 자본투자를 못하도록 하는 '볼커 룰Volcker Rule'이 완성된 것입니다.

볼커 룰은 1999년 클린턴 행정부가 글래스 스티걸 법안(고객 돈을 이용한 은행의 투자를 금지하는 법)을 폐지하면서 유명무실해졌습니다. 하지만 2008년 금융위기로 다시 홍역을 치른 오바마 행정부는 도드-프랭크 법안(서브프라임 사태를 야기한 금융위기 재발을 막기 위해 제정된 법)을 통과시키며 사실상 볼커 룰을 부활시킵니다(3-5장 참고).

볼커의 뒤를 이어 취임한 그린스펀은 이후 16년간 세계 경제의 수장을 역임했습니다. 위기 때마다 세계 경제는 그의 입을 바라봤고, 그때마다 그는 금리를 낮추고 천문학적인 돈을 풀어 경기를 되살렸습니다.

1990년대 초반 미국 증시의 거품이 빠질 때마다 금리를 내려 증시를

살렸고, 2001년 9·11사태로 미국 증시가 초토화되자 열 달 동안 무려 9차례 금리인하를 단행하며 시중에 돈을 쏟아 부었습니다.

결국 6.5퍼센트 수준이었던 기준금리는 1퍼센트까지 떨어져 경기는 단기적으로 되살아났습니다. 유동성이라는 지나치게 달콤한 약으로 환자가 살아나자 연방준비제도이사회의 의사들에게 대중들의 칭송이 이어졌습니다.

1999년 2월 15일, 《타임》은 그린스펀과 연방준비제도이사회 이사진의 경기회복 전반을 다룬 기사를 싣습니다. 그 표지에는 '세계를 살린 위원회'라는 헤드라인과 함께 활짝 웃고 있는 그린스펀이 등장합니다.

하지만 초저금리로 풀린 돈은 결국 천문학적인 투기자본으로 변질됐고 주택투기로 전이되면서 2000년대 버블 경제의 단초가 됩니다. 그린스펀의 위험한 유산, 버블은 2006년을 고비로 무너지고 2008년 서브 프라임 모기지 사태가 터집니다. 미국인들은 그때서야 그린스펀의 저금 리 처방전이 달콤한 마약이었다는 사실을 깨닫습니다.

2008년 10월, 상원 청문회에 선 그린스펀. **"은행의 이기심이 자본시장과 주주의 이익을 지킬 수 있을 것이라 믿었던 제 생각은 잘못된 것이었습니다. 견 고한 건축물처럼 보였던 자유시장경제의 질서에서 중요한 기둥이 무너져 있었 습니다."**

그린스펀의 재임 기간 동안 연방준비제도이사회가 '위기 대응, 인플 레이션 억제, 은행 감독'이라는 과제를 망각했다는 비난이 이어졌습니 다. 하지만 미국은 이미 '돈을 너무 쉽게 빌릴 수 있는 빚의 국가'로 추 락해 있었습니다. 그 고통은 대부분 미국의 중산층과 서민들의 몫으로 남았습니다.

J. F. 케네디 대통령이 연방준비제도이사회가 재정정책이 아닌 금융정책을 펼치는 곳이라는 사실을 알아차린 것은 당시 연방준비제도이사회 의장인 마틴^{W. M. Martin} 때문이었습니다. 케네디는 마틴의 성이 '금융_{Monetary}'의 첫 자와 동일한 M자로 시작한 덕분에 연방준비제도이사회가 금융정책을 펴는 곳이었다는 사실을 알았다고 고백했습니다.

금융시장의 해결사인 중앙은행은 이제 대부분의 국가에서 본연의 기능을 잃고 돈 찍어내기에 골몰합니다.

인플레이션 때문에 또는 인플레이션을 용인한 대가로 가장 많은 비용을 부담하는 것은 역시 서민들입니다. 돈의 가치가 떨어지면 빈부격차는 계속 벌어집니다. 미국인들의 가계부채는 사상 최고로 치솟았고, 소득의 평균 14퍼센트를 이자비용으로 지출합니다(2011년).

반면 넘치는 돈의 사용법을 잘 알고 있는 투기자본은 천문학적인 이윤을 쓸어갑니다. 펀치볼을 너무 늦게 치운 대가를 치르고 있는 선진국마저, 여전히 어떻게 하면 시중에 돈을 더 풀어 경기를 살릴지 방법을 고민 중입니다.

달러가 무한 공급되고 돈의 가치가 떨어지면 열심히 저축을 하던 효리 씨는 이제 매일 술을 마십니다. 그는 언젠가 더 지독한 인플레이션이 찾아오면 술병을 팔아 부자가 될지 모릅니다.

인플레이션은 되풀이됩니다. 소매치기처럼 중앙은행은 다시 서민들의 주머니를 털어갑니다. 투기를 막아야 할 중앙은행은 거품을 만드는 능대소년으로 변했습니다. 중앙은행이 펀치볼을 치우지 않는 사이 파티는 더 흥에 겨워집니다. 위험한 새벽이 다시 다가옵니다. **"연방준비은행에는 연방도 없고 준비금도 없으며 은행이라고 할 수도 없다."**—쑹훙빈, 『화폐전쟁』에서

빚쟁이 미국은
왜 망하지 않을까?

시뇨리지와 기축통화

"로마는 거둔 만큼 썼을 때 가장 흥했고, 쓴 만큼 거뒀을 때 망했다."
—시오노 나나미, 『로마인 이야기』에서

프랑스 대혁명이 한창이던 1791년, 루이 16세와 부인 마리 앙투아네트는 왕실의 도움으로 도주를 시도했습니다. 그러나 그들은 감금돼 있던 튈르리 궁전에서 160킬로미터를 달려 도착한 독일 접경 바렌 지방에서 혁명군에 덜미가 잡혔습니다. 그를 신고한 농민은 화폐에 새겨진 루이 16세의 초상화를 보고 왕을 알아차렸습니다.

프랑스 대혁명의 배경에는 궁정의 지독한 재정적자가 숨어 있습니다.

그들의 비극은 화폐로 시작해 화폐로 마무리됩니다. 공교롭게 미국의 축복도, 미국의 불행도 달러 때문입니다.

금융위기가 되풀이되면서 경제학은 시장경제를 위협하는 적들을 들춰내고 있습니다. 용의자는 헤지펀드 같은 투기세력과 무차별적인 규제 완화, 과도하게 발행된 화폐, 시장참여자들의 이기심 등입니다. 공교롭게도 이들 위험요소들을 모두 배출한 주인공은 '달러'입니다. 그 고향은 '미국'입니다.

"제가 빚을 졌다고요? 이제 진정한 미국인이 됐군요."

—시트콤 〈퍼펙트 스트레인저〉에서

미국 국가부채 16,000,000,000,000달러

백악관 예산관리실[OMB] 자료에 따르면 2012년 9월 미국의 국가부채는 16조 달러를 넘어섰습니다. 이는 미국 정부 채권의 발행액으로, 만기가 돌아오면 갚아야 할 돈입니다. 1년 새 또 10퍼센트가량 급증했습니다.

2008년 이후 1퍼센트 미만의 성장률을 보이고 있는 미국이 해마다 10퍼센트의 빚이 늘어납니다. 키는 1센티미터도 자라지 않는데, 몸무게는 해마다 10킬로그램씩 불어납니다.

국가부채를 미국의 전체 가구 수로 나누면 가구당 10만 달러(약 1억 1,245만 원)를 넘어섭니다. 국가부채가 GDP의 1백 퍼센트를 넘어섰습니다(2012년). 한 해 동안 미국인들이 생산한 모든 부가가치를 합쳐도 미국의 빚을 따라잡지 못합니다. 1년간 효리식당의 매출을 모두 합쳐도 효리식당의 부채를 못 갚는다는 뜻입니다.

재정적자 규모도 급증세입니다. 미국 정부는 오래전부터 세금보다 훨씬 많은 지출을 해왔습니다. 재정적자는 2011년 1년 새 또 9.8퍼센트나 증가하면서 1조 5천억 달러(약 1,124조 5천 억 원)에 육박하고 있습니다. 미국 정부의 한 해 적자 폭이 우리 정부 1년 예산의 4배를 넘습니다.

재정적자가 늘면 세금을 더 거두거나 지출을 줄여야 합니다. 하지만 경기를 살리기 위해 쓸 돈이 많은 미국은 또 국채를 발행해 빚을 얻습니다. 재정적자는 이렇게 국가부채를 밀어 올립니다.

미국의 재정적자는 전쟁 때문입니다. 아버지 부시 대통령은 이슬람 국가들의 패권 확장에 맞서 국방비 지출을 큰 폭으로 늘렸습니다. 1981년부터 10년간 미국의 국방비 지출은 91퍼센트 급증했습니다.

미국이 이슬람 강경세력들과의 갈등을 무력에 의존하면서 2001년 결국 9·11사태가 터졌습니다. 아들 부시 대통령은 애국심에 호소하며 다시 천문학적인 국방비 지출을 이어나갑니다. 2001년부터 10년간 국방비 지출은 또 108퍼센트 증가했습니다. 이라크 전쟁을 치르면서 국방비는 연방 정부 지출의 27퍼센트를 넘어섭니다. 세수의 4분의 1이 전쟁에 소비됩니다. 미국의 국방비 지출은 GDP 대비 제2차 세계대전 수준까지 육박했습니다.

또다른 이유는 감세정책 때문입니다. 레이건 대통령은 1981년 집권 직후, 개인의 소득세와 기업의 법인세를 큰 폭으로 인하합니다. 세금을 인하하면 소비가 불꽃처럼 번질 것으로 믿었습니다. 1983년에는 심지어 세수증가율이 마이너스로 돌아섰습니다.

테러와의 전쟁을 수행 중이던 조지 부시 대통령도 세금을 큰 폭으로 내렸습니다. 부자들의 세금을 깎아주면 경제가 살아난다고 믿어 소득세와 배당세율을 내렸고 상속세는 (한시적으로) 폐지됐습니다. 맹렬한 애국심이 재정적자의 우려를 잠재운 사이 빚은 눈덩이처럼 불었습니다. **"빈 라덴이 무역센터 빌딩을 공격한 것은 미국의 재정적자를 노린 것이 아닐까?"**

"자본주의 고도성장의 가장 큰 비결 중 하나는 부채가 나쁜 것이라는 생각을 버리는 것이다. 대공황 이후 기업과 개인은 신용으로 생산하고 소비하는 것이 회전율을 빠르게 한다는 것을 깨달았고 성장은 가속화되었다. 그 빚은 엄밀히 말하면 미래로부터 빌려온 것이다."

—《이코노믹뷰》, 트위터에서

빚을 갚기 위해서는 제품이나 서비스를 더 팔아야 합니다. 1920년대에 자동차산업이, 1990년대에 마이크로소프트를 시작으로 한 IT 기술력이 미국의 성장을 견인한 것처럼 무역수지와 재정수지 개선을 위해서 미국은 새로운 부가가치를 만들어내야 합니다. 그런데 미국이 팔 수 있는 상품이 갈수록 줄어듭니다. GE로 대표되던 전자산업은 물론 미국 경제의 상징이었던 GM과 포드도 적자를 이어갑니다.

이제 수출시장에 미국이 들고 나온 바구니에는 아이패드와 F16 전투기, 할리우드 영화 정도만 남아 있습니다. 실제로 월마트에서 찾아볼 수 있는 완벽한 'Made in USA'는 캘리포니아산 오렌지와 낚시꾼을 위한 지렁이 정도입니다.

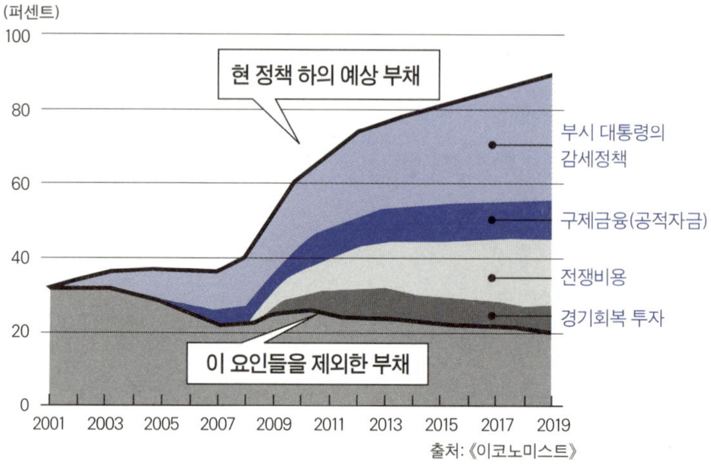

제2차 세계대전 이후 미국의 국가부채는 GDP의 120퍼센트까지 치솟았지만 산업성장이 부채증가율을 앞지르면서 1970년 국가부채는 GDP의 35퍼센트까지 떨어졌습니다. 하지만 이제 미국의 장바구니에는 팔 수 있는 상품이 별로 없습니다. 상품이 안 팔리면 상인은 더 빚을 낼 수밖에 없습니다.

빚, 미국 최고의 수출상품

적자투성이 장부를 손에 쥔 미국 정부. 경기는 위축되고, 수출은 안 되고, 금융위기에 놀란 은행은 여전히 채권 회수에 골몰합니다. 이자 감당도 힘든 가계의 소비 여력이 쪼그라들고 기업들의 해고는 계속됩니다. 10퍼센트를 오르내리는 실업률 속에 연방준비제도이사회가 다시 꺼내든 칼은 전가의 보도, 달러 뿌리기입니다. 미 재무부가 채권을 발행하면 주로 중국이나 일본, 유럽의 투자은행들이 이 채권을 인수합니다. 미국 정부에게 돈을 빌려주는 것입니다. 그러나 2009년부터는 주로 연방준비제도이사회가 재무부 채권을 인수합니다. 연방준비제도이사회는 달러를 찍어내는 곳입니다.

연방준비제도이사회 ⇨ 달러 ⇨ 재무부 ⇨ 시장에 달러 공급 ⇦ 채권

이제 미국은 오른손(연방준비제도이사회)이 발행하는 달러를 왼손(재무부)이 공급할 수 있게 됐습니다. 미국은 1달러 지폐보다 1백 달러 지폐를 더 많이 발행합니다. 이렇게 무한대로 찍어낸 달러는 그런데 그 가치가 떨어지지 않습니다. 달러는 '모든 흔한 것의 가격은 떨어진다'는 경제학의 원칙을 거스르고 전지전능해졌습니다.

유로존의 재정위기가 계속되면서 오히려 2011년에는 달러값이 치솟았습니다. 달러를 아무리 풀어도 가치가 떨어지지 않는 마법의 배경은, 달러가 국가 간의 결제나 금융거래의 기본이 되는 통화인 기축통화이기 때문입니다.

미국은 기축통화인 달러의 주인입니다. 여기서 시뇨리지 효과가 발생합니다. 시뇨리지Seigniorage란 화폐의 가치에서 화폐 발행비용을 뺀 값을 말합니다. 1달러 지폐를 발행하는 데 10센트가량 비용이 들기 때문에 1달러의 시뇨리지는 약 90센트입니다.

중세 봉건 영주, 즉 세뇨르Seignior들이 마구 돈을 찍어 이익을 남기면서 유래된 말로, 이제 기축통화 달러를 가진 미국이 막대한 시뇨리지를

챙깁니다. 기축통화의 발권력이란 도박판에서 누군가 한 명은 돈을 찍어낼 수 있는 권리가 있다는 뜻입니다.

21세기의 세뇨르 미국은 덕분에 계속 달러를 찍어냅니다. 다른 국가들은 달러를 벌기 위해 제품과 서비스를 수출해야 하지만, 미국은 이를 사고 찍어낸 달러를 지급하면 됩니다.

연방준비제도이사회는 투자은행들이 팔고 싶어 안달이 난 각종 채권도 사들입니다. 연방준비제도이사회가 새로 찍어낸 달러는 채권 인수를 위해 재무부와 금융권으로 흘러듭니다. 찍고 뿌리고 찍고 뿌리고. 2009년과 2010년 연방준비제도이사회는 2조 1천억 달러어치, 2012년에는 6천억 달러어치의 각종 채권과 국채를 사들였습니다. 우리 돈 3천조 원에 육박합니다.

본격적인 양적 완화가 시작된 것입니다. 중앙은행이 직접 금융기관의 자산(채권)을 매입하는 것을 양적 완화라고 합니다. 언제든 달러를 찍어낼 수 있는 연방준비제도이사회는 숫자가 허용하는 모든 채권을 인수할 수 있습니다. 이렇게 국가부채의 돌려막기 공식이 완성됐습니다.

유로존의 위기가 두려워진 유럽의 투자은행들도 다시 달러 표시 채권을 사들입니다. 그래도 믿을 곳은 세뇨르 미국뿐입니다. 미국 채권의 가장 큰 고객 중 하나는 떠오르는 부자나라 중국입니다. 중국은 미국을 상대로 한 해 3백조 원가량의 무역수지 흑자를 챙깁니다. 미국과의 장사에서 가장 큰 이익을 남기는 중국이 그렇게 벌어들인 달러로 미국이 발행하는 채권을 사들입니다.

1인당 국민소득 5천 달러의 중국이 5만 달러가 넘는 미국에 돈을 빌려주는 것입니다. 미국인들이 소비한 달러는 이렇게 중국인들의 저축을 통해 다시 미국으로 돌아갑니다. 마약 장사가 약을 팔면서 중독자가 죽지 않도록 생활비를 지급하는 식입니다. 미국이 병들면 중국은 최고의 수출시장을 잃게 됩니다.

중국이 보유한 각종 달러화 표시 채권은 1조 7천억 달러, 전체 외환보유고 중 달러 자산이 54퍼센트를 차지합니다(2012년). 미국은 이제 중국의 채무자, 중국은 이제 미국의 채권자입니다. **"지난 10년 동안 중국과 일본, 독일이 수출해서 번 막대한 현금이 미국으로 흘러 들어갔고 미국은 누구나 돈을 쉽게 빌릴 수 있는 나라가 됐다. 결국 중국은 미국인들이 스스로 목매달 수 있는 밧줄을 빌려준 셈이다."**─누리엘 루비니, 뉴욕대 경제학과 교수

넘치는 달러 발행을 누구도 막을 수 없다

달러를 발행하면 미국 경제는 일단 경기부양의 탄환을 얻습니다. 거래가 늘어나는 만큼 미국의 부, GDP가 늘어납니다. 재정지출을 늘려 사회간접자본을 확충하고 복지정책을 확대합니다.

달러가 넘치면 달러화의 값이 떨어지고 미국 제품과 서비스의 가격 경쟁력이 올라갑니다. 즉 미국 제품의 판매가격이 내려갑니다. 반면 달러를 쓰는 다른 나라는 그만큼 화폐가치가 올라갑니다. 이를 막기 위해 울며 겨자 먹기로 자국 화폐를 팔고 달러를 사들입니다. 필사적으로 외환시장을 방어합니다.

그런데 달러화의 가치가 떨어지면 그동안 사들여 곳간에 모아둔 달러의 가치도 떨어집니다. 물론 그만큼의 가치는 미국이 앉아서 가져갑니다. 이 불균형이 수십 년 동안 계속되자 유럽은 물론 중국도 화가 잔

뚝 났습니다.

이제 이해득실을 계산할 시간입니다. 도박판에서 누군가 혼자만 돈을 마구 찍어내면서 다른 이들이 화가 났습니다. 미국을 혼내주기로 마음을 모았습니다.

그동안 사 모은 곳간의 달러를 모두 시장에 팔아치우면 달러의 가치는 폭락할 것입니다. 물가는 급등하고 미국은 하이퍼인플레이션에 빠질지도 모릅니다. 어쩌면 도박판에서 더 이상 달러가 힘을 못 쓸지도 모릅니다. 이 계획은 파운드에서 유로화로 기축통화의 영광을 되찾고 싶은 여러 유로존 국가들의 오랜 바람입니다.

그런데 달러값이 내려가면 중국의 대미 수출이 줄어듭니다. 달러화의 평가절하로 위안화의 가치가 높아지면 중국 제품의 수출가격도 높아지기 때문입니다. 중국의 성장이 둔화됩니다. 이는 곧 사회문제로 이어집니다.

중국 정부는 이런 시나리오가 두렵습니다. 1백 년 전 유럽에서는 제조업 중심의 독일과 자본 중심의 영국이 지금의 미국과 중국처럼 협력과 대립을 이어갔습니다. 두 나라의 위험한 관계는 1913년 제1차 세계대전으로 막을 내립니다.

결국 중국을 비롯한 도박판의 참여자들은 오늘도 미국 채권을 사들이면서 달러의 생명력을 연장하기로 했습니다. 도박판에는 평화가 찾아옵니다.

오히려 미국은 달러값이 좀 내렸으면 하는 눈치입니다. 'Made in USA' 제품의 가격경쟁력이 높아지기 때문입니다. 그래서 중국을 향해 위안화의 가치를 좀 올리라고 화를 냅니다. 중국 정부가 인위적으로 위

안화의 가치를 떨어뜨려 'Made in China'의 경쟁력을 떠받치고 있다고 믿습니다. 그래서 2010년 9월 미 하원은 환율을 인위적으로 조작하는 나라에 보복관세를 물릴 수 있는 법안을 통과시킵니다.

아무리 돈을 써도 파산하지 않는 세뇨르 미국이 중국을 향해 목소리를 높입니다. **"우리가 빚이 많은 건 사실 너희 때문이라니까!"**

미국이 지나치게 달러를 찍어내면서 불똥은 세 번째 경제대국 일본으로 튀었습니다. 2010년, 유로존의 위기와 달러화의 천문학적인 발행의 반작용으로 엔화의 가치가 급등했습니다. 가뜩이나 수출이 줄고 있는 'Made in Japan'의 제품 수출이 더 어려워졌습니다. 일본 정부는 달러화의 양적 완화에 대응하기 위해 엔화의 양적 완화를 결정합니다.

2012년 12월 새로 들어선 아베 신조 총리가 "윤전기를 돌려서라도 엔화를 찍어내겠다"고 선언한 뒤, 시장에는 천문학적인 엔화가 쏟아져 나옵니다. 엔화의 가치가 빠르게 하락합니다. 미국과 일본이 돈 찍어내는 경쟁에 돌입하면서 '세상에서 가장 흔한 게 화폐'가 됐지만 은행은 여전히 돈을 빌려줄 대상을 찾지 못하고 화폐는 여전히 은행 곳간에서 맴돌고 있습니다. 하늘에서 돈이 내려도 지칠 대로 지친 시장은 이를 감당하기 어려워졌습니다.

엔화의 가치가 지나치게 하락하면서 일본 수출기업의 경쟁력 회복을 우려한 미국은 2013년 봄, '엔화가 지나치게 나갔다'는 경고 메시지를 보냈습니다. 이 무렵 《파이낸셜타임스》에는 '일본 중앙은행이 진주만 공습 같은 결정을 내렸다'는 칼럼이 실렸습니다.

이제 남은 관심사는 양적 완화의 생명력, 도박사의 달러 찍어내기가 언제까지 계속될 것인지입니다. 미국의 부채 돌려막기는 언제까지 가능할까요? 예전만큼 부가가치를 생산하지 못하고 수입에 의존하는 미국 경제는 빚을 늘려갈 수밖에 없습니다. 미국 경제는 세계 경제의 성장 속도를 따라가지 못합니다. 부채는 계속 늘어나고 조만간 이자 부담이 세수의 상당 부분을 잠식할 것입니다. 미 재무부의 돌려막기용 카드는 어디선가 거부당할 것입니다.

그 폭풍이 언제 어디에서 휘몰아칠지 미국은 물론 미국의 채권을 아낌없이 구입해 준 채권국들도 걱정입니다. 2011년 8월, 신용평가사 S&P는 미국의 신용등급을 최고 등급인 AAA에서 AA+로 한 단계 강등했습니다. 이를 두고 미국 언론은 신용평가회사가 그들의 자격증을 발급한 기관에 신용등급을 낮췄다고 비아냥거렸습니다.

프랑스 대혁명 전, 루이 16세 때도 그랬습니다. 영국을 견제하기 위해 미국 독립전쟁에 지나치게 많은 예산을 썼습니다. 재정 파탄이 찾아왔습니다.

루이 16세는 적자를 만회하기 위해 1789년 아시냐^Assignat 채권을 발행합니다. 하지만 토지와 교환해 준다고 약속했던 아시냐 채권은 왕실 보유 토지보다 더 많은 양이 발행되고, 결국 이 채권을 손에 쥔 성직자들과 부르주아들의 손에 휴지조각으로 돌아왔습니다.

이 신흥 지배계급의 분노는 결국 프랑스 대혁명의 도화선이 됩니다. 루이 16세처럼 미국은 양적 완화를 통해 다시 천문학적인 돈을 시장에 공급하고 있습니다. 세계는 화폐 발행 경주에 돌입했습니다. 질적으로 엉망인 미국 경제는 양적으로 회복을 꾀하고 있습니다.

"캘리포니아 주의 부채는 그리스보다 훨씬 심각해요. 그러나 달러는 연방준비제도이사회^FRB가 지켜주죠. 바로 그 점이 달러화를 크고 강한 개로 만들어줍니다. 그리고 아무도 큰 개는 물지 않아요."

—로마노 프로디, 전 이탈리아 총리

헬기에서 뿌린 돈은
다 어디로 갔을까?

공개시장조작과 인플레이션 TAX

"조선왕조가 가난해지면 왕은 반찬 수를 줄였다.
이집트 왕조는 돈이 부족하면 세금을 더 거뒀다.
미국은 돈이 부족하면 달러를 더 찍어낸다."

중앙은행이 아무리 많은 돈을 발행해도 시장에 돈이 돌지 않자, 정부는 새로운 방법을 찾아냈습니다. 바로 거리로 나가 돈을 직접 뿌리는 것입니다. 양적 완화 시대가 열렸습니다.

해동통보와 좌우주무

숙종이 즉위한 뒤 재화의 거래가 늘고 무역이 급증했다. 숙종 6년인 1101년, 숙종은 당시 화폐처럼 거래되던 쌀이나 포목을 대신할 은병을 주조해 유통시켰다. 은병은 병 모양의 화폐로 순은 1근으로 주조됐다. 하지만 은병 하나의 가치가 쌀 수십 석에 달했고 이를 이용할 수 있는 구매력 있는 계층이 크게 부족했다. 은병의 유통은 크게 제한됐다. 이듬해 1102년, 숙종은 해동통보 1만 5천관(약 56톤 250킬로그램)을 주조해 문무 재상과 양반, 군인들에게 사용을 권했다.

해동통보의 거래 활성화를 위해 조정은 시장에 좌우주무(정부가 관리하는 주점)를 열고 개성 거리 곳곳에 신분과 상관없이 거래를 할 수 있는 상점을 장려했다. 그러나 화폐 활성화로 인해 왕실의 발권력이 강화되고 이를 통해 왕권이 강화되는 것을 우려한 대신들의 반대, 그리고 화폐를 이용할 만큼 소득이 없었던 다수 백성들로 인해 해동통보의 실험도 실패했다.

현대 경제학이 신봉하는 2가지 원칙! 돈의 거래가 늘어날수록 그 나라의 부는 늘어납니다(케인즈 이전에는 금은보화나 부동산이 많은 나라가 부자라고 생각했습니다. 그러나 한정된 재화로 보다 많은 사람이 보다 많은 부를 쌓기 위해서는 돈이 더 자주 유통돼야 합니다).

통화주의자들의 주장처럼 시장에 유통되는 돈의 양을 조절하는 효과적인 방법 중 하나는 금리를 조절하는 것입니다. 중앙은행이 기준금리를 올려서 시장에 풀린 돈을 조절하고 유동성을 엄격하게 관리하자는 통화주의자들의 주장은, 볼커가 통화정책으로 시장을 살리면서 또 그린스펀이 통화정책으로 시장을 망치면서 더 확실해졌습니다.

통화주의자들은 이제 "그러니까 도로 건설하고 댐이나 짓는 케인즈식 재정정책은 하지 말랬잖아. 간단하게 금리를 올리면 된다니까!"라며 목소리를 높입니다.

그런데 금융위기가 반복되면서 더 이상 통화정책은 더 이상 만병통치약이 아닙니다. 중앙은행인 한국은행의 존재 이유는 기준금리를 조절하는 방법 등으로 시장에 유통되는 돈의 양을 조절해 물가를 적정하게 유지하는 것입니다.

그러나 지난 수십 년간 정부와 정치권은 경기부양을 위해 돈을 더 풀기를 원하고 이 과정에서 중앙은행의 돈을 찍어낼 수 있는 권한, 발권력이 동원됩니다. 글로벌 금융위기가 버릇처럼 되풀이되자 이제 기준금리를 내려도 좀처럼 돈이 돌지 않습니다. 돈이 가는 길을 예측하기가 점점 어려워집니다.

남은 방법은 거리에서 돈을 뿌리는 방법뿐입니다. 중앙은행 총재가 돈이 가득 실린 수레를 밀고 명동에 나가 시중 채권을 모조리 사들입니다. 채권은 중앙은행 곳간으로 들어오고 돈은 시중으로 흘러 들어갈 것입니다. 시장의 현금의 양을 공개적으로 조작하는 공개시장조작이 그것입니다. 돈의 양을 늘리는 양적 완화입니다.

한국은행의 공개시장조작

매월 둘째 주 목요일 금융통화위원회에서 기준금리(목표치)가 결정됩니다. 그리고 환매조건부채권^{RP}을 사고팔면서 시장에 풀리는 돈의 양을 조절합니다. RP는 주로 통화안정증권이 사용되는데, 일정 기간이 지난 후에 다시 사주겠다고 정부가 약속한 채권입니다. 따라서 돈이 필요한 은행들은 RP를 매도한 후 현금을 받고 이후에 이자와 함께 RP를 되사 면 됩니다.

효리은행: 대출이 너무 늘어서 화요일 이후 현금이 더 필요해졌다. 따라서 이번 주 목요일 중앙은행과 RP를 거래할 때 보유중인 RP를 중앙은행에 다시 건네주고 현금을 받을 계획이다.

철수은행: 지난달 적금상품이 대박이 나면서 예금이 너무 들어왔다. 따라서 이번 주 목요일 중앙은행과의 RP 거래 때 RP를 매입하고 대신 현금을 중앙은행에 건넬 계획이다.

이처럼 한국은행은 시중 은행과 거래하는 RP의 금리를 조절하면서 시중 이자율을 조절합니다. 보통 RP는 7일물(1주일 후에 돈으로 돌려준다는 뜻)이 주로 거래되는데 이때 이자율이 바로 기준금리라고 생각하면 쉽습니다. 금융통화위원회가 기준금리를 올렸다면 이는 다음 주 목요일 거래하는 RP의 이자율이 올라간다는 것을 의미합니다.

이렇게 RP의 이자율이 오르면 콜금리도 오르게 됩니다. 일시적으로 돈이 부족한 은행은 다른 은행으로부터 보통 하루만 쓸 돈을 빌려오는데 이 이자율이 콜금리입니다. 콜금리가 보통 단기 시장금리의 기준점입니다. 한국은행은 은행 간 거래하는 RP의 이자율을 조절하면서 콜금리가 기준금리에 근접하도록 조정합니다.

중앙은행과 시중 은행이 RP를 거래하는 것은 우리가 전당포에 금반지를 맡기고 돈을 빌리는 것과 비슷합니다(RP=금반지). 만약 돈이 너무 풀려 콜금리가 떨어지는 추세라면, 콜금리를 기준금리 수준으로 맞추기 위해 한국은행은 RP를 시중 은행에 매각합니다. 시중 은행이 금반지를 한국은행이라는 전당포에 맡기고 돈을 빌리는 것과 같습니다.

이 경우 시중 은행으로부터 현금이 한국은행으로 들어오고, RP를 사면서 돈이 궁해진 시중 은행은 콜금리를 올립니다.

만약 기준금리보다 콜금리가 오름세라면 한국은행은 RP를 시중 은행으로부터 다시 사들입니다. 이자와 빌린 돈을 주고 한국은행으로부터 금반지를 다시 찾아오는 것입니다(그 금반지에는 RP라고 쓰여 있습니다). 중앙은행은 시중 은행에 현금을 지급하고 시중 은행은 이 현금으로 곳간을 채운 뒤 콜금리를 낮춥니다. 시장의 이자율은 내려가고 경기는 다시 상승기조로 전환됩니다.

이처럼 중앙은행이 직접 시장에 개입해서 정해진 금리의 RP(각종 국공채나 통화안정증권 등)를 사고팔면서 시중의 통화량을 직접 관리하는 방식을 공개시장조작이라고 합니다.

공개시장조작은 기존 콜금리를 유지하는 방식보다 중앙은행이 즉각적이고 직접적으로 시중 이자율에 개입할 수 있다는 장점이 있습니다. 이는 농산물유통공사가 직접 과일의 적정 소매가격을 결정한 뒤 스스로 청과물상회를 열어 과일의 공급량을 조절하는 것과 같습니다. 농산물유통공사는 과일값이 급등하면 이제 전국 소매점에 과일을 직접 공급해 과일의 소매가격을 인위적으로 내릴 것입니다.

즉 경기가 과열되면 한국은행은 RP를 집중 매각해 시장에서 현금을 거둬들이고 경기를 인위적으로 냉각시킬 것입니다.

공개시장조작

중앙은행이 시중 은행에게 RP를 매각한다.

⇩

RP를 사들여 현금이 부족해진 시중 은행들 사이에서 콜금리가 올라간다.

⇩

시중 은행의 대출 이자율이 올라간다.

⇩

기준금리 인상으로 각종 채권의 수익률도 올라간다.

⇩

채권수익률이나 이자율이 올라가면서
증시나 부동산에 투자된 돈이 은행으로 흡수된다.

⇩

증시나 부동산시장이 안정을 되찾는다.

이 같은 공개시장조작을 통한 한국은행의 최종 목표는 물론 물가안정입니다. 한국은행의 존재 이유는 물을 끓이거나 식히는 것이 아니고 '적당한 물의 온도를 유지'하는 것입니다. **"이 법은 한국은행을 설립하고 효율적인 통화신용정책의 수립과 집행을 위하여 물가안정을 도모함으로써 국민경제의 건전한 발전에 이바지함을 목적으로 한다."** ―한국은행법 제1조

테일러 준칙과 유동성 함정

기준금리를 올리거나 내리는 방법으로 물가를 잡고 경기를 상승시키거나 연착륙시킬 수 있다고 주장한 경제학자는 존 테일러입니다. 그는 1993년 테일러 준칙을 발표하면서 이자율로 시중 유동성을 조절하는 통화정책의 이론을 확립했습니다.

그런데 이자율을 내려도 시장에 돈이 돌지 않는 경우도 많습니다. 돈이 '유동성 함정'에 빠지는 것입니다. 돈을 쥔 소비자나 투자자가 돈을 쓰지 않습니다. 금융위기 등으로 경제가 위기에 빠지면 사람들은 일단 소비를 하지 않습니다. 주말 뉴스에 기업이 고용을 줄일 것이라는 뉴스가 나가면 월요일 아침 백화점에는 주부들의 발길이 뚝 끊깁니다.

또한 이론적으로 물가가 내리면 소비가 늘어야 하지만 물가가 내릴수록(디플레이션이 심해질수록) 현금의 가치가 높아지기 때문에 좀처럼 지갑이 열리지 않습니다. 유동성 함정에 빠진 것입니다.

1990년대 초 부동산 버블이 붕괴되면서 일본은 금리를 '0퍼센트'로 내리고(은행이 다시 창고업으로 돌아온 것) 시중 유동성을 강화했습니다. 하지만 미래에 대한 불안을 느낀 소비자들은 지갑을 열지 않았습니다.

경기침체로 남편의 실직이 우려되는 상황이 찾아오면 주부들은 현금을 손에 쥐고도 새 승용차를 구입하지 않습니다. 돈을 풀어도 돈이 장롱 속에 묶이는 화폐의 퇴장입니다. 이 경우 공개시장조작이라는 마지막 구원투수가 필요합니다.

기준금리정책이 효과를 보려면 기준금리가 0보다 높아야 합니다. 케인즈는 사람들이 화폐를 보유할 경우 화폐 보유의 기회비용이 발생한다고 생각했습니다. 누군가 이 돈을 투자해 수익을 올릴 수 있기 때문입니다. 이 기회비용이 바로 이자입니다.

하지만 은행의 이자율이 0으로 떨어지거나 물가상승률보다 낮다면 돈을 굳이 은행에 맡길 필요가 없어집니다. 돈의 기회비용이 사라집니다. 이 경우 화폐는 장롱 속으로 퇴장하게 마련입니다.

예금했는데 원금이 줄어드는 나라

2009년 7월, 기준금리를 '0' 수준까지 내려도 좀처럼 시장에 돈이 돌지 않자 스웨덴의 중앙은행 리크스방크는 예금 이자율에 대해 연 -0.25퍼센트의 마이너스 금리를 도입합니다. 이제 스웨덴 국민들은 1천만 원을 예금하고 1년 후 25만 원이 줄어든 975만 원만 돌려받게 됩니다.

이 기막힌 마이너스 예금은 2000년대 초반 일본에서도 현실이 됐습니다. 돈은 넘치는데 투자의 물꼬를 잡지 못한 현금은 이자를 지급하지 않는데도 자꾸만 은행으로 밀려왔고, 곳간에 돈이 넘친 시중 은행들은 급기야 예금에 보관료를 부과했습니다. 하지만 지나치게 풀린 화폐는 보관료(마이너스 금리)를 감수하면서도 은행 창구로 몰렸습니다.

경기부양을 위해 중앙은행이 아무리 돈을 풀어도 돈은 다시 은행으로 돌아왔습니다. 거래를 늘리기 위해 풀었던 그 많은 돈이 중앙은행이 가장 무서워하는 장롱 속으로 사라진 것입니다.

경기부양을 위해 자꾸 금리를 내리다 보니 유럽이나 미국, 일본 등 선진국 대부분이 더 이상 내릴 기준금리가 없습니다. 중앙은행은 전가의 보도, 금리 인하라는 칼을 더 이상 뺄들 수 없습니다.

이제 남은 방법은 달러를 찍어 바로 시장에 쏟아 붓는 공개시장조작밖에 없습니다. 재무부가 채권을 발행하면 연방준비제도이사회가 천문학적인 채권을 사들일 것입니다.

문제는 인플레이션이다

2008년 글로벌 금융위기 이후 미국은 두 차례 대규모 양적 완화를 실시했습니다. 공개시장조작 정책 중 중앙은행이 금융기관의 채권을 매입하는 것이 양적 완화입니다. 일단 연방준비제도이사회가 시중의 주택담보 채권(모기지 채권)이나 국채를 사들입니다. 그리고 채권이나 국채를 팔아서 현금이 두둑해진 은행들이 시장에 돈을 풀기를 기다립니다.

연방준비제도이사회는 한 번 양적 완화를 하면 우리 돈 1천조 원 이상을 시장에 공급합니다. 그래서 연방준비제도이사회 의장 벤 버냉키의 별명은 헬기를 타고 돈을 뿌리는 '헬리콥터 벤'입니다.

결국 미국은 지나친 유동성으로 생긴 문제를 다시 돈을 풀어 해결하려 합니다. 알코올중독 환자의 숨이 끊어지는 것을 막기 위해 연방준비제도이사회는 환자에게 다시 위스키를 공급 중입니다.

문제는 인플레이션입니다. 자고 일어났더니 돈의 가치가 떨어집니다.

그래서 인플레이션은 서민들에게 또다른 유형의 세금입니다. 지나치게 풀린 달러는 시장에서 인플레이션을 유발합니다. 화폐의 가치가 떨어지고 국민들의 지갑은 더 헐거워집니다. 그러나 정부 입장에서 인플레이션은 크게 손해 볼 게 없는 장사입니다.

재정적자에 시달리던 효리나라가 경기부양을 위해 1억 달러를 추가 공급하기로 했다. 그러자 물가가 들썩였다. 물가상승률이 10퍼센트를 넘어서면서 장사를 하는 철수 씨의 매출도 10퍼센트 이상 올랐다. 하지만 돈의 가치가 그만큼 떨어지면서 철수 씨의 구매력은 별 차이가 없다. 오히려 상점의 월세가 올라 영업이익은 더 쪼그라들었다.

그런데도 매출이 오른 철수 씨는 더 많은 세금을 내야 한다. 정부는 그만큼 이익이다. 세수는 늘었지만 지난해와 동일한 세출을 할 경우 정부는 그만큼의 재정흑자가 발생한다. 공무원인 수현 씨의 월급은 오르지 않았기 때문에 정부의 지출은 늘어나지 않는다.

또한 돈의 가치가 떨어졌기 때문에 급여 같은 고정비용은 물론 복지예산이나 사회간접자본예산을 지난해와 동일하게 집행할 경우 정부는 이익이다. 하지만 국민들이 정부로부터 받는 수혜의 총량은 그만큼 줄어든다.

게다가 막대한 국가부채를 안고 있던 정부는 돈의 가치가 떨어지면서 그만큼 빚도 줄어든다. 이래저래 인플레이션이 썩 밉지 않은 정부는 조만간 다시 돈을 풀 계획이다.

만약 5퍼센트의 인플레이션이 발생했다면 이제 1달러로 1달러어치의 물건을 구입하지 못합니다. 1달러어치 물건을 구입하려면 1.05달러가 필요합니다. 이는 현금을 갖고 있는 국민이 5퍼센트가량 세금을 더 내는 것을 의미합니다.

이처럼 늘어난 유동성은 인플레이션을를 낳고 인플레이션은 국민에게 세금으로 다가옵니다. 이른바 '인플레이션 TAX'입니다. 정부의 곳간은 국민들의 가계부만큼 인플레이션이 고통스럽지 않습니다.

연방준비제도이사회의 꼼수

모든 정부는 경기부양을 원합니다. 경기부양을 원하는 정부는 돈을 풀고, 돈이 갑자기 흔해지면 물가가 반드시 올라갑니다. 2011년 연방준비제도이사회는 오퍼레이션 트위스트^{Operation Twist, OT}라는 1960년대 꼼수를 다시 꺼내듭니다.

10~30년 만기 장기국채^{Capital Maket}를 매입해 시중에 돈을 공급하는 대신, 3년 안에 만기가 돌아오는 단기국채^{Money Market}를 매각해 시중의 돈을 흡수한다는 것입니다. 이를 통해 풀린 화폐의 총량을 유지하면서도 갑작스럽게 시중에 돈이 넘치는 인플레이션을 막을 수 있습니다. 알코올중독 환자에게 위스키를 서서히 주입하면서 시간이 지나면 많이 주입하겠다고 약속하는 방식입니다.

장기국채 매수가 늘어나면 장기국채 가격이 오르면서 국채의 이자율이 낮아집니다(서로 채권을 사겠다고 하면 이자를 조금만 줍니다). 이자율이 낮아지면 기업이나 가계는 더 쉽게 돈을 빌려 투자가 가능해집니다.

그러나 이 역시 알코올중독 환자에게 약을 처방했기 때문에 당분간 술을 줘도 된다 식이라는 비난에 직면했습니다. 유동성이라는 암에 다시 유동성이라는 독약 처방이라도 하고 싶은 미국 정부와 이번 기회에 유동성 공급 중독을 끊어야 한다는 도덕론이 충돌합니다.

통화정책 ⇨ 유동성 거품 ⇨ 신용위기(신용경색) ⇨ 위기의 반복

과거에는 시장에 중앙은행이 공급한 돈만 유통됐지만, 이제 유통된 돈이 스스로 투자상품으로 변하며 새로운 유동성을 만들어냅니다. 그러니 정부가 기준금리를 올리거나 일정한 유동성을 예측하고 양적 완화를 실시해도 시장금리는 좀처럼 예측대로 움직이지 않습니다.

게다가 이렇게 무한복제된 유동성은 언제나 투기를 낳고 투기는 거품으로, 다시 금융위기로 이어집니다.

어디까지 '돈'이라 불러야 할까

"주머니 속의 돈만 유동성이 아니다." 돈이 넘치다 보니 우리가 어디까지를 '유동성'이라고 불러야 하는지조차 애매해졌다. 넘치는 돈이 칡뿌리처럼 번식을 거듭한다. 돈의 개념이 지나치게 광범위해졌다. 중앙은행이 관리하는 화폐의 범위가 무한 확장된다.

과거에는 시중 은행이 중앙은행으로부터 돈(본원통화)을 공급받아 이를 주택대출 등을 통해 시장에 공급해 주면 여기까지가 유동성으로 간주됐다. 그런데 금융기관들이 모기지 채권을 가지고 MBS나 ABS 같은 파생금융상품(3장 참고)을 만들어 파는 방식으로 또다른 유동성을 창조한다. 신용을 팔고 새로운 유동성을 만드는 것이다. 그리고 MBS는 다시 CDO나 CDS 같은 또다른 파생상품을 창조한다.

전 세계 GDP(2006년) : 47조 달러
전 세계 주식·채권 시장 : 119조 달러
전 세계 파생금융상품 시장 : 473조 달러

"돈이 신용을 담보로 새로운 화폐를 번식시킨다." 주식형 펀드가 유동성이라면 펀드처럼 사고파는 재건축 아파트도 현금이다. 내일이라도 현금화(유동화)가 가능하다. 중앙은행은 재건축 아파트까지 유동성의 범주에 포함해야 할 처지다.

중앙은행이 시장의 통화량을 계산하고 유지하는 과정은 갈수록 어려워진다. 냄비 안에서 끓는 물의 양이 무한 확장되면서 중앙은행은 온도를 일정하게 맞추기조차 어려워졌다. 요구불예금과 MMF, 양도성예금증서와 환매조건부채권, 그밖에 도대체 알 수 없는 돈을 학자들은 '부동자금'이라고 부르기로 했다.

2011년 정부 추산 부동자금은 8백조 원가량. 이는 정부가 추산하는 일반적인 통화개념인 M2 1,700조 원의 절반 수준이다. 시장에 돈도 넘치고 '돈 역할'을 하는 유동성도 넘치고 있다. 이제 경제학은 다시 궁금해졌다. **"어디까지를 우리가 '돈'이라고 불러야 하지?"**

시장에는 순식간에 신용이 사라지는 신용위기가 찾아옵니다. 갑자기 돈을 빌려간 사람을 믿지 못하게 된 시장은 서둘러 현금을 회수하려 듭니다. 신용으로 탄생한 금융상품의 가치가 하루아침에 급락하고 오직 현금만 유동성이 됩니다.

뉴욕의 3백만 달러짜리 아파트도 순식간에 신용을 잃고 은행들은 서둘러 채권을 회수합니다. 3백만 달러의 유동성은 순식간에 쪼그라듭니다. **"그 많던 돈은 다 어디로 갔을까?"**

모두가 부자가 되기 위해 시장에는 거래가 계속 늘어야 합니다. 재정정책을 통해 시중에 유통되는 돈의 양(유동성)을 늘리면 거래가 늘어난다는 사실을 알아차린 정부는 이제 끊임없이 유동성 공급의 유혹을 받습니다. 그러나 지나치게 공급된 유동성은 거품을 낳고 물가를 끌어올립니다. 시장에는 돈이 넘쳐납니다.

우리도 예외는 아닙니다. 매월 금융통화위원회가 발표하는 통화정책 방향에는 10년째 '시중 유동성이 풍부한 상황'이라는 문구가 들어 있습니다. 넘치는 돈은 인플레이션을 낳고 또 부자보다는 서민들을 괴롭힙니다.

시중 유동성과 물가를 관리하는 가장 중요한 이유도 이 때문입니다. 중앙은행은 그래서 독립적으로 운영됩니다. 경기가 과열되면 독립투사처럼 일어나 펀치볼을 치워야 합니다.

케인즈 이후 거의 1백 년 동안 인류는 돈의 양을 조절해 시장을 치유하는 방법을 고민해 왔습니다. 하지만 지나치게 발행된 화폐는 좀처럼 길들여지지 않습니다. 지나치게 풀린 돈에 대한 상처와 고민이 필요한 시간.

기축통화 발권 국가 미국은 다시 천문학적인 달러를 시장에 공급 중입니다. 달러값이 떨어지는 것을 두려워하는 일본 등 주요 국가들이 경쟁하듯 다시 화폐를 과잉 발행합니다. 지나친 유동성이 잉태한 금융위기는 더 많이 발행된 화폐로 잠시 통증이 누그러질 것입니다.

헬리콥터 벤은 이륙 준비를 마쳤습니다. 거짓말처럼 또 돈이 하늘에서 비처럼 내리고 우리는 또 인플레이션을 경험할 것입니다. **"자본주의 체제를 망가뜨리는 가장 쉬운 방법은 화폐가치를 훼손하는 것이다."** ―레닌

 사람이 노동하지 않고 돈이 노동하는 시대, 사람보다 돈이 더 땀을 흘리는 시대. 산업을 지원하기 위해 태어난 금융은 이제 무대에 올라 산업을 지배합니다. 금융시장에 참여하기 위해 우리는 신용^{Credit}이라는 계급장을 이마에 달고 시장에 참여합니다. 이 계급장을 부여한 금융기업들은 이제 금융권력이 돼 시장을 호령합니다.

시장참여자가 신용이라는 스트라이크 존을 벗어나면 언제든 금융시장에서 쫓겨납니다. 그 스트라이크 존은 물론 금융권력이 만든 것입니다. 공교롭게도 금융시장에 더 참여할수록 스트라이크 존은 더 작아지고 시장에서 쫓겨날 가능성도 높아집니다.

돈이 넘치는 시대, 정부의 거짓말을 살펴봤다면 이제 금융권력 시대, 금융기업들의 반칙을 짚어봅니다. 이 반칙은 현재진행형입니다.

ANGRY

3장
금융시장의
함정들

ECONOMICS

복리는 정말로 단리보다 이자를 더 줄까?

은행의 변신과 약탈적 대출

"은행이라는 곳이 날이 좋으면 우산을 빌려준 뒤
비가 오면 빼앗아가는 곳이죠."
—로버트 프로스트, 시인

매월 10만 원씩 불입하고 연 7퍼센트의 이자가 붙는 적금의 경우, 매월 복리로 예치한다면 10년 후 457만 원(세후)의 이자가 붙습니다. 만약 단리로 적금에 들었다면 358만 원(세후)의 이자가 붙습니다. 복리는 1백만 원가량 이자를 더 가져다줍니다.

불어난 원금과 이자에 다시 이자를 부과하는 방식이 복리입니다. 매달 원금에만 이자가 붙는 단리에 비해 당연히 이자율이 높습니다. 복리는 특히 가입 기간이 늘어나면 이자가 팝콘처럼 폭발적으로 불어납니다.

	10년(120개월)	50년 후(600개월)
단리	1,558만 원(이자 358만 원)	1억 4,897만 원(이자 8,897만 원)
월 복리	1,657만 원(이자 457만 원)	4억 7,283만 원(이자 4억 128만 원)

10년 불입했을 경우, 이자의 차이는 1백만 원 정도였지만 50년 후에는 3억 원을 넘어갑니다. 이른바 복리의 마술입니다.

만약 효리 씨가 40세에 1천만 원을 복리 8퍼센트로 은행에 예치할 경우 20년 뒤인 60세에는 4,600만 원으로 원금의 4.6배가 늘어납니다.

그러나 20세에 1천만 원을 역시 8퍼센트의 복리로 예치한 철수 씨의 경우 60세에는 2억 1,700만 원으로 불어납니다. 원금은 21.7배로 폭발합니다.

	예금 기간	만기 수령액
효리 씨	20년	4,600만 원(원금의 4.6배)
철수 씨	40년	2억 1,700만 원(원금의 21.7배)

부자가 되기 위해서는 은행 창구에서 "그러니까 복리 적금상품을 주세요"라고 외치면 됩니다. 그런데 은행은 우리가 부자 되는 데 관심 없습니다. 은행들이 경쟁적으로 내놓는 복리상품은 대부분 복리라는 이

름으로 단리 상품만큼 이자를 주도록 설계돼 있습니다.

복리의 마술에 대한 소식을 들은 효리 씨는 은행에 가서 5.6퍼센트 단리상품과 5퍼센트 복리상품 중 주저 없이 복리상품을 선택합니다. 매달 30만 원씩 꾸준히 납입한 효리 씨, 5년 후에는 얼마나 받을 수 있을까요?

월 30만원 적립시(세후)	이자율	3년(36개월)	5년(60개월)
A(복리)	5퍼센트	1,153만 원	2,013만 원
B(단리)	5퍼센트	1,150만 원	1,993만 원
C(단리)	5.6퍼센트	1,158만 원	2,016만 원

효리 씨는 오히려 단리 상품을 선택했을 때보다 3만~5만 원을 적게 받습니다. 이유는 불입 기간이 너무 짧기 때문입니다. 게다가 직장인 대부분이 월 30만~50만 원의 적금을 불입하기 때문에 복리가 주는 혜택은 매우 적습니다. 복리의 마술이 시작되기도 전에 만기가 돌아오는 것입니다.

은행은 복리의 마술이 시작될 때까지 지속되는 적금 상품을 설계하지 않습니다. 실제 은행들이 떠들썩하게 광고하는 대부분의 적금상품들은 만기가 5년 이하거나 월 최대 납입 한도가 50만 원 정도입니다. 하지만 이를 위해 해당 은행의 폰뱅킹을 신청하거나 관련 신용카드에 가입하거나 급여계좌를 해당 은행으로 변경해야 하는 조건이 붙습니다.

결국 은행은 큰 비용을 들이지 않고 복리라는 미끼상품을 팔아 신용카드나 급여계좌 고객을 유치하는 것입니다. 그 편법에 '복리의 마술'이

동원될 뿐입니다.

은행은 예금을 유치하고 이 예금에 이자를 지급한 뒤 이보다 더 높은 이자를 받고 대출을 해주는 장사입니다. 따라서 사육사처럼 아침에도 도토리를 4개 주고 저녁에도 도토리를 4개 줄 리가 없습니다. 지급할 수 있는 도토리의 양이 7개(은행의 정해진 이익률)인 은행이 아침에 도토리를 4개 준다면 저녁에는 도토리를 3개만 지급합니다.

만약 은행이 복리 4퍼센트의 적금상품을 판매한다면 단리상품의 이자율은 5퍼센트가 넘을 가능성이 높습니다. 결국 만기 후 가입자에게 지급되는 이자율은 비슷할 수밖에 없습니다.

그런데 또다른 함정이 있습니다. 물가입니다. 해마다 돈의 가치가 쭉쭉 떨어집니다. 통계청 발표를 믿어주는 차원에서 물가상승률을 4퍼센트로 가정해도 10년 전 1천만 원의 현재 가치는 675만 원에 불과합니다. 해마다 4퍼센트씩 떨어진 돈의 가치는 10년간 32.5퍼센트 하락합니다(인플레이션은 당연히 복리입니다).

10년 전 1천만 원의 현재 가치		
	물가상승률을 고려한 현재 가치	복리형 예금상품 가입시
1천만 원의 10년 후 (세후)	675만 원(-32.5퍼센트)	1,415만 원(+41퍼센트)

만약 물가상승률과 동일한 연 4퍼센트의 복리예금상품에 1천만 원을 투자했다면 세금(이자소득세 15.4퍼센트)을 제하고 1,415만 원이 남습니다. 하지만 여기에 물가상승으로 인한 돈의 가치가 32.5퍼센트(459만 원) 떨

어진 것을 고려하면 통장에 남은 돈의 가치는 956만 원으로 떨어집니다.

1천만 원을 예금한 뒤 10년 후의 실질 가치

1,415만 원(1천만 원×120개월×복리 4퍼센트)−459만 원(1,415만 원×물가
상승으로 인한 가치하락률 32.5퍼센트)=956만 원

참고로 2008년부터 2012년까지 5년 동안 예금금리는 3퍼센트 대
였던 반면, 물가상승률은 2011년 한 해에만 4.0퍼센트였습니다. **"결국
물가가 4퍼센트만 올라도 당신의 10년 만기 복리 예금은 마이너스로 되돌아
온다."**

예대마진과 은행의 거짓말

은행이 예금을 유치하고 이 돈을 다시 대출해 주며 남기는 이익을
'예대마진'이라고 합니다. 예금이자를 3퍼센트 지급하고 4퍼센트의 대
출이자를 받을 경우 예대마진은 1퍼센트입니다. 따라서 예금이자율을
내리거나 대출이자율을 높이면 은행의 수익, 예대마진은 쉽게 올라갑
니다.

보통 예금된 돈(예수금)만으로는 대출액이 부족하기 때문에 은행은
은행채를 발행하거나 양도성예금증서[CD]를 발행해 돈을 조달합니다. 빌
려줄 돈을 마련하기 위해 돈을 빌려오는 것입니다. 따라서 은행의 이자
율은 은행이 돈을 빌려온 이자율(조달금리)에 웃돈을 더해 결정됩니다.
이 웃돈이 예대마진입니다.

피렌체 두오모 성당에 새겨진 단테의 『신곡』 한 장면. 제7지옥에서 고리대금업자들이 목에 무거운 지갑을 걸고 잔인한 고문을 당한다. 성경은 고리대부업을 엄격하게 금지했다. 상업이 발달하던 15세기 유럽, 대부업이 불가피해진 북부 피렌체 시민들은 그래서 그리스도인이 아닌 유대인들에게만 대부업을 허용했다.

게토Ghetto라는 유대인 거주지역에 살며 천대받던 유대인들은 동방무역을 위해 환전을 하러 온 상인들에게 돈을 바꿔주며 수수료를 받았다. 미리 돈을 맡긴 상인들에게는 약간의 돈을 더 지불했고, 환전을 위해 미리 돈을 대출받은 상인들에게는 추가로 돈을 더 받았다. 은행과 이자는 이렇게 탄생했다. 당시 유대인들은 의자에 앉아 돈을 빌려줬는데 '뱅크Bank'는 이탈리아어 '의자Banco'에서 유래했다.

문제는 은행 간 담합이나 과점이 심해지면서 보이지 않는 손이 은행의 이자율에 제대로 작동하지 않는다는 것입니다. 언제부턴가 시중 은행들은 조달금리가 떨어져도(자장면의 재료값이 떨어져도) 은행 간 비슷한 대출이자율을 유지합니다(자장면값은 그대로 받습니다).

심지어 2011년 말에는 시중 은행들이 약속이나 하듯 대출이자를 슬그머니 1퍼센트가량 올렸습니다. 갑자기 국민들의 신용등급이 하락한 것도 아닌데, 은행권은 가계연체율이 높아지고 있다거나 은행권의 대출 축소로 인한 리스크 관리를 위해서라는 변명을 내놨습니다.

2011년 초부터 가계부채와 연체율이 계속 높아졌습니다. 수조 원의 영업이익을 올린 은행들의 성과급 잔치도 이어졌습니다. 이런 은행들이 고객을 위해 연 12퍼센트의 예금이자를 지급한다면 이는 거짓말입니다.

2011년 신한은행은 연 최고 12퍼센트의 이자를 받을 수 있는 '생활의 지혜'를 출시했습니다. 이는 당시 기준금리 3.25퍼센트의 4배였습니다. 은행들이 돈을 조달하는 은행채 이자보다 3~4배나 높은 이자율입니다. 이 기적 같은 이자율은 어떻게 가능했을까요?

국내 제조업 기업들의 평균 영업이익률이 5퍼센트 정도니까 만약 이 상품이 진짜라면 기업의 사장님들은 회사를 팔고 이 적금에 가입하는 것이 유리합니다. 하지만 이 상품은 자세히 들여다보면 거짓말덩어리입니다.

일단 12퍼센트의 이자율을 받기 위해서는 신한은행이 새로 발행하는 신용카드인 'S-MORE 생활의 지혜 카드'를 발급받아야 합니다. 특히 이 신용카드의 월 평균 이용액이 얼마나 되느냐에 따라 8.1퍼센트까지 이자율이 추가됩니다. 8.1퍼센트의 이자율을 추가로 적용받기 위해서는 매달 150만 원 이상 신용카드를 사용해야 합니다.

또한 급여 계좌를 신한은행으로 설정하고, 인터넷뱅킹을 개설하고, 공과금을 신한은행으로 이체하고, 연금수급 계좌도 신한은행으로 지정해야 합니다. 여기에 은행 거래액에 따라 0.7퍼센트의 이자율이 추가됩니다. 물론 그렇지 않을 경우 이 적금의 기본 이자율은 3.2퍼센트에 불과합니다.

그나마 한 달 최대 불입액이 30만 원, 연 360만 원이 한도입니다. 따라서 매월 30만 원씩 불입을 해도 받을 수 있는 최고 이자는 19만 7천 원 정도입니다. 이마저도 월 150만 원 이상, 연간 1,800만 원 이상 해당 신용카드만 사용하고 모두 지정된 신한은행 계좌로 이체한 뒤에야 받을 수 있습니다.

소비자의 신용카드 사용액 중 카드사가 가져가는 수수료는 2퍼센트 정도. 따라서 연 1,800만 원을 사용할 경우 카드사는 36만 원을 챙겨 갑니다. 12퍼센트 이자율로 지급하는 이자 19만 7천 원보다 수수료 이득이 훨씬 높습니다. 은행은 이렇게 장사를 합니다. **"은행이 돈을 만드는 과정은 너무 단순해서 거기에 생각이 들어갈 틈이 없다."** ─존 케네스 갤브레이스, 경제학자

고정금리와 변동금리의 속임수

고정금리와 변동금리도 마찬가지입니다. 은행이 돈을 조달하는 정기예금이나 은행채는 대부분 만기가 2년 미만입니다. 그런데 은행의 대출에서 절반 이상을 차지하는 주택담보대출은 대부분 만기가 10년을 넘

습니다. 만약 고정금리로 주택담보대출을 해준 뒤 이후 금리가 오른다면 자산과 부채의 미스 매칭이 발생합니다.

은행은 이를 감당하기 어렵습니다. 따라서 은행은 본능적으로 변동금리 대출을 선호합니다. 이 때문에 고정금리 대출상품은 1퍼센트 포인트가량 이자율이 높습니다. 만약 대출자가 오랫동안 안심하기 위해 고정금리 대출을 원한다면 1퍼센트가량 이자를 더 부담해야 하는 것입니다.

따라서 은행의 고정금리 대출상품이 변동금리 대출상품과 비슷한 이자율로 판매된다면 이는 고정금리 상품의 이자율이 저렴한 게 아니고 변동금리 상품의 이자율이 높은 것입니다.

선진국은 대부분 고정금리로 대출이 이뤄지고 있지만 우리는 여전히 대출의 70~80퍼센트가 변동금리입니다. 변동금리로 돈을 대출해 준 뒤 기준금리가 오르면 은행은 이자율을 올리면 그만입니다.

물론 기준금리가 내리면 조달금리가 떨어지기 때문에 고정금리 상품에서 막대한 수익이 생깁니다. 하물며 기준금리가 올라도 암묵적인 담합을 통해 대출금리는 따라 올리고 예금금리는 찔끔 올리는 경우도 많습니다.

은행들의 예금이나 대출 금리가 지나치게 비슷한 흐름을 보이자, 2012년 공정거래위원회는 은행들이 돈을 조달하는 CD금리 담합 의혹을 조사했습니다. 하지만 끝내 밝혀내지 못했습니다. 은행들의 CD대출 규모는 연간 3백조 원 정도로 0.1퍼센트의 이자율만 담합해도 3천억 원의 이익을 챙깁니다.

2013년 초 리보금리(영국 은행 간 기준금리)를 조작한 혐의로 유럽의 대형 은행들이 대거 적발되면서 스위스 UBS는 15억 달러의 벌금을 부과받기도 했습니다. 은행들의 금리조작은 현실이 됐습니다.

은행의 변질: 약탈적 대출의 시작

은행의 원래 기능은 기업에 대한 자금 중개입니다. 이를 위해 기업의 위험도를 심사하고 우량기업과 기업투자의 성공 가능성을 선별합니다. 이렇게 은행을 통해 기업에 대출된 돈이 시장을 키웁니다.

그러나 기업의 불확실성이 높아지자 은행은 사업의 대상을 바꿨습니다. 바로 소비자입니다. 과거 기업에 80퍼센트가 집중됐던 은행의 대출은 이제 70퍼센트가 가계대출입니다.

시장에 돈이 넘치는데 돈이 필요한 가계와 돈을 빌려주겠다는 은행의 의지가 맞아떨어집니다. 가계 대출이 늘고 덩달아 가계의 이자 부담도 늘어납니다. 가계소득 중에 원리금과 이자에 들어가는 부담이 전체 소득의 18.3퍼센트에 육박합니다(통계청, 2011년).

가계 대출에 목을 맨 은행들은 집을 사기 위해 또는 생활비가 부족한 소비자를 위해 새로운 반칙을 개발해 냈습니다. 이른바 '약탈적 대출Predatory Lending'입니다. 그 첫 번째는 대출금을 갚기 어려운 계층까지 마구잡이로 대출을 확대하는 것입니다.

2012년 5월 기준, 전체 카드사 대출자 가운데 30일 이상 연체자 비율은 5.6퍼센트, 캐피탈사의 연체자 비율 역시 8.2퍼센트로 높아졌습니다. 저축은행의 연체율은 14.9퍼센트까지 뛰어올랐습니다. 반면 시중은행의 연체율은 같은 기간 2.3퍼센트에 불과합니다.

그런데도 서민들이 제2금융권으로부터 받은 대출 규모는 6개월 동안 2조 3천억 원이나 급증했습니다. 심지어 이들 제2금융권에서조차 쫓겨나 대부업체를 이용하고 있는 신용 6등급 이하(저신용자) 대출자도 177만 명에 달합니다(금융감독원, 2012년 6월).

서민들이 대부업체를 찾아가는 과정

저소득층이 대출 창구를 찾는다.
⇩
은행은 돈을 떼이지 않기 위해 보증인이나 담보를 요구한다.
담보가 없을 경우, 급여 압류 등 미래의 담보를 요구한다.
⇩
신용등급이 낮은 소비자에게 조달금리보다 턱없이 높은 이자율을 적용한다.
⇩
이들 상당수가 대출이자를 연체한다.
⇩
초고율의 연체이자가 적용된다.
⇩
연체이자를 감당하지 못한 가계가 결국 담보를 은행에 빼앗긴다.
⇩
연체자들이 제도권 금융시장으로부터 쫓겨난다.
⇩
불법 대부업체를 찾는다.

실질소득이 줄고 물가가 계속 치솟으면서 돈이 필요한 서민들은 계속 늘어납니다. 이들은 불가피하게 높은 이자로 대출을 받고 이들 중 상당수가 연체를 피하지 못합니다. 이들에게 다시 초고율의 연체이자율이 적용됩니다. 결국 대부업체를 찾아갑니다. 그 출발은 변제 능력이 없는 사람에게 거짓 대출을 해주면서부터입니다.

비교적 신용이 높은 소비자들과 거래하는 은행들 역시 저신용자들과 크게 다르지 않은 연체이자율을 적용합니다. 시중 은행들은 주택담보대출을 받은 소비자가 두 달만 연체를 해도 원금에 7~8퍼센트씩이나 되는 가산금리를 부과합니다.

금융고객을 대부업체나 불법 사채시장으로 안내해 주는 연결고리는 은행입니다. 은행과 대부업체는 결국 동업자입니다. "만약 국민은행으로부터 아파트 중도금 1억 5천만 원을 6.5퍼센트로 빌린 효리 씨가 두 달간 이자를 연체했다면, 연체이자율은 13.5퍼센트로 급등한다. 한 달 90만 원가량이었던 대출이자는 2백만 원을 넘어선다. 효리 씨가 대출금을 갚기는 더 어려워진다. 효리 씨는 조만간 대부업체를 찾아갈 것이다."

맑은 날 우산을 준비할 형편이 안 되는 소비자에게 우산을 빌려준 은행은, 정작 비오는 날 우산을 빼앗아갑니다.

빌려줄 돈은 넘치고, 돈을 빌리겠다는 소비자도 넘치는 시대. 은행의 과잉대출이 도를 넘습니다. 이 황금알을 낳는 행렬에 이제 대부업체는 물론 대형 은행이 소유한 카드사와 대기업 계열 캐피탈회사까지 열을 올리고 있습니다. "잊지 마세요. 복리든 단리든, 변동금리든 고정금리든 은행은 모든 위험을 당신에게 떠넘깁니다."

대부업체 이자율을 낮추면 서민들이 유리해질까?

채권 수익률과 가산금리

"남의 돈에는 날카로운 이빨이 있다."
—드라마 〈쩐의 전쟁〉에서

경제활동 인구 10명 중 3~4명은 신용불량자입니다. 이들은 은행에서 대출을 받기 어려워 대부업체나 불법 사채를 이용할 수밖에 없습니다. 정치권은 그래서 늘 금융 약자와 서민금융을 위한 대책을 쏟아냅니다.

정치권의 압력으로 66퍼센트였던 대부업체의 이자율 상한선은 39퍼센트까지 낮아졌습니다. 정치권과 정부는 이제 대부업체의 이자율 상한선을 25퍼센트까지 낮추는 방안을 추진 중입니다.

이제 서민들은 더 낮은 이자로 돈을 빌릴 수 있을까요? 먼저 이자율이 결정되는 과정을 알아봅니다.

엘바 섬을 탈출한 나폴레옹이 벨기에 남동부 워털루로 진격했다. 1815년 6월 18일, 유럽은 다시 프랑스 깃발 아래 놓일 위기에 처하고 영국과 네덜란드, 프로이센 연합군이 나폴레옹을 기다렸다.

유럽의 운명을 가른 그 워털루 전투, 나폴레옹의 7만 군대와 맞서기 위해 11만 명으로 구성된 연합군은 막대한 채권을 발행해 군비를 조달한다. 이 전투에서 영국군이 우세하다는 사실을 가장 먼저 들은 로스차일드 가문은 영국 정부가 발행한 전쟁 채권을 서둘러 사들였다.

전투가 예상대로 영국군의 승리로 끝날 무렵, 로스차일드 가문은 영국군이 불리하다는 소문을 런던 증시에 퍼뜨리고 막대한 채권을 시장에 던졌다. 돌아온 전쟁영웅 나폴레옹을 두려워하던 영국인들이 그러자 앞다퉈 채권을 팔기 시작했다.

채권가격이 급락하자 로스차일드 가문이 이를 다시 사들였다. 이를 '로스차일드의 역판매'라고 한다. 며칠 뒤 런던 시내에 나폴레옹의 패전 소식이 전해지면서 채권가격은 폭등했다. 이 거래로 로스차일드 가문은 당시 시세로 6억 파운드의 차익을 챙기고 인류 역사상 가장 강력한 금융 가문이 됐다. 이때부터 유럽에서는 유대인(로스차일드는 유대인이다) 전체가 돈의 화신으로 인식되는 계기가 됐다.

채권과 이자율

채권Bond은 '돈을 빌린 증서'입니다. 돈을 빌려준 사람(채권 인수자)에게 '제가 당신에게 돈을 빌렸습니다'라는 증서를 떼어주는 것입니다.

채권은 6백여 년 전 유럽과 아시아를 연결하는 중개무역으로 막대한 부를 쌓았던 이탈리아 북부 상인들이 개발했습니다. 피사나 피렌체, 베네치아 등 도시국가 간의 전쟁이 이어지면서 각 도시국가의 채무가 급증했습니다. 14세기 초 5만 플로린 정도였던 피렌체의 부채는 1427년 5백만 플로린을 넘어섰습니다.

각 도시는 전쟁비용을 시민들에게 부과하고 미래 어느 시점까지 갚겠다는 증서를 제공했습니다. 이것이 오늘날의 채권입니다. 시민들은 일정 기간이 지난 뒤 이 채권값으로 일정 비율의 수수료(이자)를 제공받았습니다.

이자란 '돈을 빌려 쓴 대가'입니다. 다시 말해 '돈을 쓰는 것에 대한 비용'이며 '돌려받지 못할 경우에 대비한 보상'입니다. 이자는 돈을 빌려가는 사람이 돈을 갚지 않을 가능성이 얼마나 높은지와 돈을 빌려가는 기간에 따라 결정됩니다.

다시 말해 돈을 빌려간 사람의 리스크가 채권의 이자율과 할인율, 수익률을 결정합니다. 베네치아의 고리대금업자 샤일록이 안토니오에게 3천 두캇을 빌려준 것은 안토니오가 아니라 그가 담보로 맡긴 배를 믿었기 때문입니다.

• 채권 이자율

약속을 어기는 법이 없는 효리 씨가 채권을 발행했다. 액면가는 1천만 원. 1년에

3퍼센트씩의 단리 이자를 지급해 5년 후 15퍼센트의 이자, 150만 원을 지급한다. 효리 씨가 돈을 떼어먹을 가능성이 매우 낮다고 판단한 철수 씨가 이 채권을 인수했다. 효리 씨는 액면가 1천만 원에 5년 만기, 이자율 15퍼센트인 채권 발행에 성공했다. 쉽게 말해 1천만 원을 철수 씨로부터 빌린 것이다.

•채권 할인율

그런데 2년 뒤 효리 씨가 운영하는 신발가게의 매출이 크게 줄었다. 동네에는 효리 씨가 돈을 갚지 못할 것이라는 소문이 번졌다. 불안해진 철수 씨가 채권을 내다 팔기로 결심했다. 좀처럼 채권을 인수하겠다는 사람이 없자 철수 씨는 채권을 할인해서 수현 씨에게 팔기로 했다. 할인율은 20퍼센트, 따라서 철수 씨는 원금 1천만 원에서 2백만 원 할인된 8백만 원에 채권을 수현 씨에게 넘겼다. 2년간의 이자도 포기했다.

•채권 수익률

채권 발행 4년 뒤, 만기를 1년 앞두고 날씨가 추워지면서 효리 씨의 신발가게 매출이 크게 늘었다. 그해 겨울 효리 씨는 돈을 갚고도 남을 만큼 돈을 벌었다. 사실상 시장에서 효리 씨가 돈을 떼어먹을 가능성은 사라졌다. 효리 씨의 채권을 갖고 있는 수현 씨는 이제 1년 후 1,150만 원(원금 1천만 원+만기 이자 150만 원)을 손에 쥐게 된다. 당초 이 채권의 수익률은 15퍼센트였지만 8백만 원을 투자한 수현 씨의 수익률은 18.75퍼센트다.

$$\text{채권 수익률}(18.75\text{퍼센트}) = \frac{\text{이자 수익}(150\text{만 원})}{\text{채권 인수가격}(800\text{만 원})}$$

다시 정리하면, 채권 이자율은 채권을 발행한 기관의 신뢰도에 반비례합니다. 효리 씨의 신뢰도가 낮을수록 채권의 이자율은 높아집니다. 신용이 낮은 사람은 높은 이자를 주고 돈을 빌리는 것과 같은 맥락입니다.

신용이 매우 낮은 중소기업 등이 정크본드Junk Bond를 발행할 수 있는 것도 이자율이 높기 때문입니다. 쓰레기Junk를 뜻하는 정크본드는 돈을 떼일 가능성이 높지만 그만큼 높은 수익률을 불러옵니다. 같은 맥락으로 로또 복권은 원금을 떼일 위험도가 높지만 당첨되면 수익률도 높은 채권입니다.

채권 할인율이란 채권 인수자(돈을 빌려준 사람)가 돈을 떼일 가능성이 높아지고 채권가격이 떨어진 비율을 말합니다. 채권 할인율은 기대수익률에서 현재의 가치(돈을 떼일 가능성)를 반영해 결정됩니다. 당연히 돈을 떼일 가능성이 높아지면 채권값이 떨어집니다. 이 경우 채권값이 할인돼 거래됩니다.

효리 씨의 부도 가능성이 높아지자 효리 씨가 발행한 채권값은 떨어지고 할인율은 높아집니다. 이는 시장에서 딸기를 사겠다는 사람이 줄어들면 딸기값이 떨어지고 딸기의 할인율이 높아지는 것과 같습니다.

철수 씨가 수현 씨에게 채권을 넘길 때 할인율은 20퍼센트입니다. 이제 채권의 액면가와 채권을 인수하는 가격이 달라졌습니다. 화폐의 시간가치Time Value of Money! 채권은 주식이나 아파트처럼 수요에 따라 가격이 변동합니다.

채권 수익률이란 채권을 인수한 수현 씨가 기대하는 채권의 총 이익률을 말합니다. 수현 씨는 20퍼센트 할인된 가격으로 채권을 인수한 만큼 더 큰 수익을 올릴 수 있습니다. 수현 씨의 수익률은 그만큼 더 높아집니다.

결국 수익률은 채권의 가격과 반비례합니다. 많이 할인된 가격으로 채권을 인수했다면 그만큼 수익률도 높아지는 것입니다. **"채권가격이 급락하면 채권 이자율은 급등한다."**

또한 채권은 기준금리의 영향을 받습니다. 중앙은행이 시중에 유동성을 공급하기 위해 시중 은행으로부터 RP를 매입하게 되면 채권 수요가 늘어 채권가격이 올라갑니다. 이때 채권 수익률은 떨어집니다. 이 부분이 중요합니다. 수현 씨가 철수 씨로부터 효리채권을 비싼 가격으로 인수할수록 수현 씨의 채권 수익률은 떨어집니다.

채권의 수익률이 낮아지면 이제 돈은 은행이나 증시로 흐릅니다. 은행으로 돈이 들어오면 이자율이 낮아지고, 이제 기업과 가계는 투자와 소비를 늘립니다.

위험도를 말해 주는 가산금리

먼저 기억해야 할 것은 위험도가 높을수록 이자율이 높아진다는 점입니다. 만약 삼성전자의 회사채 이자율보다 프랑스 국채의 이자율이 높다면 이는 프랑스가 삼성전자보다 돈을 떼어먹을 가능성이 높다고 시장이 믿는 것입니다. 삼성전자의 신용이 프랑스보다 높은 것입니다.

실제 유럽 국가들의 국채 디폴트, 즉 만기가 돼도 원금과 이자를 돌려주지 못하는 부도 가능성이 높아지면서 2011년과 2012년 유로존 국가에서 이 같은 현상이 속출했습니다.

포르투갈 5년물 국채	15.9퍼센트
포르투갈 전력회사 5년물 회사채	6.19퍼센트

포르투갈 정부가 발행한 국채를 5년간 소유하면 15.9퍼센트의 이자를 주지만, 포르투갈의 전력회사가 발행한 회사채는 6.19퍼센트의 이자만 지급한다는 뜻입니다. 이는 포르투갈 정부가 포르투갈 전력회사보다 채권 만기 때 원리금을 지불하지 않을 가능성이 더 높고, 이 때문에 포르투갈 전력회사가 훨씬 더 낮은 금리로 채권을 발행했다는 뜻입니다. 시장이 포르투갈 전력회사보다 포르투갈 정부를 더 못 믿는 것입니다.

이때 국채 이자율과 회사채 이자율의 차이를 가산금리, 즉 스프레드^{Spread}라고 합니다.

$$스프레드 = \frac{특정\ 채권의\ 발행\ 이자율 - 특정\ 국채의\ 발행\ 이자율}{100}$$

스프레드는 특정 등급 회사채의 이자율에서 국채(보통 3년물)의 이자율을 뺀 수치를 말합니다. 다시 말해 부도 가능성이 없는 국채의 이자율에서 부도 가능성이 있는 기업의 이자율을 빼 해당 기업의 위험도를 나타냅니다.

'효리전자가 173bp(basis point, 1퍼센트 = 100bp)로 채권 발행에 성공했다'면 보통 효리나라의 국채 이자율보다 1.73퍼센트 포인트 더 높은 이자율로 채권을 발행했다는 뜻입니다. 그리고 스프레드가 높을수록 신용도가 낮습니다.

예컨대 이탈리아 5년물 국채 이자율이 7.383퍼센트까지 급등한 반면 독일 국채는 1.736퍼센트까지 하락했다면 이탈리아는 5년물 국채를 발행하면서 7.383퍼센트의 이자를 주겠다고 약속한 반면 독일 국채는 고작 1.736퍼센트의 이자만 줘도 투자자들이 인수한다는 뜻입니다. 이 경우 두 나라 간 스프레드는 564bp입니다. 두 나라 간 국채 이자율의 차이가 5.64퍼센트 포인트까지 벌어졌다는 뜻입니다.

이탈리아 국채의 신용이 추락하면서 디폴트 가능성이 높아집니다. 따라서 돈이 필요한 이탈리아 정부는 더 높은 이자를 주고 국채를 발행할 수밖에 없습니다.

이 때문에 5년물 국채의 이자율은 7.383퍼센트까지 급등했습니다. 반면 위험국가에서 빠져나온 투기자본이 상대적으로 재무 건전성이 더 좋은 유로존 국가로 몰리면서 독일 국채의 이자율은 1.736퍼센트까지 떨어졌다는 뜻입니다.

보통 미국 국채(TB, 5년물)보다 100bp(1퍼센트) 정도 높은 이자율로 발행되는 우리나라 국채도 1998년 외환위기 당시에는 8.875퍼센트까지 이자율이 치솟았습니다. 스프레드는 355bp까지 벌어졌습니다. 미국 국채보다 3.55퍼센트 포인트나 이자를 더 주고서야 국채를 발행할 수 있었다는 뜻입니다. 글로벌 금융위기가 지속되면서 2009년에는 700bp 이상 벌어지며 불안한 국내 금융시장을 반영했습니다.

스프레드가 높아지면 그만큼 우리 정부와 금융권이 해외시장에서 돈을 조달하기 어렵거나 더 많은 이자를 부담하며 돈을 빌려와야 합니다. 또 스프레드가 지나치게 높아지면 사실상 국채 발행이 불가능해지면서 정부가 돈을 더 이상 빌려오지 못하는 상황이 발생합니다. 이 경우 만기상환해야 하는 채권이 부도가 나면서 국가부도로 이어집니다.

이제 이자율의 원리를 이해했다면 효리 씨가 은행이나 대부업체가 아닌 불법 사채업자를 찾아갈 수밖에 없는 이유를 알아봅니다.

불법 사채업체를 찾아갈 수밖에 없는 이유

정부가 서민과 저신용자 보호를 위해 대부업체의
이자 상한선을 25퍼센트로 인하했다.

⇩

대부업체는 대출을 위해 시중 캐피탈사나 보험사 등
제2금융권으로부터 연 20퍼센트 정도의 이자율로 돈을 조달한다.

⇩

은행, 제2금융권 대출이 어려운 저신용자에 대한
대부업체의 대출 승인율은 30퍼센트 미만이다(2011년).
10명 중 7명은 이미 대부업체로부터도 돈을 빌리지 못한다.

⇩

저신용자 주부 8명 중 1명은 대부업체로부터 빌린 돈을 연체한다.

⇩

정부의 이자 상한선 인하로 수익률이 낮아진 대부업체는
연체율을 낮추기 위해 대부 심사를 더욱 강화한다.

⇩

저신용자 주부인 효리 씨의 대출이 거부된다.

⇩

결국 효리 씨는 불법 사채업체를 찾아간다.

영업 자체가 불법인 사채업은 이자 상한선이 없습니다. 효리 씨는 이제 영화에 자주 등장하는 초고율의 이자를 부담하게 될 것입니다. 제

2금융권이나 대부업체 등 제도권 금융기관에 부여되는 각종 채권추심 (빚 독촉) 제한 규정도 사채시장에서는 무용지물입니다(정부는 2013년 7월부터 금융기관의 빚 독촉 전화를 하루 2회 미만으로 제한했다. 연체자 가족이나 친구에게 전화를 걸어 돈을 갚으라고 종용해서도 안 된다). 사채를 쓴 효리 씨가 만약 연체를 한다면 영화처럼 혹독한 채권추심을 받을 수도 있습니다.

정부는 서민들의 부담을 낮추기 위해 대부업체의 이자 상한선을 낮췄지만 피해는 저신용자들에게 돌아갑니다. 정부의 선의의 함정에 효리 씨가 빠진 것입니다. 정부가 제2금융권이나 대부업체의 이자율을 규제하는 것은 당연하지만 시장 원리를 벗어날 경우 그 피해는 고스란히 서민들에게 돌아갑니다.

또한 정부는 서민들을 위해 '미소금융'이나 '새희망 홀씨대출' 등의 제도를 운용하고 있지만 저신용자들은 여전히 연간 10조 원 가까운 돈을 대부업체를 통해 높은 이자를 부담하며 빌립니다. 업계는 사채시장 규모도 이와 비슷한 것으로 추정하고 있습니다(대부업체로부터 고이율로 급전을 대출 받은 서민들은 그 대출금의 대부분을 다른 대출금의 이자 상환에 사용한다. 20퍼센트는 카드 연체금 상환, 16퍼센트는 은행 연체금 상환, 41퍼센트는 다른 대출금 상환에 사용한다(금융감독원)).

대부업체를 이용하는 수십만 명의 저신용자들에게 정부의 서민 대출이나 금융권 대출의 벽은 너무 높습니다. 따라서 저신용자의 자금 조달을 위해 정부가 우선 할 일은 이자율의 상한선을 인하하는 것보다 미소금융 같은 서민 금융 조달 창구를 활성화, 현실화하는 것입니다.

또한 저축은행이나 보험사, 캐피탈사의 대출 이자율 담합을 근절해 시장 원리에 맞춰 대출 이자율이 낮아지도록 유도하는 것입니다.

정부가 무턱대고 이자율 상한선을 내릴 경우 대부업체는 대출의 벽을 높이고, 벽을 넘지 못한 저신용자나 다중채무자 등 금융 약자들은 사채업자를 찾아 나설 수밖에 없습니다(2011년 기준 합리적인 대부업체의 대출승인율은 30퍼센트 미만입니다). 경제학은 이를 '천사가 만든 지옥'이라고 말합니다. 이 선한 의도가 만든 지옥에 떨어지는 것은 천사도 정부도 아닌 서민들입니다.

불경기에 왜
신용카드 발급이
늘어날까?

신용과 신용카드

"현금카드Debit Card는 들어온 돈을 근거로 원하는 액수만큼 사용할 수 있는
카드로 나의 돈이지만, 신용카드Credit Card는 빠져나가는 돈의 액수를
기록해 두었다가 채워 넣는 카드로 남의 돈이다."
—@pythagoras, 트위터에서

1861년 시작된 남북전쟁, 북부군의 승리가 이어지면서 남부군은 영국에서 군비 조달을 위한 채권 발행을 시도했다. 당시 영국은 맨체스터 등에서 방직산업이 빠르게 발전하고 있었고, 남부군은 뉴올리언스와 미시시피 강 인근에서 재배되는 목화를 팔아 이자를 부담하기로 했다. 이를 믿고 1862년 런던의 투자자들은 남부군의 채권을 무더기로 인수했다. 그러나 이듬해 2월, 북부군에 포위된 남부군이 미시시피 전투에서 대패했다. 이 전투로 남부군은 뉴올리언스 지역을 빼앗기고, 목화의 수출 경로가 막혔다.

돈을 떼일 가능성이 높아졌다. 투자자들이 앞 다퉈 채권을 던졌다. 채권 가격이 폭락했다. 즉 채권값이 크게 할인돼 거래됐다. 그리고 이자율이 급등했다. 돈줄이 막힌 남부군은 무턱대고 화폐를 발행하고 이는 극심한 인플레이션으로 번졌다. 전쟁 막바지인 1865년 남부군의 화폐가치는 북부군의 50분의 1까지 추락했다.

『화폐전쟁』을 쓴 쑹훙빈은 남북전쟁 역시 막대한 채권 차익을 노린 로스차일드 가문의 음모로 발발했다고 주장한다.

담보로 제공한 목화밭이 북부군의 손에 넘어가면서 남부군이 발행한 채권의 원금과 이자를 받기 어려워졌습니다. 남부군이 발행한 채권값은 급락하고 수익률은 급등합니다. 돈을 떼일 가능성이 높지만 만약 원리금을 받게 된다면 큰 수익을 올릴 수 있게 된다는 뜻입니다. 여기서 남부군이 돈을 갚을 가능성이 곧 신용Credit입니다.

현대 금융사회는 이 신용을 통해 만들어졌습니다. 신용을 통해 대출을 받아 미용실을 차리고 신용에 따라 대출금의 이자가 변동됩니다. 미용실에 가는 소비자가 이용하는 신용카드도 신용등급에 따라 발급됩니다.

신용카드회사가 미용실에서 떼어가는 카드 수수료율도 해당 미용실의 신용에 따라 달라집니다. 어느 날 그 미용실이 문을 닫았다면 영업이익보다 대출이자 부담이 더 높았기 때문일지 모릅니다. 그 대출이자율도 신용이 결정한 것입니다. 결국 시장은 신용이 지배합니다.

신용은 돈이다

소득이 낮은 효리 씨가 대출을 받지 못하는 것도, 남부군이 발행한 채권값이 폭락한 것도 모두 신용이 떨어졌기 때문입니다.

시장은 시장참여자들의 거래를 기록하고 평가한 뒤 등급을 부여합니다. 거리를 걷는 모든 시장참여자의 얼굴에 이제 보이지 않는 신용등급이

세계은행 부회장으로 아들 취업시키기
: 거짓 신용의 가공

무디스를 찾아가 1개월 뒤 1백만 달러를 줄 테니 우리 아들이 '최고의 아들'임을 증명해 달라고 부탁한다. 무디스가 발행한 AAA 등급의 '최고의 아들' 증명서를 받은 뒤 세계은행 총재를 찾아간다.

"제 아들은 세계 최고의 신용평가회사 무디스로부터 AAA 등급을 받았습니다. 게다가 워렌 버핏의 친구이고 빌 게이츠의 딸과 교제중입니다. 부회장 자리를 얻을 수 있을까요?"

세계은행은 아들에게 부회장 자리를 준다고 약속한다. 이제 빌 게이츠를 찾아갈 차례다.

"제 아들은 무디스로부터 세계 최고의 아들이라는 증명을 받았습니다. 또 조만간 세계은행의 부회장에 취임합니다. 당신의 딸과 교제할 수 있을까요?"

빌 게이츠는 딸과의 교제를 허락한다. 이제 아들이 직접 오마하로 워렌 버핏을 찾아간다.

"저는 빌 게이츠의 딸과 교제 중인데 곧 세계은행의 부총재가 될 사람입니다. 오마하의 아름다운 골프장을 함께 걸으며 해서웨이의 앞날을 논의하고 싶습니다!"

이제 아들은 워렌 버핏의 친구, 빌 게이츠의 사위가 됐다. 그리고 조만간 세계은행 부회장에 취임한다.

매겨집니다. 이 신용은 곧 현금입니다.

남부군의 신용이 회복된다면 얼마든지 다시 채권을 발행할 수 있습니다. 신용이 높은 수현 씨는 서명 하나만으로 오늘 오후 은행에서 큰 돈을 빌릴 수 있습니다. 신용은 금융상품도 만들어냅니다. 월스트리트는 믿을 수 있는 또는 믿을 수 없는 각종 채권을 첨단 금융기법으로 가공하고 포장한 뒤 등급을 만들어 투자상품으로 판매합니다. 금융 소비자들은 이 등급을 믿고 각종 파생금융상품에 투자합니다.

신용이 만든 금융시장에서 신용이 갑자기 쪼그라들면 신용위기가 찾아옵니다. 신용이 쪼그라든 금융시장에서 모두의 신용이 의심받기 시작하면 돈을 빌려주기도 빌리기도 어려워집니다.

투자가 멈추면 공장이 문을 닫고 노동자들이 일자리를 잃습니다. 우리는 2008년 가을 이미 글로벌 신용위기를 경험했습니다. 그 원인은 물론 지나치게 포장되고 가공된 신용입니다. 우리는 신용이 자본을 창출하는 시대에 살고 있지만, 그 신용Credit은 그다지 믿음직Credible하지 않습니다.

신용카드의 속임수

신용카드는 신용을 이용해 탄생한 대표적인 금융상품입니다. 일면식도 없는 카드사는 친절하게 우리가 구입한 재화나 서비스를 미리 결제해 주고 우리는 그 비용을 시간이 지난 뒤에 지급합니다.

이 고마운 서비스는 마치 당장 돈을 마련하기 어려운 소비자를 위한 것처럼 탄생했습니다. 그러나 그들이 쓰는 방법 또한 약탈적입니다. 이제 신용카드에 숨은 비밀을 살펴볼 시간입니다.

먼저 아주 유명한 행동경제학의 실험 하나.

MIT의 드레즌 프레릭과 던컨 시메스터 교수는 2000년 4월~6월까지 신용카드가 얼마나 소비를 부추기는지 실험했다.

먼저 MBA 과정 학생들을 두 그룹으로 나눈다. 첫 번째 그룹에 속한 31명은 현금만 쓸 수 있고, 두 번째 그룹의 33명은 신용카드만 이용할 수 있다. 실험 참가 학생들에게는 1인당 2달러의 수고비와 매진된 유명 스포츠 경기의 티켓을 살 수 있는 기회가 제공된다.

연구진은 이들에게 4월 19일 열리는 보스턴 셀틱스와 마이애미 히트와의 NBA 시즌 마지막 경기 티켓과 보스턴 레드삭스와 토론토 블루제이스의 메이저리그 경기 티켓을 경매에 붙였다.

경매는 가장 높은 가격이 아닌 그 다음으로 높은 가격을 매긴 학생이 티켓을 획득하는 방식으로 진행됐다. 이를 통해 학생들은 비현실적으로 가격을 높게 부르거나 낮게 부르지 않게 된다. 이를 유인부합적^{Incentive-Compatible} 방식이라고 한다.

학생들은 서로 상의하지 않고 티켓의 가격을 써서 제출했다. 신용카드를 쓰게 되는 학생들은 신용카드의 종류와 유효기간, 신용카드 번호의 마지막 3자리를 기재하도록 했다. 현금을 쓰는 학생들에게는 당첨이 되면 다음날 오후 5시까지 현금을 내야 한다고 고지했다.

결과는 뚜렷했다. 현금으로 티켓을 사는 학생들은 보스턴 셀틱의 경기에 평균 28.51달러를 써 냈지만 신용카드로 지불하는 학생들은 60.64달러를 써 냈다. 보스턴 레드삭스의 경기 역시 현금으로 지불하는 학생 그룹은 평균 9.02달러를 써 낸 반면, 신용카드를 사용하는 학생 그룹은 15.92달러를 써 냈다.

그들은 이 실험을 통해 신용카드를 이용할 경우 2배 이상 소비를 늘릴 수 있다는 것을 증명했다. 프레릭과 시메스터 교수가 쓴 이 논문의 주제는 '항상 신용카드를 집에 두고 나가세요 *Always Leave Home Without It*'이다.

신용카드는 소비를 부추깁니다. 1998년 외환위기를 겪으면서 정부는 소비를 늘리기 위해 신용카드 소비를 부추겼습니다. 소득과 상관없이 누구나 길거리에서 신용카드를 만들 수 있는 시대가 열렸습니다. 소비가 빠르게 늘었습니다.

1999년 약 90조 원이었던 우리나라 국민의 연간 신용카드 소비액은 2002년 357조 원을 넘어섰습니다. 순식간에 소비가 소득을 넘어섰습니다. '돌려막기'라는 용어가 탄생했고 2003년 결국 신용카드 대란이 터졌습니다. 6백만 명이 넘는 국민이 신용불량자가 됐습니다. 길을 가던 경제활동인구 5명 중 1명이 금융시장에서 쫓겨났습니다.

그들은 어떻게 자신의 소득보다 더 많이 소비를 하게 됐을까요? 성장률에 눈이 먼 정부와 신용카드사의 꼼수가 숨어 있습니다.

신용카드 포인트의 함정

먼저 신용카드 소비에는 포인트의 마술이 숨어 있습니다. 어차피 쓸 돈인데 카드사는 포인트까지 지급합니다. 소비자는 카드사가 지명한 주유소와 식당만 골라 가며 고마운 카드사에 보답합니다. 그러나 카드

사는 해당 업소에서 소비자에게 돌려주는 포인트보다 훨씬 높은 수수료를 챙겨갑니다.

심지어 미리 포인트를 현금처럼 쓰고 두고두고 갚아나가는 기특한 신용카드도 있습니다. 그러나 선포인트 카드에 가입한 후 계획처럼 일정 금액을 꼬박꼬박 지출하는 것은 쉽지 않습니다.

만약 포인트 적립률 1.25퍼센트의 선포인트 신용카드로 70만 원을 미리 사용했다면 월 평균 156만 원씩 3년간 소비해야 합니다. 3년간 당신의 신용카드 사용액은 5,100만 원을 넘어갑니다.

게다가 1장의 신용카드만 사용하는 것도 쉬운 일이 아닙니다. 경제활동 인구 1명당 4.9장의 신용카드 발급 통계가 이를 증명합니다. 그러다 어느 순간 당신이 약속한 구매 한도를 채우지 못할 경우 카드사는 잊지 않고 높은 수수료를 부가합니다. 우리가 그 수수료율이 연간 이자율로 따지면 턱없이 높은 폭리라는 사실을 이해하기에는 금융회사들의 용어가 너무 어렵습니다.

포인트제도 역시 수시로 변경됩니다. 유명 패밀리 레스토랑 사용시 1천 원에 1포인트가 지급되다가 어느 날 갑자기 1,500원에 1포인트로 변경됩니다. 이를 알아차리기 위해서는 매달 날아오는 고지서를 시험지 검토하듯 꼼꼼하게 읽어야 합니다.

아예 해당 포인트제도가 사라지는 경우도 많습니다. 안타까워하는 소비자를 위해 카드사는 곧 새로운 카드를 출시합니다. 더 놀라운 카드사의 악행은 지금부터입니다.

리볼빙 서비스의 덫

만약 연체가 시작되면 카드사는 돌변합니다. 연체이자율이 높게는 26퍼센트에 육박합니다. 카드사들은 보통 5퍼센트 수준(2010년)에서 자금을 조달합니다. 5퍼센트 이자율로 돈을 빌려 온 뒤, 현금 서비스와 카드론 이자는 7.5~27퍼센트까지, 연체이자는 최고 26퍼센트까지 부과합니다. 물론 신용이 낮은 서민들에게 이중 가장 높은 이자율이 적용됩니다.

이렇게 높은 연체이자를 피할 수 있도록 카드사마다 카드론 서비스를 제공합니다. 2013년 4월 기준 현대카드의 카드론 최고 이자는 27.5퍼센트, 연체이자 23.5퍼센트보다 높습니다. 그러니 신용 정도가 낮은 현대카드 고객은 차라리 연체하는 게 유리합니다.

카드사들은 역시 고객을 위해 리볼빙 서비스를 제공합니다. 다음 달 대금 연체가 예상되는 가입자에게 대금 청구를 미뤄주는 고마운 제도입니다. 그런데 이 리볼빙 서비스의 이자율도 연 최고 28퍼센트입니다.

따라서 가입자가 연체를 해도, 카드론 서비스로 돈을 빌려도, 또는 이를 피하기 위해 리볼빙 서비스를 이용해 한 달 뒤 결제를 해도 카드사는 대부업체 수준의 이자를 챙깁니다. 카드사가 가장 손해를 보는 경우는 대금을 제때 납부하는 경우입니다. 이런 경우를 막기 위해 카드사는 친절하게 대금 납부일이 다가오면 리볼빙 서비스 이용을 권합니다.

신용카드를 이용할 때마다 리볼빙 서비스를 이용하지 않겠느냐며 물어보는 카드사도 많습니다. 대금 납부를 미룰 수 있다고 생각한 가입자가 이에 동의하면 슬그머니 최대 28퍼센트의 수수료가 부과됩니다. 만

약 1백만 원을 이용한 뒤 다음 달 리볼빙 서비스를 이용해 10만 원만 결제하고 나머지 90만 원의 결제를 미룰 경우, 28퍼센트의 수수료가 적용되면 다음 달 수수료만 2만 7백 원을 더 내야 합니다.

2011년 기준 리볼빙 잔액은 6조 원을 넘어 4년 만에 60퍼센트나 급증했습니다. 이 모든 제도가 고객을 위한다는 이유로 만들어졌습니다.

하지만 고객이 카드론 서비스나 리볼빙 서비스를 이용하는 순간 고객의 신용등급은 또 내려가고, 다음 달부터 이자는 더 비싸집니다. 그만큼 카드사의 수익은 더 불어납니다. **"고객님! ㅇㅇ카드입니다. 결제가 부담스러우시다면 이번 달 사용하신 87만 원의 대금만큼 다음달에 1백만 원 한도에서 카드론을 이용하실 수 있는 대상이 되셨음을 알려드립니다. 만약 카드론을 원하시지 않으면, 이번 달 대금 중 90퍼센트까지 청구가 연기되는 푸른 리볼빙 서비스에 가입하셔도 됩니다! 가입비는 무료입니다. 고객님!"**

약탈적인 이자율

기준금리가 내리고 카드사들이 돈을 구해 오는 조달금리가 내려도 좀처럼 카드론과 현금 서비스 이자율은 내려가지 않습니다. 3백만 명의 리볼빙 서비스 이용자 중 1백만여 명이 신용 7등급 이하 저신용자입니다.

카드사는 이미 이들의 신용등급을 통해 연체를 예상하며 리볼빙 서비스를 제공합니다. 그리고 연체가 시작되면 기다렸다는 듯이 날카로운 이빨을 드러냅니다. 그런데도 신용카드 사용액은 해마다 늘어납니다.

2012년 우리 국민의 신용카드 사용액은 5백조 원, 1년 새 16퍼센트나 늘었습니다. 민간 소비 증가율의 4배입니다. 카드사는 원래의 기능인 거래 결제보다 현금 서비스와 카드 대출에 열을 올립니다. 이미 우리는 1천 원을 소비할 때 772원을 카드로 결제합니다. 미리 쓰고 당장 결제하지 않아도 되는 신용카드 소비는 불황에서도 더 늘어납니다. 그만큼 연체율도 높아집니다.

7개 전업카드사의 신용카드 연체율은 1.96퍼센트, 특히 현금 서비스 연체율은 7.4퍼센트나 됩니다(금융위원회, 2012년). 연체율이 늘어나면 금융권에서 쫓겨나는 금융 약자도 늘어납니다. 연체가 늘고 빚이 늘고 저신용자도 늘어나는데 신용카드 소비는 계속 늘어납니다. 신용사회에서 정작 신용카드는 신용을 잃게 만드는 지름길입니다.

그들이 부추긴 소비에 휘말려 연체이자를 물고 있는 효리 씨가 돌려막기를 시도합니다. 2012년 6월 기준 3장 이상의 카드로 돌려막기를 하고 있는 소비자는 96만 명. 이들에게 예외 없이 약탈적인 이자율이 적용될 것입니다. **"불황인데도 신용카드 소비가 늘어난다는 것은 그만큼 누군가**

소득과 관련 없는 소비를 부추긴다는 뜻이다. 카드사들의 대출은 그래서 약탈적이다."

그들은 어떻게 우리의 신용등급을 매길까

중요한 것은 우리가 이용하는 거의 모든 금융 거래가 기록되고 평가되며 유통된다는 사실입니다. 이를 통해 우리의 신용등급이 매겨집니다. 신용등급은 조선시대 노비에게 새겨진 신분등급과 같습니다. 다음은 신용등급을 매기는 신용평가회사들이 주로 이용하는 정보들입니다.

•불량 정보

대출금이나 신용카드 대금을 연체하면 그 정보를 금융사와 신용평가회사가 공유하면서 신용등급에 반영한다. 통상 90일 이상의 연체 정보가 기록된다. 아무리 예금 기록이 많고 예금액이 많아도 '연체 기록'이 있다면 신용등급은 크게 떨어진다.

•개설 정보

신용카드나 당좌예금를 개설할 경우 이 개설 기록이 신용등급에 반영된다. 물론 신용카드가 많다고 해서 높은 신용등급을 받는 것은 아니다. 오히려 일시적으로 여러 개의 신용카드를 만들 경우 등급이 떨어질 수 있다.

•조회 정보

자신의 신용등급이나 대출 여부, 대출금 규모 등을 금융기관에 조회하는 것만으로 신용등급이 떨어질 수 있다. 특히 6개월 안에 5차례 이상 개인 신용정보를 조회하거나 대부업체에 대출 규모를 확인하는 것만으로 신용등급이 떨어질 수 있다. 신용평가회사는 지난 1년 동안 당신이 신용과 관련해 어떤 조회를 했는지 알고 있다.

•연체 정보

불량 정보의 일종으로 금융기관의 5영업일 이상 또는 5만 원 이상의 소액 연체까지 신용등급의 자료로 이용한다. 따라서 백화점카드를 이용해 몇 만 원어치를 구매한 뒤 며칠만 언체해도 신용등급이 내려갈 수 있디.

이처럼 신용등급을 평가하기 위해 백화점 등 유통회사와 카드사, 은행 등 금융권은 각종 정보를 공유합니다. 신용카드를 발급받을 때 무심코 동의하는 항목 중 하나에 신용기록 공유 항목이 있습니다. 신용정보회사는 이렇게 획득한 신용 정보를 은행이나 신용카드사에 제공하고 수수료를 받습니다.

금융사들은 자사나 특정 신용평가기관을 이용하거나 다수의 신용평가기관의 평균값을 이용해 고객의 신용등급을 파악합니다. 따라서 개인의 신용등급은 평가기관마다, 금융회사마다 다를 수 있습니다.

개인이 자신의 신용정보를 확인할 때도 신용평가회사에 1만~2만 원의 연회비를 지급하고 가입한 뒤 이용이 가능합니다. 그들은 내 거래의 정보를 슬그머니 확인한 뒤 등급을 매겨 사고팔고, 심지어 내가 그 정보를 확인할 때도 수수료를 받습니다.

위기가 오면 신용카드 발급이 늘어난다

2008년 금융위기가 터지고 성장률은 곤두박질쳤습니다. 소비는 줄고 빚이 늘어날 무렵 신용카드 발급은 오히려 큰 폭으로 늘어납니다. 2009년, 발급된 신용카드는 최초로 1억 6천만 장을 넘었습니다. 반면 경기가 회복되고 6퍼센트 이상 성장했던 2010년에는 신용카드 발급 수가 1억 1천만 장까지 떨어졌습니다.

그들은 위기가 찾아와 소비자들의 소득과 구매력이 떨어질 무렵, 거짓 신용을 부여한 뒤 신용카드를 쥐어주고 소비를 부추깁니다. 이렇게 소비자들의 눈을 가리고 늘어난 소비는 빚으로 이어지고 이 빚은 연체 기록으로 이어집니다.

빚과 연체는 고스란히 카드사의 이윤으로 전가됩니다. 금융위기 직후인 2009년 18조 원 정도였던 카드론 잔액은 경기가 회복된 2010년에는 25조 원까지 38퍼센트나 급등합니다. 시장참여자들의 신용이 곤두박질치고 금융권에서 쫓겨나는 금융 약자들이 늘어납니다.

이 무렵 TV에는 고객을 위한다는 카드사의 광고가 이어지고 카드사의 영업이익이 치솟습니다. 신용카드의 신용은 그다지 믿음직하지 않습니다. 그들이 만든 신용이 갈수록 위태로워집니다. **"절대 돈을 쓰지 마세요. 당신이 그것을 갖기 전에는."** ─토머스 제퍼슨, 미국 3대 대통령

저축성보험은
저축도 보험도 아니다

국민연금과 저축성보험

"당신이 모두 이해한 금융상품이 가장 좋은 금융상품이다."
―워렌 버핏

국민연금은 난파선이라는데, 머잖아 기금이 바닥나서 연금 지급도 못할 것이라는데 강남 주민들은 의무가입자도 아닌 자녀들까지 가입시킵니다. 또 ○○라이프보험에 다니는 이모 친구가 소개한 알토란 연금저축보험, 한푼 두푼 모으면 우리 가족의 미래를 책임진다는데 왜 다들 2~3년이 안 돼 해약을 할까요? 그들은 왜 원금조차 돌려주지 않을까요?

강남 주민들은 왜 국민연금에 자꾸 가입할까?

국민연금은 언젠가 기금이 바닥날 '예고된 난파선'입니다. 지금 계산으로 2060년쯤 곳간이 바닥납니다. 정부가 지급을 보장하며 국민의 노후를 책임지는 국민연금이 왜 이 지경이 됐을까요? 바로 조금 거두고 펑펑 퍼주기 때문입니다.

국민연금은 서울올림픽의 해인 1988년에 도입되었습니다. 소득이 있는 모든 국민은 예외 없이 국민연금에 가입해야 했습니다. 정부는 노후에 훨씬 많은 연금으로 돌려주는데도 연금에 대한 인식이 부족한 가입자들이 국민연금을 '앉아서 뺏기는 돈'으로 인식할까 걱정했습니다.

그래서 정부는 보험료는 조금 내고 연금은 많이 오래 받는 국민연금을 설계합니다. 매달 월 소득의 9퍼센트만 내면 60세 이후에는 매달 생애 월 평균 수입의 70퍼센트를 받을 수 있는 기형적인 국민연금은 이렇게 탄생했습니다.

지난 1988년 정부가 국민연금을 도입하자 직장인 효리 씨도 월 급여에서 평균 13만 9천 원이 공제됐다. 이중 회사가 절반, 효리 씨가 절반 정도를 부담했다.

2008년, 20년간 꼬박 국민연금 보험료를 내고 만 60세가 된 효리 씨는 이제 매월 국민연금(노령연금)으로 72만 4천 원을 지급받는다. 만약 효리 씨가 평균연령 수준인 80세까지 생존한다면 그녀는 자신이 낸 보험료의 5.2배를 받게 된다. ──국민연금 수령자의 평균 통계에서

국민연금은 보험료의 5.2배를 연금으로 지급하다 보니 곳간이 바닥

날 수밖에 없는 구조입니다. 만약 효리 씨가 철수은행에 매달 10만 원씩 예금한 뒤 노후에 매달 52만 원씩 예금이자를 지급받는다면 철수은행은 망할 수밖에 없습니다.

게다가 2020년쯤 인구가 본격적으로 줄어듭니다. 소득에 따라 연금 보험료를 내는 가입자는 줄고, 대신 연금을 타는 가입자는 30여 년간 꾸준히 늘어납니다. 평균 생존 기간도 늘어납니다. 그래서 국민연금의 수익률을 올리는 가장 좋은 방법은 오래 사는 것입니다.

국민연금은 항해를 잘못해서가 아니라, 잡은 고기를 헤프게 나눠줘서 난파될 처지입니다. 그런데 여윳돈이 있는 강남 주민들이 슬그머니 가입을 하기 시작합니다.

국민연금은 은행이나 보험사에서 판매하는 연금상품과 달리 물가인상률을 연동해 연금을 지급하기 때문입니다. 자신이 낸 보험료의 평균 5.2배를 돌려주기 때문에 만약 보험료 납입 기간(20년 이상)만큼만 생존한다고 가정할 경우 연 520퍼센트의 수익률을 보장받는 셈입니다.

이는 제조업 평균 수익률의 약 1백 배, 워렌 버핏의 수익률은 물론이고 투기적 헤지펀드의 수익률을 넘는 수준입니다(우리 생애에 이런 잭팟을 언제 다시 터뜨릴 수 있을까요).

다수 대중이 국민연금으로 돈 떼일 걱정만 하고 있을 때, 강남 주민들은 이 같은 수익률을 이미 눈치 챘습니다. 2009년 12월부터 2011년 7월 말까지 서울시 강남, 송파, 서초구 주민 중 의무가입자가 아닌 주민 8,667명이 국민연금에 가입했습니다.

이들 대부분은 소득이 없는 학생들로 소득이 넉넉한 부모들이 재테크 목적으로 가입시킨 것입니다. 이는 강북구와 성동구, 중랑구 임의가입자 수의 4배 수준입니다.

한쪽에서 국민연금이 재테크로 변질되어 있는 동안, 다른 한쪽에서는 당연히 받아야 할 연금조차 제대로 못 받습니다. 경제적인 이유로 연금을 받는 시기(60세~65세)까지 기다리지 못하고 미리 연금을 받는 수령자도 급증하고 있습니다. 노원구, 강서구, 강동구 등 소득이 상대적으로 낮은 지역의 가입자가 압도적으로 많습니다.

조기 수령자의 경우 예상 연금수령액보다 최대 30퍼센트 줄어든 연금을 받습니다. 부유한 계층은 국민연금에 더 투자하고 저소득층은 예고된 연금마저 다 못 받게 되는 것입니다.

불행히도 막대한 수익률이 예상되는 국민연금을 국민 대다수는 결국 돌려받지 못할 돈이라며 '소비'로 인식합니다. 이 때문에 연금보험료를 줄이거나 상당수 가입자가 연금보험료를 연체중입니다.

반면 원금도 돌려받지 못할 가능성이 높은 저축성보험은 '저축'이라고 인식합니다. 이제 저축성보험이 왜 원금도 돌려받기 어려운지, 왜 저축도 보험도 아닌지 따져봅니다.

저축성보험의 불편한 진실

저축성보험의 원금도 돌려받지 못하는 이유는 높은 해지 수수료율 때문입니다. 저축성보험의 중도해지 수수료율이 지나치게 높다는 비난이 이어지자 금융당국은 2012년, 1년 이후 해지시 59.4퍼센트, 2년차 해지시 79.7퍼센트의 원금을 환급해 주도록 관련 규정을 개정해 2013년 4월 시행했습니다. 하지만 여전히 2년이나 불입을 해도 원금의 5분의 4

밖에 돌려받지 못합니다.

더 큰 문제는 저축성보험 가입자의 44.7퍼센트가 3년 안에 계약을 해지합니다(금융감독원, 2010년). 결국 저축성보험에 가입하면 2명 중 1명은 원금도 돌려받지 못하는 것입니다. 꼬박꼬박 적금을 부었지만 저축이 아니고 소비를 한 것입니다. **"과연 보험사들은 가입자 2명 중 1명이 3년 안에 해약한다는 사실을 몰랐을까?"**

효리 씨가 ○○생명보험사의 보험설계사인 고모 친구의 추천으로 '내 젊음 완전책임 보험'에 가입했다. 보험상품이지만 건강에 대한 보장성은 0퍼센트. 하지만 이 상품은 예금이자가 연 4.0퍼센트인 철수은행 적금에 비해 연 5.0퍼센트의 이자율을 자랑한다. 게다가 복리로 이자가 불어난다.

그러나 가입 3년이 된 효리 씨, 결혼 준비를 위해 해약이 불가피해졌다. 그런데 보험사가 돌려주는 돈은 납입액 3,600만 원(1백만 원×36개월)의 93퍼센트인 3,348만 원. 이자는커녕 원금조차 돌려받지 못한 효리 씨. 고모 친구에게 전화했지만 고모 친구는 지난해 ○○화재보험으로 회사를 옮긴 뒤였다.

보험사들이 이처럼 원금도 돌려주지 못하는 이유는 사업비 때문이기도 합니다. 은행은 앉아서 영업을 하지만, 보험은 복잡한 영업망과 다수의 보험설계사가 동원됩니다. 보험 가입자를 유치하고 이를 유지하기 위한 과정에서 각종 사업비가 소모됩니다.

우리가 낸 보험료의 상당 부분이 효리 씨 고모 친구인 보험설계사가 쓰는 사무실의 임대료로 사용됩니다. 보험사는 우리가 낸 보험료에서 이 사업비를 떼고 남은 돈을 굴려 수익을 낸 뒤 우리에게 보험금으로 돌려줍니다.

특히 사업비에는 우리에게 보험을 판매한 효리 씨 고모의 친구인 보험설계사에게 돌아가는 수수료(판매 보수 70퍼센트+유지 보수 30퍼센트)가 포함돼 있습니다. 이를 포함한 전체 사업비 비중은 보험료의 10~12퍼센트 정도. 따라서 가입자가 매월 50만 원을 적립한다면 5만~6만 원이 사업비로 날아갑니다.

특히 보험설계사에게 지급되는 판매 수수료의 89퍼센트가 보험 계약이 이뤄진 뒤 1년 안에 선지급됩니다. 보험설계사의 이직률이 높은 이유도 이 때문입니다.

이처럼 가입자 유치와 유지를 위해 사업비를 미리 떼서 쓰다 보니, 가입자들이 3년 안에 해약할 경우 구조적으로 원금도 돌려주기 어렵습니다. 결국 은행보다 높은 이자율을 복리로 지급한다고 해도 최소 5년, 길게는 10년 이상 불입해야 상대적으로 높은 이자를 받을 수 있습니다. 은행 적금은 15.4퍼센트의 이자소득세가 부과되지만, 저축성보험은 10년 넘으면 이자소득세가 면제됩니다.

그런데 결정적으로 저축성보험을 9년 이상 납입하는 가입자는 23퍼센트뿐입니다. 결국 보험시장에서 저축성보험의 승자는 불과 2할뿐입니다. 8할은 보험회사 또는 보험설계사의 승리입니다.

게다가 보험사는 대출로도 돈을 법니다. 저축성보험의 상당수 상품이 대출이 가능합니다. 갑자기 돈이 필요한 가입자가 그동안 꾸준히 불입한 보험료의 7~80퍼센트 안에서 대출을 받는 것입니다.

결국 보험사에 맡긴 자신의 돈을 잠시 다시 빌려오는 것입니다. 보험사 입장에서는 신용 위험이 없는(떼일 가능성이 없는) 대출입니다. 그런데도 보험사들은 터무니없는 이자율을 적용합니다.

보험사들의 약관대출 이자율은 보험사들이 당초 저축성보험에 약속한 이자율에서 최고 2.7퍼센트까지 높아집니다. 만약 연 7퍼센트의 이자가 붙는 저축성보험의 경우 약관대출을 받으면 이자율은 10퍼센트에 육박합니다. 내가 낸 돈을 잠시 빌려 쓰는데도 보험사에 웃돈을 줘야 합니다.

심지어 대출이 급한 개인과 중소기업에 장기 저축성보험 가입을 조건으로 대출해 주는 경우도 많습니다. 이를 '방카슈랑스 꺾기'라고 합니다. 역시 10퍼센트 가까운 높은 이자율이 적용됩니다.

그러나 형편이 어려운 개인이나 기업이 10년이 넘는 만기를 채우며 보험료를 납입하기는 어렵습니다. 보험사들은 가입자들이 2~3년 만에 중도해지하기를 기다리고, 이 경우 역시 원금보다 턱없이 부족한 환급금이 지급됩니다.

형편이 어려워져 K카드사의 카드 대금을 연체중인 효리 씨, 하지만 가족들의 건강을 책임지는 A보험사의 상품은 꾸준히 납입해 왔다. 하지만 K카드사는 효리 씨가 카드 대금을 연체했다는 이유로 A보험사에 납입한 효리 씨의 보험을 강제 해지하고 보험금을 인출한다고 통보해 왔다. 효리 씨처럼 카드 연체 등을 이유로 자신의 의사와 상관없이 보험을 강제 해지당한 가입자는 2011년 상반기에만 7만 6,076명에 달한다. ─금융감독원 이제 우리가 연금과 보험에 가입하는 이유를 따져볼 시간입니다. 보험은 미래의 위험에 대비하기 위한 상품입니다. 따라서 부자보다 가난한 사람들을 위한 상품입니다.

그런데 일부 서민들은 당장 가처분소득이 부족해 손해를 보며 국민연금 수령 일자를 앞당기고, 절반가량의 저축성보험 가입자들은 원금조차 찾지 못하고 계약을 해지합니다.

반면 위기가 발생해도 이에 대처할 자산이나 소득이 있기 때문에 보험이 필요조차 없는 계층은 오히려 국민연금 임의가입이나 저축성보험 가입으로 투자 수익률을 높여갑니다.

결국 연금이나 보험 시장 역시 시장원리가 지배하는 또 하나의 정글입니다. 그 정글에서 경제적 약자들은 여전히 불리한 게임을 벌이고 있

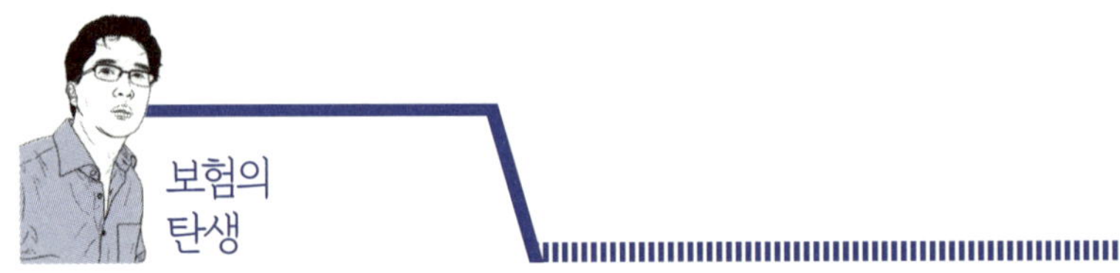

생명보험이 탄생한 것은 18세기 중반 1744년 스코틀랜드의 성직자 알렉산더 웹스터가 죽은 성직자 가족을 위해 미리 돈을 거둬 만든 기금에서 유래됐다. 그들은 성직자가 죽을 수 있는 가능성과 유족들의 수, 유족이 필요한 최소한의 경비를 매우 정확하게 계산했다.

이를 통해 갑자기 세상을 떠난 성직자 가족들의 생계는 크게 개선됐고, 기금은 빠르게 대중화됐다. 1815년 워털루 전투에 참가한 나폴레옹 군대의 군인들도 대부분 사망보험에 가입한 상태였다.

습니다. 금융시장에서 수익률의 격차가 벌어지는 이유도 여기 있습니다.

보험은 소비다

보험은 위험 관리 수단입니다. 이를 통해 불안한 미래를 보장합니다. 그런데 저축성보험은 보장성이 적거나(보장성이 크다면 더 많은 보험료를 내야 합니다) 아니면 아예 보장이 되지 않는 순수한 금융상품입니다. 게다가 수익률 역시 각종 예금상품에 비해 그다지 높지 않습니다.

10년 이상 가입하면 이자에 붙는 세금을 면제해 준다지만, 그때까지 기다리는 소비자는 10명 중 2~3명뿐입니다. 만약 당신이 보험에 가입했는데 위험에 대한 보장이 되지 않고 수익률이 예금금리보다 낮다면, 또 그 낮은 수익률이 예견되어 있다면 보험은 저축이라기보다는 소비입니다.

그런데도 우리 국민은 소득의 11퍼센트가량, 연 302만 원 정도를 보험료로 지출합니다. 이는 8퍼센트 가량인 선진국보다 크게 높은 수준입니다(세계 2위 재보험사 스위스리 조사, 2012년). 가뜩이나 실질소득이 오르지 않는데 보험료 지출은 줄지 않습니다. **"현재의 위험도 극복하기 어려운 상황에서 미래의 위험에 대비하기 위해 보험 지출을 늘린다면 이는 단지 현재의 소비를 늘리는 것뿐이다"**.

최고의 보험상품은 위험에 대비한 보장성 보험입니다. 따라서 좋은 보험상품은 돈을 불려준다는 상품이 아니라 만약의 위험에 대비할 수 있는 상품입니다. 그럼에도 불구하고 저축으로 돈을 불리기 위해 보험회사의 문을 두드린다면, 이는 충치를 빼기 위해 안과를 찾아가는 셈입니다.

생애주기 가설을 만든 모딜리아니는 1985년 노벨 경제학상을 탄 뒤 2만 2천 달러의 상금을 예금이나 보험이 아닌 주식에 투자했습니다. **"당신의 총 리스크는 절대 당신이 보험금을 탈 수 있는 기대 수익률을 넘지 않는다."** —박경철, 시골의사

누가 빈털터리가
될 것인가

CDS와 파생금융상품들

은행은 원래 창고업이었습니다. 고객이 돈이나 금을 맡기면 이를 보관한 뒤 다시 돌려주는 것이 은행의 임무였습니다. 하지만 보관하고 있는 금의 양에 비례해 화폐를 발행하는 금본위제가 폐지되면서 화폐 발행량이 빠르게 늘었고, 화폐가 흔해지자 은행은 고객들의 리스크에 비례한 이자를 받고 대출을 시작했습니다. 은행이 창고업에서 금융업으로 바뀐 것입니다.

은행은 어떻게 약탈자가 됐을까?

20세기가 되자 은행은 고객 돈을 빌려 투자를 시작합니다. 은행업이 투자업으로 바뀌는 것입니다. 그러나 글래스 스티걸^{Glass Steagall} 법이 도입되면서 1990년대 말까지 은행의 투자업 진출은 엄격하게 규제됐습니다.

대공황이 터지고 4년 뒤인 1933년, 글래스 스티걸 의원의 발의로 제정된 이 법률은 고객 돈을 이용한 은행의 투자를 근본적으로 규제합니다. 은행들이 활동 범위를 넓히면서 고객의 돈으로 지나친 투자를 한다는 비판 때문이었습니다. **"고객이 맡긴 돈은 당신들의 돈이 아니다."**

은행은 더 이상 고객 돈으로 주식투자를 할 수 없게 됐습니다. 법안은 은행이 증권사 업무를, 증권사가 은행 업무를 하지 못하도록 규정했습니다. 은행의 증권사 소유도 엄격하게 제한했습니다.

이 때문에 1935년, JP모건의 증권영업 부서는 모건스탠리로 독립합니다. 모건스탠리는 미국 5대 투자은행 중 한 곳으로 '하느님이 돈이 필요하다면 모건스탠리를 통해 빌릴 것이다'라는 광고 카피로 유명합니다.

1999년 11월, 세계 최대 금융회사가 되려는 시티그룹 등의 로비로 금융산업 현대화 법안, 이른바 그램 리치 블라일리^{Gram-Leach-Bliley} 법이 통과됩니다. 글래스 스티걸 법은 사실상 폐지됩니다. 은행은 이제 고객이 맡긴 돈을 각종 투자상품에 투자할 수 있고, 각종 투자상품의 설계와 판매도 가능해졌습니다.

우리나라도 지난 2009년 자본시장법이 개정돼 시중 은행이 주식이나 채권을 이용해 각종 금융상품을 설계 또는 자문, 판매하는 것이 가능해졌습니다. 시중 상업은행이 예금을 받아 이를 다시 대출해 준 뒤 예대마진을 통해 이익을 추구하는 반면, 투자은행은 채권이나 증권상

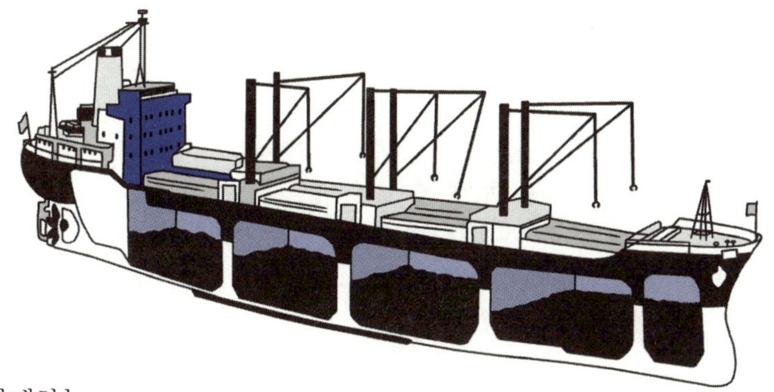

품을 판매하는

방식으로 돈을 굴려 수익을 추구합니다.

빵을 팔기만 하던 편의점이 드디어 빵을 구울 수 있게 된 것처럼, 은행이

비로소 돈을 요리해 새로운 금융상품을 판매할 수 있게 된 것입니다.

기름을 잔뜩 실은 유조선은 기름 때문에 출렁일 수 있습니다. 그래서 유조선은 여러 칸막이로 나눠져 있습니다. 칸막이를 없앨 경우 한쪽으로 기름이 쏠리면서 자칫 배가 기울어질 수 있습니다. 금융시장에도 칸막이가 사라지면서 투기자본의 지나친 욕심을 막던 장벽은 사라졌습니다.

돈을 잠시 쥐고 있을 뿐이었던 은행들은 이때부터 명실상부한 돈의 주인이 됩니다. 월가의 금융공학과 규제 완화 그리고 금융인들의 상상력이 곁들여진 온갖 파생금융상품이 만들어졌습니다.

MBS와 CDS의 범람

2001년 9·11 테러가 터지고 위기 탈출을 위해 시장에는 천문학적인 달러가 공급됩니다. 이 달러가 달려간 곳은 부동산시장. 모기지회사들이

앞 다퉈 주택담보대출 열풍에 뛰어듭니다. 누구나 손쉽게 대출을 받아 내 집을 마련합니다.

대출회사를 통한 천문학적 대출이 이뤄졌고, 이들은 대출 채권(이후 받을 돈)을 담보로 MBS^{Mortgage Backed Securities}와 CDO^{Collateralized Debt Obligation}라는 채권을 발행해 돈을 조달했습니다. 2006년에만 미국에서는 9천 억 달러(약 1,012조 5백억 원, 서울시 1년 예산의 약 50배)에 가까운 CDO가 발행됐습니다.

CDO는 일종의 소시지 같은 파생상품입니다. 맛없고 질긴 위험한 채권을 양념과 섞어 훈제 향을 바르면 맛있고 그럴듯한 금융 소시지로 변신합니다.

시카고의 A대출회사는 지역 주민 1천여 명에게 모두 1억 달러의 주택담보대출을 해줬다. 곳간이 바닥난 A대출회사는 대신 채무자에게 받을 '1억 달러+앞으로 받을 이자'를 담보로 K투자은행을 찾아가 MBS를 발행했다. K투자은행은 MBS를 인수하고 현금이 A대출회사로 들어온다. 이 돈으로 다시 무차별 대출이 가능해진다. 만약 돈을 빌려간 채무자가 돈을 갚지 않을 경우 이 위험은 MBS를 인수한 K투자은행까지 이어진다.

투자은행이 이 위험을 떠맡을 리 없다. 투자은행은 이 채권을 다시 투자자들에게 팔아 위험을 분산시킨다. 이것이 CDO다. 이때 돈을 갚을 확률이 아주 높은 채권 묶음(Senior, AAA)과 비교적 돈을 갚을 확률이 높은 채권 묶음(Mezzanine, BBB), 돈을 떼일 가능성이 높은 채권 묶음(Equity, Not Rated) 등을 따로 판매한다.

투자자들이 돈을 떼일 확률이 높은 채권 묶음을 사들이는 이유는 높은 수익을 기대할 수 있기 때문이다. 리스크는 항상 수익률과 비례한다. 이렇게 주택담보대출을 받은 사람들이 빌린 돈은 돌고 돌아 새로운 신용을 만들며 유동화됐다.

주택 모기지의 유동화

주택

⇩

소비자

⇩

대출회사

⇩

투자은행

⇩

금융투자자

과거에는 모기지회사가 대출을 해주고 모기지회사가 대출에 대한 책임을 졌습니다. 하지만 MBS 같은 증권이 생겨나면서 모기지회사는 대출의 위험을 또다른 채권상품에 담아 판매합니다. 돈을 떼일 위험은 여러 금융상품으로 분산됩니다.

이제 돈을 빌려간 사람이 설령 돈을 갚지 않아도 모기지회사의 위험은 크게 줄어듭니다. 테네시 주 멤피스의 마이클이 대출받은 주택담보채권은 지구를 돌고 돌아 노르웨이 나르바크 시의 재무담당 부서가 투자한 파생금융상품에 파묻혔습니다. 모기지회사는 이제 마음 놓고 돈을 빌려줘도 됩니다. '묻지 마' 대출의 토대가 만들어졌습니다.

위험상품의 신용등급 매기기

처음 대출된 돈의 유통 구조가 복잡해지면서, 최후 투자자는 해당 상품의 위험도를 가늠하기가 어려워집니다. 누군가의 증명서가 필요해졌습니다. 이때 글로벌 신용평가회사들이 이 투자상품에 등급을 매겨줬습니다.

높은 신용등급을 받은 투자상품은 안전하다는 믿음으로, 낮은 신용등급을 받은 투자상품은 수익률이 높다는 이유로 팔려나갔습니다. 머지않아 투자자들은 자신이 어떤 위험상품에 투자했는지조차 모르게 됩니다.

1백 개의 종이컵 중 95개의 종이컵에 커피가 들어 있다. 우리는 어느 컵에 커피가 들어 있는지 알 수 있다. 그런데 1백 개의 종이컵을 모두 모아 통에 커피를 쏟은 뒤, 이를 다시 종이컵 1백 개에 나눠 담는다. 그리고 다시 50개의 새로운 유리병에 옮겨 담는다면, 처음 어느 종이컵이 비어 있었는지 확인하는 것은 불가능해진다.

자신이 어떤 상품에 투자했는지조차 모르게 된 투자자들은 이제 최초 채무자들이 돈을 갚을 수 있을지 여부에는 관심이 없어진다. 투자 위험을 모른 채 오직 신용등급회사가 매겨준 등급만 믿고 투자를 한다. 투자는 이제 모험이 된다.

투자은행들의 수익률은 거짓말처럼 높아졌습니다. 2007년 시티은행의 자회사는 4,645개, 독일 도이체방크의 자회사는 5,671개로 늘어났습니다. 1972년 직원 수 110명에 자본금 1,200만 달러였던 모건스탠리는

2007년 5만 명의 직원에 1조 5백억 달러의 자산을 갖춘 초대형 투자은행이 됐습니다. 임직원들의 연봉도 치솟았습니다.

리먼브라더스의 CEO 리처드 펄드는 이 무렵 4억 8,500만 달러(약 5,453억 원)의 연봉을 받았습니다. 2011년 박지성 선수의 연봉 470만 달러의 약 103배입니다. 투자은행들이 그들도 잘 이해하지 못하는 투기상품들을 마구 창조해 판매할 무렵, 미국 증권거래위원회는 투자은행들이 레버리지를 더 확대할 수 있도록 규제를 더욱 완화했습니다. 2008년 4월, 투자은행들은 더 많은 돈을 빌려 투자를 할 수 있게 됐습니다.

CDS의 등장

메이저리그 투수들의 최고의 창조물이 슬라이더라면, 월스트리트가 창조한 최고의 창조물은 CDS^{Credit Default Swap}입니다. CDS는 돈을 빌려간 기업의 위험만 따로 분리해 판매합니다. 떼일 가능성이 높은 채권도 훌륭한 요리 재료로 변신합니다.

CDS는 1997년 JP모건이 처음으로 판매해 2003년 3조 7천억 달러(약 4,160조 6,500억 원), 글로벌 금융위기 직전인 2007년에는 62조 달러(약 6경 9,719조 원)까지 발행 잔액이 급증합니다. 유통기한이 지난 음식물 쓰레기 같은 채권들이 다른 신선한 식재료와 버무려져 새로운 투자상품으로 변신합니다.

효리기업은 A은행으로부터 1억 원을 대출받았다. 부도 위험에 처한 철수기업도 B캐피탈로부터 3억 원을 대출받았다. K투자은행은 효리기업과 철수기업이 돈을 갚지 않을 가능성에 대비해 CDS를 발행한다. 일종의 보험증권이다. 이 CDS를 투자자 수현 씨가 매입한다.

이제 수현 씨는 효리기업이나 철수기업이 돈을 갚지 않을 경우, 해당 CDS에 명시된 금액만큼 보험금을 타게 된다. 대신 수현 씨는 매년 일정한 보험료를 K투자은행에 지급해야 한다.

당초 CDS는 채권의 부도 위험을 보증하기 위해 태어났습니다. 하지만 이제는 수현 씨처럼 자신이 소유하지도 않은 채권에 대한 위험을 보장해 줍니다. 채권 거래는 A은행과 효리기업, B캐피탈과 철수기업 사이에 이뤄졌지만 제3자인 수현 씨가 이들 채권의 부도 가능성을 점치고 CDS를 구입하는 것입니다.

효리기업이나 철수기업이 돈을 갚지 않을 가능성이 높아질수록(부도 가능성이 높아질수록) CDS의 가격은 치솟습니다. 그리고 실제 돈을 갚지 않을 경우 수현 씨는 폭발적인 수익을 올릴 수 있습니다.

투자은행들은 이들 상품의 위험성을 알면서도 영혼을 팔 듯 CDS를 판매했습니다. 금융위기 이후 열린 미 하원 청문회에서 CDS를 판매하던 골드만삭스 직원의 편지에 등장하는 한 문구입니다. **'우리가 이런 똥 같은 상품을 팔다니!(it's a shitty!)'**

"골드만삭스 직원들이 건배할 때 뭐라고 하는지 아십니까?"

"뭐라고 하나요?"

"OPM이라고 합니다."

"무슨 뜻인가요?"

"Other People's Money."

"월가의 뱅커들은 모든 것을 남의 돈으로 합니다."

—김영하, 「옥수수와 나」에서

CDS는 마치 남의 집에 불이 날 경우에 대비해 내가 보험에 드는 것과 같습니다. 남의 집의 보험료를 내가 대신 내주다가 불이 나면 내가 보험금을 타가는 구조입니다.

실제 불이 날 경우, 이 CDS를 판매한 투자은행도 막대한 손해를 입습니다. 투자은행은 그래서 불이 날 가능성을 엄격하게 수학적으로 계산합니다. 이를 토대로 손실액보다 받을 수 있는 보험료가 더 많을 경우 해당 상품을 판매합니다.

CDO를 매입한 투자자는 CDS를 함께 매입하면 그만큼 위험부담을 덜 수 있습니다. 그리고 부동산가격이 계속 오르면 집을 산 투자자도, CDO와 CDS를 발행한 투자은행도, CDO를 사들인 투자자도 다함께 행복해집니다. 하지만 재화의 가격이 끝없이 오를 수는 없는 일입니다.

2006년 하반기부터 기초상품격인 최초 주택대출자들의 연체가 늘어납니다. 투자은행들은 뒤늦게 자신들이 판매하는 CDS의 위험을 눈치챕니다. 일부 투자은행들이 CDS로 손해를 볼 경우 다른 보상을 받는 파생상품을 만들어냅니다. 투자자들에게 해당 투자상품은 안전하다고 팔면서, 만약 부도가 날 경우 자신들의 피해를 보상받는 보험상품에 가입하는 것입니다.

골드만삭스는 '팀버울프1(Timberwolf, 알래스카에 사는 늑대 이름. 그들은 실제로 늑대처럼 이 상품을 팔았습니다)'이라는 CDO가 큰 손실을 볼 것으로 예상되자 이를 보상해 줄 또다른 보험상품에 가입합니다. 이후 5개월 만에 팀버울프1의 가치는 80퍼센트나 급락했고 투자자들은 막대한 손실을 입었습니다.

팀버울프1에 투자한 미시시피 공무원 연금은 아직도 연금 지급에 차질을 빚고 있습니다. 반면 이 같은 부실을 미리 눈치 챘던 골드만삭스는 반대 베팅을 통해 손실의 대부분을 보상받았습니다. **"전염성이 강한 탐욕이 우리 곁을 떠돌고 있다."**—앨런 그린스펀

2008년 9월, 파산

투자은행들의 잔치가 끝나갈 무렵, 여기저기서 시장붕괴 조짐이 이어졌습니다. 집값이 본격적으로 떨어지면서 대출자들의 연체가 이어졌습니다. 그리고 2008년 9월 14일, 가장 많은 모기지대출을 해준 리먼브라더스가 파산했습니다.

자신들이 쥐고 있는 CDO를 누가 어떻게 발행했는지 모르는 세계 최대 금융그룹 시티은행과 도이체방크가 서둘러 대출을 회수했습니다. 그들은 모기지상품을 묶어 섞은 뒤 포장해 팔았지만, 다시 처음의 모기지상품을 분리하는 법은 몰랐습니다.

은행들의 파산이 이어집니다. 스톡마켓^{Stock Market}은 쇼크마켓^{Shock Market}이 됐습니다. 다시 글로벌 금융위기가 찾아왔습니다. 파산 당시 리먼브라더스는 CEO 전용 여객기 6대를 소유하고 있었습니다. 당시 투자은행 직원들 사이에 유행하던 말이 있습니다. **"IBG, YBG.(I'll Be Gone, You'll Be Gone. 너도 나도 조만간 사라질 거야.)"**

신용평가사들의 배신

MBS에서 CDO와 CDS까지 신용등급이라는 포장을 해준 신용평가 회사들의 평가가 엉터리였음이 드러납니다. 이 등급을 매기는 일을 무디스와 S&P, 피치 등 3개 회사가 사실상 독점해 왔습니다.

투자자들은 해당 상품의 내용을 모르지만 S&P가 부여한 AAA 등급을 믿고 투자합니다. 무디스가 채권의 등급을 내리면 헐값에 매도합니다. 하지만 이들이 투자 적격으로 포장해 준 수많은 채권과 투자상품들이 2008년 가을 무더기로 지급이 정지됩니다. 신용평가회사는 어떤 법적 책임도 지지 않습니다. **"우리의 신용평가를 믿지 마십시오, 신용평가는 단지 우리 의견을 말한 것뿐입니다."**—데번 샤르마 S&P 전 회장, 2008년 미 청문회에서

투자은행들은 각종 투기상품을 만들어 비싼 돈을 지급한 뒤 신용평가사로부터 높은 등급을 부여받고, 투자자는 이를 믿고 투자합니다. 하지만 실제로는 해당 신용등급이 터무니없다고 해도 투자자는 이를 탓할 수 없습니다. 이는 마치 《뉴욕타임스》 기자가 50만 달러를 받고 해당 상품에 대해 좋은 기사를 쓴 뒤, 그 상품에 대해 책임지지 않는 것과 같습니다(영화 〈인사이드 잡〉에서).

유명 증권사들도 추천 종목이 시장 평균에 훨씬 못 미치면 '오직 참고자료일 뿐'이라고 말합니다. 글로벌 신용평가사나 유명 증권사는 미아리 점집과 비슷한 영업 구조를 갖고 있습니다.

금융위기가 안정을 찾은 지 4년. 2011년 6월, 버냉키 연방준비제도이사회 의장이 미국 경제의 위험과 희망에 대한 연설을 했습니다. 그의 발언이 끝나자 제이미 다이먼 JP모건 회장이 버냉키를 공격합니다. **"20년 뒤 누군가는 과도한 금융 규제가 성장의 발목을 잡았다는 내용의 책을 쓸 것입니다."**

그는 은행은 다시 튼튼해졌고 금융거래는 투명해졌으며 파생금융상
품은 안전하게 유지되고 있다고 주장합니다. 2012년 4월 그러나 JP모건
은 CDS로 또다시 20억 달러(약 2조 2,490억 원)의 천문학적 손실을 기
록합니다. JP모건은 사상 최초로 CDS를 설계한 회사입니다. 다이먼 회
장은 2011년에만 2,300만 달러(약 264억 원)의 연봉을 받았습니다.

"투자은행들은 말한다. 이렇게 될 줄 몰랐다고. 이제는 괜찮아졌다
고. 시민들에게 미안하다고 말한다. 또 다시는 이런 일이 재발하지 않
을 것이라고 약속한다. 경찰에 붙잡힌 강도들도 비슷한 말을 한다. 이
렇게 될 줄 몰랐다고, 피해 가족에게 미안하다고 말한다. 다시 이런
일은 벌어지지 않을 것이라고 약속한다. 붙잡힌 강도는 감옥에 갔지
만, 뉴욕의 투자은행들은 여전히 돈 잔치를 벌이고 있다."

—미 하원의 골드만삭스 청문회에서

누가 빈털터리가 될 것인가

투자은행들은 여전히 투기성 파생상품 판매로 막대한 이익을 챙깁니
다. 골드만삭스는 2012년에도 122억 달러(약 13조 7천억 원)의 보너스를
지급했습니다. 이는 알바니아의 GDP와 비슷한 수준입니다.

천문학적 보상을 받아온 투자은행과 신용평가사의 임직원들은 어떤
부실도 책임지지 않습니다. 미국과 선진국의 다수 국민들이 이 부담을
나눠 가질 뿐입니다.

2008년 금융위기 때 망해가는 JP모건을 위해 미국 정부는 260억

달러(약 29조 2천억 원)의 공적자금을 투입했습니다. 투기는 되풀이되고, 그 투기의 광풍은 선량한 누군가에게 참혹한 비용을 부과할 것입니다.

"만약 당신이 5백만 달러의 연봉을 받고 1억 달러의 투자상품을 개발한 뒤 이에 대한 책임을 지지 않는다고 가정하자. 당신은 그 투자상품을 출시하겠는가?" 이 질문에 대한 시장의 답은 항상 '예스'입니다. **"금융공학이 판치는 세상에서 진짜로 필요한 것은 슈퍼컴퓨터가 아니라 역사나 철학에 대한 이해다."**—피터 린치, 피델리티의 전설적인 펀드매니저 대지진의 원인은 오래된 콘크리트 빌딩이 아니라 애초에 잘못 짜인 지각틀입니다. 금융위기의 원인도 CDS 같은 창의적·악의적인 파생금융상품이 아니라 지나친 탐욕과 규제 완화입니다.

포획된 공무원들이 규제를 허물어준 사이, 애덤 스미스가 경고했던 '동물적 충동Animal Spirit'이 글로벌 금융시장을 덮쳤습니다. 투자은행과 글로벌 대기업들의 이윤이 치솟습니다. 격차가 벌어지고, 벌어진 격차는 다시 위기를 불러옵니다.

승자독식 시대. 그런데 승자들이 사회적으로 부담하는 세금은 오히려 줄었습니다. 글로벌 대기업들의 가문의 영광은 계속됩니다. '닥치고 탐욕 시대'. 그 탐욕의 끝에서 위기는 되풀이됩니다. 우리가 원했던 새로운 시대는 더 멀리 달아납니다. 함께 부자가 되는 시스템이 멈춘 시장에서, 누군가 부자가 됐으니 이제 누군가 가난해질 시간입니다.

ANGRY

4장
탐욕의 끝

ECONOMICS

LTCM,
투기 드림팀의 몰락

공매도와 차익거래

"지렛대만 있어도 지구도 들어 올릴 수 있어요.
단 그 지렛대가 지구를 들어 올릴 수 있을 만큼 길어야 해요!"
—아르키메데스, 사라쿠사의 왕 히에론에게

투자은행과 글로벌 투기세력들이 투자자들은 이해조차 하기 힘든 파생상품들을 쏟아냅니다. 오른손에 CDS 같은 파생금융상품의 창을 들고 있는 그들은, 왼손에는 공매도와 차익거래 같은 방패를 들고 있습니다. 이 방패는 금융시장에서는 아주 오래된 수법이지만 여전히 유효합니다.

치솟는 레버리지

먼저 전설적인 투기꾼들이 1백여 년 넘게 애용해온 전설적인 투기법들을 만나봅니다. 그들이 남긴 투기의 역사는 그들이 남긴 빚만큼이나 화려합니다. 그들이 즐겨 쓰는 수법 중 첫 번째는 작은 종잣돈으로 수익률을 높이는, '레버리지Reverage'입니다.

효리 씨는 맨해튼 웨스트 140가의 트럼프 아파트를 10억 원에 구입했다. 이를 위해 자신이 저축한 돈 5억 원에 5억 원의 대출을 받았다. 구입 1년이 지나 아파트 가격이 11억 원으로 올랐다. 효리 씨는 아파트를 팔고 1억 원의 이익을 실현했다. 아파트가격은 10퍼센트 올랐지만, 5억 원을 투자해 1억 원을 벌어들인 효리 씨의 순이익률은 20퍼센트다.

이제 현금 6억 원을 갖게 된 효리 씨, 이번에는 맨해튼 70가의 록펠러 맨션을 구입하기로 했다. 가격은 무려 1백억 원. 아파트가격이 오를 것이라고 확신한 효리 씨는 94억 원을 대출받아 이 아파트를 구입했다. 그리고 이번에도 아파트 가격은 10퍼센트가 올라 110억 원이 됐다. 6억 원을 투자해 10억 원을 번 효리 씨의 순이익률은 166퍼센트로 껑충 치솟았다.

효리 씨의 순이익률이 높아진 것은 더 많은 대출(지렛대)을 이용했기 때문입니다. 이를 '레버리지 효과'라고 합니다. 수익률을 올리고 싶다면 단연 레버리지를 올리면 됩니다.

반대로 금융위기가 닥쳐 록펠러 맨션의 가격이 20퍼센트 하락해 80억 원이 됐을 경우, 효리 씨는 원금을 다 잃고 14억 원의 빚을 지게 됩니다. 효리 씨의 순이익률은 -333퍼센트로 치솟습니다. 모든 것을 잃게 됩니다.

만약 자본금이 10억 원인 회사가 1백억 원대 투자를 해서, 즉 레버리지 10배의 투자를 해서 10퍼센트의 순손실을 봤다면 이 회사는 자본금 10억 원을 모두 잃게 됩니다.

2008년 금융위기 당시 다수의 투자은행들이 과도한 레버리지로 파산위기에 몰렸습니다. 그 위험한 레버리지는 지금도 계속되고 있습니다.

공매도와 차익거래

뻐꾸기는 남의 둥지에 알을 낳아 멧새나 할미새가 뻐꾸기의 새끼를 대신 기르게 하듯이 '차익거래Arbitrage Trading'와 '공매도Short Stock Selling'도 남의 돈을 이용해 수익을 내는 수법입니다. **"돈을 빌려서 주식을 살 수 있다면, 주식을 빌려서도 주식투자를 할 수 있다."** 지난 3백여 년 동안 투기꾼들의 전유물이었던 이 전통 금융거래 수법은 의외로 간단합니다.

같은 모델의 샤넬 핸드백이 영등포역에서 1백만 원인데, 친구는 압구정역에서 150만 원에 구입했습니다. 친구는 그 핸드백을 팔고 영등포역에서 1백만 원에 같은 핸드백을 구입합니다. 여기서 생기는 차익을 챙기는 것이 차익거래입니다.

프로야구선수의 스카우트도 일종의 차익거래입니다. 금융시장에서는 보통 주식의 선물가격과 현물가격의 차이를 이용한 차익거래가 일반적입니다.

예를 들면 A라는 회사의 1년 후 주가를 과학적으로 평가했더니 현재 가치보다 오를 것이라는 분석이 나왔습니다. 투자은행은 금융비용

등을 고려한 뒤 A사의 선물(1년물)을 내다 팔고 동시에 현물 주식(지금 증시에서 거래되는 주식)을 사들입니다. 여기서 생기는 차익을 챙기는 금융기법이 차익거래입니다.

이 과정에서 투자자는 K사로부터 A사의 주식을 빌려서 매도합니다. 자신들이 소유하지도 않은 주식을 K사로부터 빌린 뒤 이를 매도하고, 이후 실제 주가가 내려가면 더 싸게 A사의 현물 주식을 사서 이를 K사에게 되갚습니다. 이를 공매도라고 합니다. 이렇게 되면 투자자는 자신의 돈을 들이지 않고 차익을 챙기게 됩니다.

반대로 A사의 1년 후 주가가 현재 가치보다 낮은 경우(현재 주식의 가치가 고평가됐을 경우) 선물을 매입하고, 현물 주식을 매도해 차익을 챙깁니다. 지금도 증시에서는 하루 수천억 원의 주식이 공매도로 거래됩니다.

차익거래는 흔히 뉴스에서 듣는 프로그램 매매의 한 종류다. 예컨대 코스피 200(코스피 지수의 우량 종목 2백 개가 포함된 지수)의 현재 지수는 1,000이다. 그리고 3개월물 코스피 200의 선물 지수가 1,005라고 가정하고 현물 지수(현재 가격)가 5만큼 오른다고 시장이 예측했다면, 현물 1억 원어치를 매입한다. 동시에 지수 1,005 시점에 선물 1억 원어치를 매도한다. 그리고 3개월이 지났다.

	시세	거래
코스피 200 현물	1,000	1억 원 매입
코스피 200 선물(3개월물)	1,005	1억 원 매도

① 만약 3개월 후 지수가 1,010을 기록했다면?

이 경우 지수 1,000에 현물을 샀기 때문에 +10만큼 이익이 발생한다. 여기에 선물은 지수 1,005에 1억 원어치를 팔았지만 지수 1,010에 다시 1억 원어치를 사둬야 한다고 가정하면 -5만큼 손실이 발생한다. (1억 원어치만큼 부족했던 '숏 포지션을 커버한다'고 표현한다) 결국 투자자는 10-5=(+5)의 이익을 챙긴다.

② 만약 3개월 후 지수가 990으로 끝났다면?

투자자는 현물을 1,000에 매입했기 때문에 -10만큼 손실이 발생한다. 하지만 선물을 1,000에 팔았는데 다시 990에 매입하기 때문에 +10만큼의 이익이 남는다. 따라서 이 경우 이익은 0원이다. 단 현실에서는 금융비용 등이 추가된다. 투자은행들은 이처럼 선물과 현물의 차이가 발생하면 자동으로 컴퓨터를 통해 매매해서 차익을 얻도록 프로그램으로 만들었다. 이를 프로그램 매매라고 한다.

3개월 뒤 시세	차익
1,010	+5[(현물 차익+10)+(선물 손실-5)]
990	+0[(현물 손실-10)+(선물 차익+10)]

공매도는 금융역사상 가장 획기적인 투기사건으로 꼽히는 영국 남해주식회사의 투기가 벌어진 3백 년 전에도 기승을 부렸습니다. 남해주식회사의 부실을 눈치 챈 투자자들은 남해주식회사 주가의 폭락을 예견하고 자신이 가진 주식보다 훨씬 더 많은 주식을 빌려온 뒤 매도했

습니다.

주가는 예상대로 폭락했고 투자자들은 폭락한 가격에 주식을 다시 사들여 빌려온 주식을 헐값에 되갚았습니다. 이렇게 폭락한 주가는 폭락을 예견하지 못한 개인 투자자들에게 엄청난 손실을 불러옵니다. 주가는 폭락하고 개인 투자자들의 매도 기회는 순식간에 사라집니다.

지구상에서 가장 유명한 투기성 펀드인 퀀텀펀드 운영자인 조지 소로스(물론 유대인입니다) 역시 자신이 직접 소유하지 않은 1백억 달러 규모의 파운드화를 빌려와 공매도했습니다. 소로스는 영국 파운드화가 독일 마르크화와 연동되면서 고평가된 사실을 눈치 채고 1992년 9월 파운드화를 외환시장에 마구 팔았습니다. 파운드화 가치는 급락했습니다.

영란은행은 곳간의 파운드화를 동원해 방어했지만 탄환이 턱없이 부족했습니다. 1주일 만에 영국 재무장관은 공개적으로 항복을 선언합니다. 소로스는 이 투기로 1주일 동안 10억 달러 이상의 시세차익을 챙겼습니다.

공매도한 파운드화는 물론 가격이 급락한 뒤 사들여 다시 헐값에 되돌려줍니다. 예를 들어 파운드화가 1천 원일 때 빌려와 팔고 5백 원으로 파운드화의 가치가 폭락했을 때 다시 사들여 갚습니다. 이 경우 수익률은 2배, 1백 퍼센트입니다.

공매도가 투기에 이용되면서 1800년도 초부터 선진국은 물론 우리나라도 공매도를 수시로 금지해 왔습니다. 이후 2011년부터 금융주에 한해서만 공매도를 제한하고 있습니다.

그러나 2013년 4월 16일, 코스닥 시가총액 1위 셀트리온의 대표는 긴

급 기자회견을 열고 공매도세력 때문에 지쳐 회사를 외국기업에 팔겠다고 선언했습니다. 투기세력들은 셀트리온의 주식을 빌려 팔아치운 뒤에 '셀트리온의 임상실험이 실패했다'는 식의 소문을 퍼뜨려 주가를 떨어뜨립니다. 그리고 이렇게 급락한 가격으로 주식을 다시 사들여 빌려온 주식을 갚습니다.

글로벌 금융시장은 물론 우리나라에서 공매도는 여전히 현재진행형입니다. 자, 이렇게 합법적인 금융투자(또는 약탈)의 장치가 마련됐습니다. 그럼 이제 천문학적인 돈을 쓸어 담을 시간입니다.

LTCM: 투기 대표팀의 시작

1994년, 코네티컷 주 그리니치의 한 사무실에서 명실상부한 학자와 정부관료, 파생금융상품 전문가로 이뤄진 금융투기 월드 올스타팀이 만들어졌습니다. 이름은 롱텀 캐피탈 매니지먼트^{LTCM}. 살로먼브라더스의 채권거래팀장으로 최고의 수익률을 자랑했던 존 메리워더가 대표입니다.

여기에 옵션가격 결정 모델인 '블랙-숄스 모델'로 1997년 노벨 경제학상을 수상한 로버트 머틴 하버드대 경제학과 교수와 마이런 숄스 시카고대 경제학과 교수가 합류합니다. 연방준비제도이사회 전 부의장인 데이비드 멀린스도 합류합니다.

이들을 믿고 순식간에 천문학적인 투자금이 몰렸습니다. 이들의 투자법은 단연 공매도와 무위험 차익거래입니다.

하지만 이름처럼 장기투자^{Long-Term}하겠다던 LTCM은 지속적으로 단기 차입금을 늘리며 지렛대를 늘려갑니다. 차입금이 늘어날수록 수익률은 눈덩이처럼 치솟습니다. 1997년까지 해마다 30~50퍼센트 가까운 수익률을 기록합니다. 레버리지도 따라 올라갑니다.

당시 LTCM의 자본금은 70억 달러(약 7조 8,700억 원), 하지만 차입금은 1,260억 달러(약 141조 6,870억 원)를 넘었습니다. 중요한 것은 이 거래는 투자위험이 거의 없다는 것입니다. 그들의 무위험 차익거래 원리는 의외로 간단합니다.

맨해튼 역에서 살 수 있는 효리 핸드백의 가격은 5백만 원이다. 맨해튼 역의 효리 핸드백은 최고 905만 원까지 오르거나 최저 355만 원까지 떨어질 수 있다. 따라서 만약 5백만 원에 구입할 경우 905만 원까지 오를 수 있는 기댓값과 355만 원까지 떨어질 수 있는 기댓값을 갖는다.

	현재가격	최저 예상가	최고 예상가
맨해튼 역	500만 원	355만 원	905만 원

그런데 같은 효리 핸드백이 영등포역에서는 1백만 원, 압구정역에서는 90만 원에 팔리고 있다. 이 두 지역에서 팔리는 효리 핸드백 역시 최저 예상가와 최고 예상가를 과학적으로 계산할 수 있다. 그럼 이제 아주 간단한 계산만으로 위험을 피해갈 수 있다. 영등포역과 압구정역에서 핸드백을 적절히 구입한다면 맨해튼 역에서 구입하는 비용보다 더 저렴하게 구입하면서 맨해튼에서 구입하는 것과 '동일한 기댓값'을 가질 수 있다.

효리 핸드백의 무위험 차익거래(3개월 후)	현재가격	최저 예상가	최고 예상가
영등포역 A	100만 원	80만 원	160만 원
압구정역 B	90만 원	65만 원	195만 원
맨해튼 역	500만 원	355만 원	905만 원
(80만 원×A)+(65만 원×B)=355만 원	영등포역에서 A개와 압구정역에서 B개의 핸드백을 사면 맨해튼 역의 최저 예상가인 355만 원의 기댓값을 갖는다.		
(160만 원×A)+(195만 원×B)=905만 원	영등포역에서 A개와 압구정역에서 B개의 핸드백을 사면 맨해튼 역의 최고 예상가인 905만 원의 기댓값을 갖는다.		
A+B=1	압구정역과 영등포역의 투자비중의 합은 1이다.		

이 경우 A=2, B=3입니다. 영등포역에서 1백만 원에 핸드백 2개를, 압구정역에서 90만 원에 3개의 핸드백을 모두 470만 원을 들여 구입해도 맨해튼역에서 5백만 원을 주고 1개를 구입할 때와 동일한 최저가와 최고가를 기대할 수 있습니다.

여기서 무위험 차익거래가 발생합니다. 투자자는 맨해튼 역의 효리핸드백을 5백만 원에 팔고, 영등포역에서 2개, 압구정역에서 3개의 핸드백을 470만 원에 사면 됩니다. 30만 원의 차익을 챙길 수 있습니다.

이론적으로 손실이 나지 않는 무위험 차익거래는 이렇게 탄생합니다. 어떤 금융거래도 리스크에 비례해 수익률이 정해지는데, 수학적으로 위험하지 않은 투자 공식이 탄생한 것입니다.

무위험 차익거래는 현실에서 아주 적은 이익을 만들지만, 투자자들은 레버리지를 올리는 방법으로 얼마든지 수익률을 높일 수 있습니다. 자신의 투자금이 1억 원일 때 레버리지를 20배로 올려 20억 원을 차입해 투자하면, 1퍼센트의 이윤이 나도 수익률은 20퍼센트로 뛰어오릅니다. 이런 식으로 LTCM의 수익률도 천문학적으로 높아졌습니다.

LTCM의 몰락

하지만 1998년 외환위기가 아시아 국가를 휩쓸면서 아시아 국가들의 국채가격이 급락했습니다(3장을 잘 이해했다면 국채가격의 급락은 곧 발행 이자율의 상승이라고 이해했을 것입니다). 한국과 인도네시아 등 아시아 국가들의 디폴트 우려가 커지고 스프레드가 폭등했습니다.

투기자본은 빠른 속도로 상대적으로 안전한 미국으로 몰렸습니다. 미국의 국채가격이 계속 오르자 LTCM은 러시아 국채를 사들이기 시작했습니다. 수학적으로 지나치게 저평가된 러시아 국채를 사들이고 고평가된 미국의 국채를 팔아 그 차익을 챙긴 것입니다.

무위험 차익거래는 이론적으로 완벽한 투자법입니다. 하지만 현실에는 늘 컴퓨터가 미처 예측하지 못한 경우의 수가 발생합니다. 궁지에 몰린 러시아가 뜻밖에도 모라토리엄을 선언합니다.

2008년 9월, LTCM은 파산했습니다. 손실은 1천억 달러를 넘어섰습니다. 자본금을 날리고도 우리 돈 1백조 원이 넘는 빚이 남았습니다. **"시장은 우리가 감당할 수 없을 만큼 오랫동안 비합리적으로 움직일 수 있다.**
―케인즈, 이 책에 가장 많이 등장하는 경제학자"

드림팀 LTCM을 무너뜨린 것은 공매도도 차익거래도 아닌 '지나친 탐욕'입니다. 탐욕으로 만들어진 금융기법들은 투자위험을 최소화할 수 있지만, 인간의 욕심은 통제할 수 없습니다. 오직 숫자와 로직으로만 결정된 투자는 시장의 수많은 변수를 영원히 이겨낼 수 없습니다.

두 자산 간의 단순가치 차이를 이용해 천문학적 수익을 내는 차익거래는 예고된 시한폭탄이었고, 폭탄은 터졌습니다. 그런데 차익거래는 지금도 투자은행과 증권사들에게 대표적인 수익 모델 중 하나입니다.

공매도 역시 3백 년 넘게 글로벌 금융시장을 교란하고 있습니다. 더욱 탐욕스러워진 자본시장에 여전히 더 정교해진 투기상품이 판을 칩니다. LTCM이 파산하고 1년 만에 한국을 찾은 마이런 숄스 교수의 말입니다. "이 세상에 우리가 예측하지 못하는 정보는 너무 많으며 결국 정보만 믿고 쌓아올린 모래성은 무너질 수밖에 없습니다."

월마트의 매출이 늘면
누가 부자가 되는가

월마트와 노동소득분배율

"도대체 노동법도 누진세 제도도 없던 시절보다
왜 빈부격차가 자꾸 커지는 것일까?"

뉴저지 주 저지시티, 대표적인 저소득층 거주지역입니다. 이 지역 월마트WAL-MART의 주차장에는 유리창이 깨진 차나 백미러가 없는 차들이 많습니다. 고객들도 주로 히스패닉과 흑인들입니다. 고도 비만 고객이 많습니다.

월마트 직원들 대부분도 계약직이거나 일용직입니다. 계산원과 청소원, 매장의 운영을 담당하는 직원, 매장 밖 카트를 정리하는 직원 대부분이 저임금 계약직 직원입니다.

월마트 근로자는 미국 전체 근로자의 1퍼센트나 되는 140만 명 (2010년)이지만, 연간 평균 임금은 사무직 직원을 포함해도 2만 744달러(약 2,330만 원) 수준입니다. 미국 4인 가구 기준 빈곤선인 2만 2천 달러(약 2,470만 원)보다 낮습니다. 세계 최대 유통회사가 운영하는 마트의 직원들도 저소득층, 고객들도 저소득층입니다.

그런데 월마트에서 팔리는 다수의 상품들도 대부분 중국이나 아시아 저개발 국가, 중남미 노동자들이 만든 것입니다. 오늘 롱아일랜드에서 팔린 나이키 티셔츠는 지구 반대편 방글라데시 수도 다카 30킬로미터 북쪽에 위치한 아슐리아 공단의 여성 노동자가 만든 것입니다.

월마트의 저임금은 주변 서비스업체 근로자들의 임금까지 끌어내립니다. 미국의 한 카운티에 월마트가 하나 들어설 때마다 주변 식료품이나 잡화점 직원의 임금은 1.5퍼센트 내려갑니다(버클리대 노동센터, 1992~2000년, 2005년 미국노동단체연합^AFL-CIO^은 2천5백만 달러를 들여 월마트의 열악한 노동조건을 알리는 광고를 게재했다).

노동자들은 안정된 직장을 위해 불가피하게 월마트에 취업하고, 주변 소매점의 주인들은 월마트의 저임금을 기준으로 자신들이 고용한 직원의 임금을 낮춥니다(월마트 직원들은 얼마 전까지 '우리 월마트는 사람이 곧 보물입니다'라고 쓰여 있는 푸른색 조끼를 입었다).

월마트의 직원도, 고객도, 상품을 만드는 노동자도 가난하지만, 월마트는 가난하지 않습니다. 월마트는 매출 4,210억 달러(약 473조 4,145억 원)에 한 해 160억 달러(약 17조 9,920억 원)의 영업이익을 올리는 글로벌 기업입니다(《포브스》, 2011년). 저임금의 근로자와 저임금의 다국적 생산자의 힘으로 월마트는 천문학적인 매출을 만들어냅니다.

이익이 커지면 주주가 챙겨가는 보따리도 커집니다. 2011년 연간 배당금을 21퍼센트가량 인상한 월마트는 주당 1.46달러의 배당을 실시합니다. 이렇게 2012년에는 50억 달러(약 5조 5천억 원)가 주주들에게 배당됐습니다. 월마트 창업자인 샘 월튼의 아들 짐 월튼의 지분 평가액은 2008년 기준 226억 달러(약 23조 원)입니다.

누가 일하고 누가 챙겨가는가

월마트의 주주들이 배당으로 받는 이익은 미국 노동자 하위 40퍼센트가 벌어들인 소득의 총합보다 많습니다(미국 경제정책연구소). 월마트의 사례처럼 시장에서 생긴 이윤의 대부분이 소비자나 생산자가 아닌 기업의 주주로 집중됩니다(월마트는 미국에서 그나마 고용이 안정되고 직원 복지가 잘 된 기업으로 평가된다. 《포춘》은 2002년, 2003년 연속 가장 존경받는 기업으로 월마트를 선정했는데, 《포춘》의 설문지에 답하는 1만 명은 기업의 관리직과 경영진, 애널리스트 등이다). 시장에서 창조된 이윤의 대부분이 한쪽으로 쏠리면서 격차는 갈수록 벌어집니다.

아이폰을 생산하는 폭스콘 중국 공장에서는 2010년~2011년 말까지 모두 14명의 노동자가 투신자살했습니다. 열악한 근로조건에 대한 폭로가 이어졌습니다.

미국 최대 기업 애플의 가슴을 겨냥한 이 보도는 미국을 대표하는 언론사인 《뉴욕타임스》에서 터져 나왔습니다. 그러자 2012년 폭스콘은 종업원들의 월 급여를 2,200위안(중국 근로자들의 월평균 소득 30만 원보다 조금 높은 39만 원 정도)으로 인상했습니다.

대만 기업 폭스콘은 1백만 명이 넘는 직원을 고용하고 있습니다. 폭스콘의 중국 공장 4곳에서 전 세계 전자제품의 40퍼센트를 생산합니다. 그들 대부분이 저임금 근로자들입니다. 21세기 대표 혁신제품 아이폰조차 주주는 부자로 만들어도 노동자를 부자로 만들지 못합니다.

선진국은 중국의 저임금 근로자들의 노동 실태를 지적하지만, 그들도 그 저임금으로 제품의 가격경쟁력을 끌어올립니다. 이 모든 과정을 거쳐 결국 애플의 주주들만 부자가 됩니다. 2013년 3월, 애플은 주주 배당과 자사주 매입을 위해 현금 450억 달러(약 50조 원)가량을 보유하고 있다고 밝혔습니다.

애플과 함께 세계를 지배 중인 브랜드 유니클로 역시 크게 다르지 않습니다. 유니클로가 한 해 생산하는 5억 벌의 옷 가운데 85퍼센트가 중국의 저임금 공장에서 생산됩니다. **"유니클로가 생산 공정에서 가장 선호하는 직원은 시골에서 갓 올라온 불만 없는 여성이다."**—요코다 마스오, 『유니클로 제국의 빛과 그림자』에서

미국 상품거래시장에서 석유 다음가는 투자상품은 커피다. 미국은 전 세계 원두커피의 4분의 1을 소비한다. 이들 커피는 대부분 멕시코와 과테말라, 콜롬비아의 커피 농장에서 생산된다. 이곳 농장들은 모두 10에이커(약 40제곱미터) 미만의 영세 농장으로, 대부분 생산원가에 못 미치는 가격에 커피를 납품한다. 이렇게 생긴 빚을 갚기 위해 농가 대부분이 내년 생산물까지 헐값에 선물로 양도한다.

이처럼 헐값에 판매된 커피 원두는 커피와 코코아, 설탕을 거래하는 상

품시장인 미국의 C-마켓에서 대표적인 투기상품으로 변신한다. 농가들은 보통 원두 1파운드에 30~50센트를 받고 팔지만 C-마켓에서는 1파운드에 10달러 수준에서 거래된다. 이를 통해 농가 한 곳당 연간 올리는 소득은 6백 달러 정도다.

—국제 인권단체 글로벌 익스체인지의 스타벅스 캠페인에서

스타벅스 원두의 주 생산지인 에티오피아에는 1,500만 명의 커피 농장 노동자가 있습니다. 이들 대부분은 아동이나 청소년들로 하루 3달러 미만의 임금을 받습니다. 비판에 직면한 스타벅스는 2000년부터 매장에서 공정무역 커피를 판매하기 시작했습니다. 2008년에는 9천 톤까지 그 양을 늘렸지만, 이는 스타벅스 전체 판매량의 5퍼센트 정도에 불과합니다.

효리 씨가 한 잔에 5천 원 하는 카푸치노를 아무리 마셔도 커피 원두를 생산하는 농민들의 소득은 좀처럼 개선되지 않습니다. 반면 스타벅스 대주주와 경영진은 막대한 이익을 챙겨갑니다.

스타벅스의 최고경영자 하워드 슐츠는 2011년 기본급 140만 달러, 보너스 290만 달러, 장기 성과 보수 1,200만 달러, 다른 회사로 옮겨가지 않는 것에 대한 보상 1,200만 달러, 스톡옵션으로 3,680만 달러를 받는 등 한 해 6,500만 달러(약 730억 원)를 벌었습니다.

이 현상들은 한 가지 사실을 증명합니다. 글로벌 대기업이 판매한 제품이 아무리 천문학적인 이윤을 만들어도 이 제품을 생산한 노동자의 곳간을 채우지는 못합니다. 국내 대기업이 사상 최대의 영업이익을 올리면 국내 언론은 '단군 이래 최대 수익'이라는 찬사를 쏟아냅니다. 소

비자들은 마음을 담아 박수갈채를 보냅니다.

그러나 박수갈채를 받은 대기업은 여전히 곳간에 유보금을 쌓아두거나 중국에 공장을 짓습니다. 국내에서 늘어나는 일자리의 대부분은 비정규직입니다. 좋은 일자리가 줄어들면서 중산층과 저소득층의 소득은 좀처럼 늘지 않습니다. 4년제 대학을 나온 딸은 여전히 돌아오지 않는 입사원서를 작성합니다. 시장참여자들은 이제 궁금해졌습니다. **"그들의 잔치가 도대체 나와 무슨 상관이지?"**

시장경제의 주인인 '부지런한 꿀벌' 대다수는 여전히 일한 만큼 보상을 받지 못합니다. 반면 일한 것보다 훨씬 더 많은 돈을 버는 '여왕벌'이 보상의 대부분을 챙겨갑니다. 애덤 스미스는 양모를 생산해 이윤을 얻으려는 농민의 욕심이 양모시장을 완성한다고 설명했습니다. 그 욕심이 양의 멸종을 막고 덕분에 우리는 모직 옷을 입습니다.

이렇게 만들어진 시장에서 노력하면 누구나 부자가 될 수 있다고 시장경제는 믿고 있습니다. 하이에크와 프리드먼으로 대표되는 신고전학파는 부자가 되고 싶다면 이 시장을 간섭하지 말고 제발 가만 두라고 목소리를 높여왔습니다.

그런데 이제 양모를 생산해도 농민은 부자가 되기 어렵습니다. 양모 농장에 투자한 투자자, 즉 주주가 이익의 대부분을 챙겨갑니다. 이 투자자에게 돈을 빌려준 은행은 훨씬 더 큰 이익을 챙깁니다.

누가 격차를 벌리는가

탐욕이 커질수록 격차도 커집니다. 2012년 미국의 청년 실업률은 18퍼센트입니다. 그런데도 학비는 해마다 올라 2011년 미국 젊은이의 3분의 2가 평균 3만 4천 달러(약 3,823만 원)의 빚을 안고 교정을 나섰습니다. 학자금대출 규모는 1조 달러(약 1,124조 5천억 원)를 넘어섰습니다.

다수의 젊은이들은 빚으로 인생을 시작하고, 선택받은 부모를 둔 일부 젊은이들은 의대나 또는 연간 학비가 10만 달러(약 1억 1,245만 원)에 육박하는 아이비리그를 졸업하며 다른 출발점에서 인생을 시작합니다.

뉴욕 컬럼비아대에서는 히스패닉 학생을 찾기 힘듭니다. 아이비리그에서는 고도 비만 학생도 만나기 어렵습니다. 신라호텔 면세점의 주부 고객 중 비만인 경우를 찾아보기 어려운 것과 비슷합니다.

격차는 순식간에 벌어집니다. 노력한 만큼 성취하는 아메리칸 드림은 저만치 멀어집니다.

2005년 미국에서 가장 많은 노동자를 고용하고 있는 월마트. 그곳에서 일하는 근로자의 평균 임금은 지난 1973년 미국에서 가장 많은 노동자를 고용한 기업 GM의 근로자들이 받은 연봉의 절반에도 미치지 못합니다. 반면 같은 기간 CEO들의 연봉은 근로자 평균 연봉의 30배에서 300배로 껑충 뛰었습니다(폴 크루그먼, 2008년 노벨 경제학상).

2008년 기준으로 미국 내 상위 0.1퍼센트에 해당하는 15만 명의 연평균소득은 560만 달러(약 62억 9,700만 원)로 이들의 소득이 전체 국민 소득에서 차지하는 비율은 1975년의 2.6퍼센트에서 10.4퍼센트로 뛰어 올랐습니다.

반면 하위 30퍼센트의 소득은 전혀 늘어나지 않거나 오히려 뒷걸음 칩니다. 이 때문에 소득 상위 10퍼센트를 제외한 90퍼센트 미국인의 평균 소득은 3만 1,244달러(약 3,500만 원)로 지난 1970년보다 오히려 1퍼센트 줄었습니다.

특히 물가인상률을 고려한 임금의 경우 경영인은 지난 35년간 연 소득이 430퍼센트 증가했지만 근로자들은 단 26퍼센트 오르는 데 그쳤습니다(《워싱턴포스트》, 2011년 6월). 누군가의 곳간이 지나치게 커지는 동안 누군가의 곳간은 여전히 텅 비어 있습니다. **"미국 일반 노동자의 실질임금은 제2차 세계대전부터 1973년까지 2배 이상 올랐지만, 그 이후에는 불과 6퍼센트만 올랐을 뿐이다. 더욱이 고등교육을 받은 노동자들의 임금만 올랐을 뿐 육체노동자들의 실질임금은 1973년 이후 대부분 기간 중 하락했다."** ―폴 크루그먼, 『경제학의 진실』에서

뒷걸음치는 노동소득분배율

1994년 68퍼센트에 달했던 미국의 노동소득분배율, 즉 전체 국민소득에서 임금이 차지하는 비율은 2007년 65퍼센트까지 하락했습니다. 노동자에게 돌아가는 파이가 자꾸 줄어듭니다.

우리나라의 노동소득분배율 역시 2000년에는 36년 만에 최대 폭인 58.9퍼센트까지 떨어졌습니다(통계청). 특히 우리 산업의 일등공신인 수출기업의 경우 2001년 70퍼센트까지 육박했던 노동소득분배율이 2010년에는 45퍼센트까지 추락합니다(한국은행 금융경제연구소).

대기업의 이윤이 높아져도 근로자의 주머니는 함께 두둑해지지 않습니다. 금융위기를 겪은 2007년~2009년까지 3년 동안 한국 근로자의 실질임금은 3.3퍼센트 더 떨어졌습니다(ILO). OECD 국가 중 국가 부도를 겪은 아이슬란드 다음으로 실질임금이 가장 크게 하락했습니다. 금융위기를 벗어난 지난 4년 동안에도 최저임금은 810원이 올랐을 뿐입니다. 노동소득분배율은 떨어지고 실질임금은 제자리걸음입니다.

근로자 간 격차 역시 빠르게 벌어집니다. 직종과, 학력에 따른 임금격차, 정규직과 비정규직의 임금격차가 해마다 급격하게 벌어집니다. 2007년 1.57배였던 정규직과 비정규직의 임금격차는 2010년에는 1.82배까지 높아졌습니다. 근로자를 소득 수준에 따라 다섯 줄로 세울 경우 가장 앞줄의 효리 씨 소득은 가장 뒷줄의 철수 씨 소득보다 4.82배 높아졌습니다. 10년 전에는 3.72배였습니다.

2011년 한 해 상위 20퍼센트의 자산이 3.2퍼센트 늘어나는 동안 하위 20퍼센트의 자산은 2.6퍼센트 줄었습니다(통계청 가계금융조사, 2011년). **"애플이 아무리 아이폰을 팔아도 폭스콘 노동자들이 부자가 되지 않는**

것처럼, 무역수지 흑자가 24개월째 계속되고 삼성전자와 현대자동차가 연 수십 조 원의 영업이익을 올려도 우리 국민 5가구 중 1가구는 오히려 더 가난해진다."

근로자를 보호하기 위한 노동법이 없던 시절보다, 더 많은 소득을 올리는 사람에게 더 많은 세금을 거두는 누진세가 도입되기 전보다 어찌 된 일인지 계층 간 격차는 더 벌어집니다.

경제학은 이제 그 원인을 지나친 탐욕에서 찾고 있습니다. 탐욕에 빠진 기업들은 오늘도 더 싼 노동력을 찾아, 더 높은 수익을 찾아 헤맵니다. 그 노력은 '시장에서 인간의 이기심은 선한 것이다'라는 고전경제학의 가면을 쓰고 있습니다.

이를 통해 애플이 형편없이 임금이 낮은 중국인 노동자를 통해 아이폰을 생산하는 것도, 퀀텀펀드가 공매도를 통해 천문학적인 달러를 투기하는 것도 가능해졌습니다.

고전경제학이 말한 인간의 이기심은 탐욕으로 변질됐고 그 탐욕은 공정한 시장 질서를 크게 훼손합니다. 시장을 이루는 욕심과 시장을 망치는 탐욕 사이에서 위기를 경고하는 목소리는 점점 커집니다.

그 경고를 뒤로하고 2011년 월가의 투자은행들은 또 135억 달러(약 15조 1,800억 원)를 벌어들였습니다. 중국 노동자들의 임금 인상 압력이 높아지자, 애플은 제3세계의 더 싼 노동력을 찾고 있습니다.

일본 노동자들의 일자리가 줄고 있는데도 일본 대표기업 유니클로는 최근 방글라데시에서 생산을 시작했습니다. 아시아에서 가장 임금이 낮은 방글라데시의 월 평균 임금은 54달러(약 6만 원) 정도입니다.

회장님 회사가
회장님 딸의 빵을 파는 게
뭐가 문제인가

기회 유용과 포획 이론

"도덕적 해이가 뭐예요?"
"누군가 당신 돈을 빼앗아가면서 책임지지 않는 거죠."
—영화 〈월스트리트〉에서

전 세계 3천여 개의 매장을 둔 효리백화점에서 베이커리의 하루 매출은 270만 달러. 효리백화점의 대주주인 효리 회장의 딸이 경영하는 '따님네 베이커리'가 이 베이커리 매출을 독점한다. 효리백화점에서 분사된 따님네 베이커리는 효리백화점은 물론 자회사인 효리호텔과 효리리조트의 베이커리에도 독점 납품한다.

다른 경쟁 브랜드 베이커리는 효리백화점과 계열사에서 빵을 팔 수 없다. 효리백화점의 주주와 경영진은 이제 하루 270만 달러에 달하는 베이커리 매출에 관여할 수 없다. 효리 회장은 말한다. **"내 회사에서 내 딸이 빵을 파는데 뭐가 문제인가?"**

회사 기회의 원칙

미국에서 특정 주주의 이익을 위해 다른 기업의 시장활동 기회를 박탈하는 일은 불법입니다. 따라서 효리백화점의 사례는 미국에서는 불가능합니다.

그런데 이마트는 조선호텔 베이커리가 판매하는 피자를 판매합니다. 조선호텔 베이커리는 신세계 최대주주의 딸이 대주주입니다. 이마트는 신세계 최대주주의 아들이 경영합니다. 결국 아들 회사에서 딸이 빵을 파는 것입니다. **"동생이 오빠 회사에서 빵을 파는데 도대체 뭐가 문제란 말인가?"**

문제는 다른 베이커리를 하는 철수 씨는 이마트에 입점할 기회를 잃는다는 것입니다. 경쟁은 시장경제의 가장 소중한 가치입니다. 이마트는 다른 기업이 경쟁할 수 있는 기회를 빼앗은 것입니다.

이마트 역시 조선호텔 베이커리보다 더 우수한 업체를 입점시켜 스스로 더 많은 이윤을 올릴 수 있는 기회를 포기했습니다. 대주주 일가의 매출을 위해 다수의 신세계 주주는 더 높은 수익을 올릴 기회를 잃었습니다. 대주주 일가는 신세계나 이마트의 기회를 유용한 것입니다. 다시 말해 그들은 회사의 이익을 얻을 기회를 고의적으로 이행하지 않아 간접적으로 회사에 손실을 끼쳤습니다.

큰 이익을 남기는 제빵사업을 쪼개 대주주의 딸에게 넘겨준 조선호텔도 손해입니다. 2004년 제빵사업은 조선호텔 총매출의 32.8퍼센트를 차지했지만, 조선호텔 베이커리를 독립시킨 뒤 매출은 곤두박질쳤습니다. 조선호텔의 대주주가 아닌 다른 주주도 결국 손실을 입게 됐습니다.

2012년 10월, 공정거래위원회는 신세계그룹과 이마트가 조선호텔 베이커리가 운영하는 베이커리에 입점 수수료를 인하해 주는 등 부당지원한 혐의로 40억 원의 과징금을 부과했습니다.

2001년 2월, 정몽구 회장과 아들 정의선 부회장이 개인 돈 50억 원을 투자해 글로비스라는 물류회사를 설립했다. 사실상 개인회사지만 현대자동차그룹은 글로비스에 각종 물류사업을 맡겼다. 매출이 폭등하면서 2005년에는 1조 원을 넘었다. 글로비스의 기업가치도 덩달아 폭등했다. 정 회장 일가의 글로비스 지분의 가치도 따라 올라갔다. 글로비스의 총매출에서 현대차·기아차·현대모비스 등 관계사와의 거래가 차지하는 비중은 85퍼센트에 달한다. —참여연대, 2011년

현대자동차그룹의 기회유용

대주주인 아버지와 아들이 제3의 회사를 만들고 기존 대기업이 이 회사에 일감을 몰아줍니다. 제3의 회사 매출은 급증하고 상장과 함께 아버지와 아들은 막대한 수익을 올립니다. 글로비스를 창업하고 4년도 안 돼 정 회장 일가는 1백억 원이 넘는 배당수익을 챙겼습니다. 2004년 11월에는 지분의 25퍼센트를 노르웨이의 해운업체에 매각하면서 매각

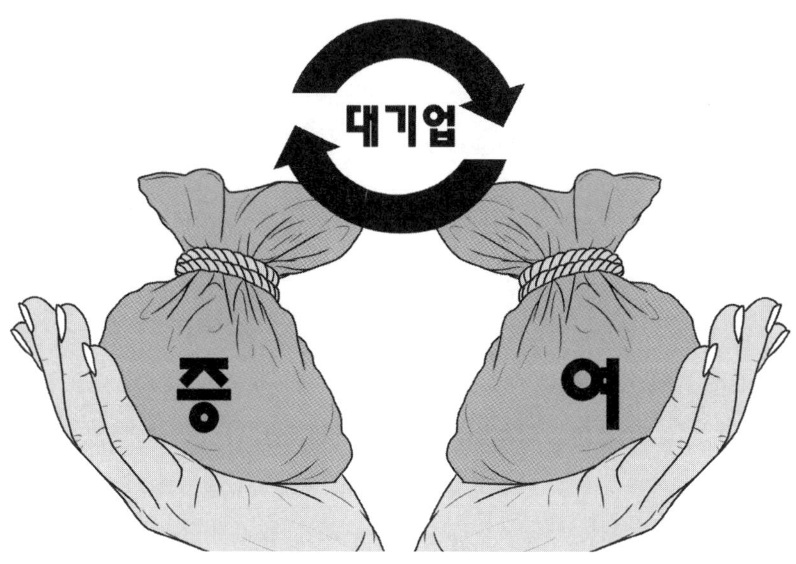

대금 1천억 원을 또 벌었습니다.

그리고 2006년 1월 글로비스가 마침내 상장됩니다. 2011년 정 회장 일가의 글로비스 지분의 가치는 3조 원을 넘어섰습니다. 50억 원은 10년 만에 3조 원이 됐습니다. **"정 회장의 현대자동차그룹이 정 회장과 아들의 회사를 키웠는데 도대체 뭐가 문제란 말인가?"**

현대자동차그룹은 글로비스가 아닌 다른 물류회사를 통해 더 높은 이익을 올릴 수 있는 기회를 놓쳤습니다.

게다가 정 회장 일가가 아닌 현대자동차그룹이 글로비스에 투자해 최대주주가 됐다면 글로비스의 이익은 정 회장 일가가 아닌 현대자동차그룹의 이익이 됐을 것입니다. 현대자동차그룹의 다른 주주들은 그만큼의 눈에 보이지 않는 이익을 빼앗겼습니다. 다시 말해 현대자동차그룹은 물류사업의 이익을 정 회장 일가에게 편취당했습니다.

이렇게 모기업의 일감을 독점한 자녀의 비상장회사 A는 '공정한 또는 상당한 가격'을 보장받고 납품을 하지만, 이 공정한 납품을 위해 또다른 중소 납품업체들은 더 낮은 가격으로 비상장회사 A에 납품을 해야 합니다. 비상장회사 A는 대기업의 문지기 노릇을 하면서 부를 더 키우는 것입니다.

반면 2,3차 납품업체들은 먹이사슬에서 한 단계 더 낮은 곳으로 이동하게 됩니다. 결국 손해는 대기업의 주주와 대기업 그리고 납품업체로 이어지고 이익은 오직 대주주 일가로 모아집니다.

결정적으로 정몽구 회장의 현대자동차그룹도 아닙니다. 정몽구 회장 가족의 지분은 5.17퍼센트에 불과합니다(2012년 1월).

다수의 대기업들이 이런 식으로 다른 주주의 이익을 편취하며 부를 대물림합니다. 물론 이 과정에서 증여세는 거의 내지 않습니다. 현행 세법은 '기여에 의해 누군가의 부가 늘어날 경우'를 증여라고 규정하고 있지만, 수십조 원의 대기업이 아들에게 대물림될 때는 증여세가 사라집니다.

이건희 삼성그룹 회장은 시가총액 191조(2012년 10월) 원이 넘는 삼성전자를 아들 이재용 부회장에게 물려줬습니다. 이 과정에서 이재용 부회장이 낸 세금은 당초 이건희 회장으로부터 받은 61억 원에 대한 증여세 16억 원이 전부입니다.

대법원은 2009년 5월 이 기발한 편법 증여에 대해 무죄를 선고했습니다. 이쯤 되면 시쳇말로 '닥치고 증여'입니다. **"[CHAEBOL]재벌: 한국의 큰 기업 집단을 일컫는 말로 특히 가족이 소유한다는 특징이 있음."** —옥스퍼드 영어사전에서

MRO를 통한 편법증여

최근 가장 트렌디한 증여기법은 MRO 사업입니다. MRO는 유지Maintenance, 보수Repair, 운영Operation의 머리글자로, 소모성 자재를 의미합니다. 기업을 유지하기 위해서는 각종 소모적인 비용이 들어갑니다. 서류 작성을 위한 A4용지에서 청결한 사무실을 유지하기 위한 청소업무, 직원들의 교육과 여가를 위해 구입하는 콘도미니엄까지 수없이 많은 소모비용이 필요합니다.

이 같은 비용의 대부분은 중소기업이나 영세기업의 매출이 되고, 그래서 대기업의 성장은 중소기업에게도 다양한 기회를 제공합니다. 하지만 언제부터인가 우리 대기업들은 이 같은 소모품조차 직접 생산해서 사용합니다.

대기업들은 이제 스스로 제지회사를 만들고 청소업체를 만들고 콘도미니엄을 만들어 계열사의 매출을 높입니다. 이 계열사의 대주주는 십중팔구 대주주의 특수관계인입니다. 사원들을 위한 커피숍부터 면장갑, 대걸레, 볼펜, 나사 같은 각종 소모성 자재를 대기업이 스스로 생산합니다.

그만큼 중소 납품업체가 설 땅은 좁아집니다. 재벌의 성벽은 더 높아지고 중소기업을 위한 공간은 더 좁아졌습니다. 재벌의 MRO시장 독점이 심해질수록 소비자들이 선택할 수 있는 기회도 줄어듭니다.

당초 A그룹이 K중소기업으로부터 구입해 써오던 면장갑을 계열사인 A-1이 생산할 경우 A그룹의 부는 K중소기업으로 이전하지 않고 A-1로 이전합니다. 그런데 상당수 A-1의 대주주는 A그룹 총수의 자녀나 손자들입니다. 결국 아버지 회사의 부가 자녀나 손자에게 이전되는 것입니다. 결국 증여세 없는 '증여'입니다.

2002년 만들어진 LG의 계열사 서브원(구 LG리테일에서 분할)은 사무용품 등 대기업의 소모성 자재를 생산, 납품합니다. 2002년 2,500억 원의 매출을 올렸던 서브원의 2011년 매출은 3조 1천억 원입니다. 물론 매출의 75퍼센트 이상이 LG그룹과의 거래입니다.

이렇게 막대한 이익이 남으면 막대한 배당이 뒤따릅니다. 2010년에는 325억 원을 현금 배당했습니다. 이 돈은 고스란히 주주들의 주머니로 들어갑니다. 서브원의 지분 48퍼센트는 LG그룹 구본무 회장의 특수관계인들이 가지고 있습니다.

출총제 폐지와 포획이론

대기업이 청소회사까지 본격 진출할 수 있었던 것은 출자총액제한제도가 폐지된 이후부터입니다. 출총제는 자산 10조 원이 넘는 대기업집단의 계열사는 순자산의 40퍼센트 이상을 다른 기업에 투자하지 못하도록 묶는 제도입니다.

정부는 기업의 투자를 활성화하기 위해 2009년 출총제를 전격 폐지했습니다. 하지만 정작 세계시장으로 진출하겠다던 대기업들은 중소기업의 식당업과 제과업, 청소업, 레저업 등에 파고듭니다.

출총제 폐지 이후 4년간 자산 5조 원 이상인 55개 대기업집단의 계열사는 1,629개로 3년 사이에 492개나 늘었습니다(공정거래위원회, 2011년 3월). 사흘에 하나씩 대기업 계열사가 늘어납니다.

이들 계열사는 공룡처럼 중소기업의 일감을 가로채갑니다. 사자와 소에게 같은 룰을 적용한다면 소는 사자에게 잡아먹힐 수밖에 없습니다. 2003년 1만 8천여 개였던 동네 빵집은 2011년 4천여 개로 감소했습니다. **"사자와 소를 위한 하나의 법은 억압이다."** —윌리엄 블레이크

과거처럼 문어발식 확장은 없다면서도 대기업들이 그토록 출총제 폐지에 공을 들인 이유는 무엇일까요? 규제를 완화해 준 정치인들은 그 사실을 눈치 채지 못했을까요?

1982년 노벨 경제학상을 받은 조지 스티글러 컬럼비아대 교수는 1971년에 발표한 '규제의 경제 이론'을 통해 경제 주체들이 규제를 완화하기 위해, 더 많은 이윤 창출을 위해, 자신들에게 유리한 규제를 만들기 위해 공무원과 정치인들을 포획한다고 설명했습니다. 백악관과 국회가 월스트리트에 포획됐다는 이론Capture Theory이 만들어졌습니다.

대기업과 금융자본의 지나친 탐욕을 막는 벽은 포획을 통해 갈수록 낮아집니다. 은행은 고객 돈으로 위험한 투자를 하고, 대기업은 과거보다 훨씬 더 낮은 법인세를 냅니다. 대기업의 독과점은 더 강력해지고 노조는 약화됐습니다.

벽이 낮아지면서 특히 금융자본의 탐욕은 상상 이상으로 부풀었습니다. 그들은 '동전을 던져 앞면이 나오면 자신들이 이기고, 뒷면이 나오면 상대방이 지는 신기한 금융상품'을 만들어 팔면서 막대한 이윤을 챙겨갑니다. 2002년~2008년까지 골드만삭스 등 5대 투자은행 임직원이 받은 연봉은 3,120억 달러(약 350조 8,400억 원), 보너스는 1,870억 달러(약 210조 2,800억 원)로 추정됩니다(《월스트리트 저널》, 2008년).

2008년 글로벌 금융위기를 겪으면서 미국 정부는 은행들을 살리기 위해 모두 7천억 달러(약 787조 원)의 공적자금을 투입했습니다. 2011년

부터 이어진 저축은행 사태로 우리 금융당국도 약 22조 원(저축은행 특별계정 차입금)을 투입했지만 이중 7조 원가량은 회수가 불가능합니다. 이 저축은행의 부실은 언젠가 국민 부담으로 전가됩니다.

금융위기로 무너진 성을 다시 쌓기 위해 국민의 엄청난 혈세가 투입됩니다. 금융투기와 관련 없는 다수의 국민들이 성벽 공사에 동원됐고 2009년 초, 성은 빠르게 모습을 되찾았습니다. 하지만 성이 다시 완성되자 성문은 다시 닫혔고 그들은 다시 성문 안에서 그들만의 잔치를 시작합니다.

2009년 JP모건체이스는 직원 1인당 평균 37만 9천 달러(약 4억 2,400만

학자와 공무원에서 월스트리트로 이어지는 탐욕의 사슬			
	대학	정부	월스트리트
앨런 그린스펀		FRB 의장 →	도이체방크 자문
로버트 루빈		미 재무장관 →	시티그룹 회장
	(골드만삭스에서 최고의 수익률을 자랑하던 그는 장관 퇴임 뒤 곧바로 연봉 1,500만 달러의 시티그룹 회장이 됐다.)		
헨리 폴슨		미 재무장관 ←	골드만삭스 회장
제레미 스타인	하버드대 경제학과 교수 →	FRB 이사 ←	구겐하임파트너스 이사
필 그램		미 상원 금융위원장 →	UBS 부회장
마이런 숄스	시카고대 교수 (1997년 노벨 경제학상 수상) →		LTCM (역사상 가장 큰 손실을 낸 헤지펀드)
래리 서머스	하버드대 총장 ←	미 재무장관 →	헤지펀드 CEO

원), 직원 전체로는 모두 93억 달러(약 10조 4천억 원)의 보너스를 지급했습니다. 이러한 탐욕의 사슬은 학자와 공무원들이 월스트리트에 포획되면서 가능해졌습니다.

주인과 대리인

주식회사의 설립 목표는 주주의 이윤입니다. 다시 애덤 스미스로 돌아가서, 이윤 추구의 욕심이 시장의 원천입니다. 욕심은 언제든 탐욕으로 변질될 준비가 되어 있습니다. 기업의 주주들은 탐욕으로 무장하고 자신들에게 가장 높은 이윤을 가져다 줄 CEO를 찾습니다.

천문학적인 연봉을 받고 일하는 CEO는 대주주의 이윤이 제1의 목표입니다. 'A제조라인에서 3년 이상 일할 경우 백혈병 발병 가능성이 0.073퍼센트 높아진다'는 보고서를 받아든 CEO는 장기적인 기업의 성장보다 단기적인 이윤을 추구할 수밖에 없습니다. 보고서는 쓰레기통으로 들어갑니다. 경제학은 이를 주인과 대리인 관계[Principal-Agent]로 설명합니다.

대리인인 CEO는 대주주에게 고용됐지만, 대주주보다 더 많은 정보를 갖고 있습니다. 그러나 언제든 대주주로부터 버림받을 수 있는 대리인은 대주주보다 오히려 자신의 이익을 극대화하려는 경향이 있습니다.

고액 연봉의 CEO는 결국 기업의 장기적인 성장보다 자신의 임기 동안 이윤의 극대화를 추구합니다. 단기간에 생산성을 높이고 이 과정에서 해고는 불가피해집니다. 매출은 늘고 기업 대주주의 배당도 더 높아질 것입니다.

대리인인 CEO는 주인으로부터 두둑한 보너스를 받습니다. 그러나 제품을 직접 만들던 노동자는 해고돼 사라집니다. CEO에게 이윤 추구는 합리적이기 때문에, '이윤 추구를 위한 해고=합리적'이라는 공식이 성립합니다. 쌍용자동차는 이 논리로 지난 2009년 5월 기업이 어려워지자 2,646명을 해고했습니다. 기업의 위기 충격을 흡수하는 에어백으로 노동자들이 이용되는 것입니다.

포획된 공무원과 정치인들이 죽은 애덤 스미스의 이름을 팔며 규제의 벽을 낮추는 동안, 시장은 갈수록 병들어갑니다. 규제의 벽이 낮아진 시장에서 대주주의 대리인들은 오늘도 천문학적인 급여를 받으며 자신의 이익을 추구합니다. 대기업이 우리 경제에서 차지하는 비중은 해마다 더 높아집니다.

그런 대기업이 세금 한 푼 내지 않고 기업을 자녀에게 물려줍니다. 가문의 영광은 계속됩니다. 재벌의 딸들이 경쟁적으로 빵집에 뛰어들면서 동네 빵집이 설 땅은 갈수록 줄어듭니다. 이들 동네 빵집의 상당수는 기업이 어려워지면서 '우선' 쫓겨난 이들입니다. 그 빵집들이 또다시 대기업 빵집으로부터 쫓겨납니다. 이쯤 되면 '닥치고 탐욕'입니다.

"국가는 균형 있는 국민경제의 성장 및 안정과 적정한 소득의 분배를 유지하고, 시장의 지배와 경제력의 남용을 방지하며, 경제주체 간의 조화를 통한 경제의 민주화를 위하여 경제에 관한 규제와 조정을 할 수 있다."

—대한민국 헌법 119조 2항에서

왜 버핏보다
버핏의 직원들이
세금을 더 많이 낼까?

소득세와 부자 감세

"우리의 세금을 깎아주는 것은 누군가의 세금을 더 걷는 것이라는 점을 알고 있습니다.
그러니 지난 60년 동안 가장 낮은 세금을 내고 있는 우리가 더 많은 세금을 내겠다는 의지를
꺾지 말아주세요."
—미국의 재정적자를 걱정하는 백만장자들의 모임 회원들이 베이든 하원의장 등에게 보낸
청원서(2011년 7월)에서

한정된 재화를 누군가 독식하는 문제를 어떻게 해소할 것인가? 일하는 일벌보다 일하지 않는 여왕벌이 독식하는 모순을 어떻게 해소할 것인가? 2천여 년 전부터 가장 효율적인 해법은 '세금'이었습니다.

BC 4세기경 아테네는 전체 인구의 약 4퍼센트가 기부금 형식의 세금을

냈다. 이를 '공적인 의무'라는 뜻의 'Liturgy'라 불렀는데 당시 지배계층
은 이 같은 의무를 자랑으로 여겼다. 기부 대상은 재산의 정도로 결정됐
다. 3달란트 이하 재산을 가진 시민은 대상에서 제외됐다.

모든 시민이 참여하는 축제도 지배계층의 의무 중 하나였다. 축제를 위
한 연주가와 무용수, 음악가 등을 위한 각종 비용Choregia을 역시 부유한
계급이 제공했다. 당시 유행했던 횃불 들고 달리기 같은 체육행사를 위
한 비용Gymnasiarchy 역시 부유한 계급이 부담했다.

—전태영, 『세금 이야기』에서

전쟁이 흔했던 그리스 시대, 전함의 관리 역시 부자들의 의무였습니
다. BC 340년 해군 사령관 데모스테네스가 도입한 세금 제도에 따라
10달란트 이상의 재산을 가진 부자에게는 전함의 관리 의무가 부여됐
습니다.

지난 2천여 년간 과세의 규모와 범위는 일반적으로 시민이 누리는 사
회적 혜택의 크기와 비례해 결정됐습니다. 그리스 시대 부자들이 전함
관리비용을 부담했던 것도 그들이 전함으로부터 큰 혜택을 받기 때문
이었습니다.

그러나 20세기 들어 부자들에 대한 과세는 갈수록 힘을 잃고 있습니
다. 그것은 부자들이 이룬 번영에 대한 공로패의 가면을 썼지만, 사실은
부자의 세금을 깎아주면 부자들이 더 열심히 일할 것이라는 착각 때문
입니다.

부자 감세의 시작

1913년 연방준비제도이사회가 탄생할 무렵, 시민들은 경기순환은 끝났다고 믿었습니다. 실제 그 시절 미국인들의 삶은 드라마처럼 개선됐습니다. 소득이 늘면서 의료시설과 교육환경이 나아지고 빠른 속도로 주택이 보급됐습니다. 집에서 RCA 라디오를 듣고, 주말에는 해변으로 포드 차를 몰고 달렸습니다.

위기는 끝났습니다. 침체가 시작되면 연방준비제도이사회가 경기를 부양할 것입니다. 경제가 '완성'됐다고 믿은 재무부는 당시 65퍼센트에 달했던 소득세를 32퍼센트로 인하합니다. 부자들의 파티는 더욱 뜨거워졌고 주가는 급등했습니다.

거품이 최고조에 달했던 1929년 10월 24일 결국 대공황이 터집니다. 1,200만 명이 넘는 실업자가 생겼고, 1929년 114달러였던 RCA 주식은 3년 후 2.5달러까지 떨어졌습니다. 이 주식을 대량 매입했던 투자가 마이크 미핸은 1936년 정신병원에 입원합니다.

뒤늦게 소득세를 되돌린 것은 루즈벨트 대통령입니다. 대공황으로 케인즈의 재정정책이 펼쳐지던 시절, 루즈벨트는 경기부양(뉴딜정책)을 위한 연방 정부 예산을 3배가량 인상하면서 이를 위해 소득세와 기업의 법인세, 상속세를 큰 폭으로 인상합니다. 당시 소득 20만 달러 이상의 초고소득 계층에게는 무려 95퍼센트의 소득세가 부과됩니다. 부자들의 분노가 이어지자 루즈벨트는 말합니다. **"나는 부자들의 증오를 환영합니다."**

위기는 되풀이됩니다. 1970년대 경기가 침체되면서 인플레이션이 찾아오는 스태그플레이션이 나타났습니다. 연방준비제도이사회의 마술봉은 작동을 멈춥니다. 새로 집권한 레이건 대통령은 통화주의자들의 이론에 힘입어 대규모 감세정책을 실시합니다(부록 참고).

레이건의 집권 기간 최상위 소득 계층의 최고 세율은 70퍼센트에서 28퍼센트까지 급락합니다. 이 대규모 감세정책으로 이후 경기가 살아나 세수가 오히려 증가했다는 분석도 있지만 이때부터 미국이 본격적으로 빚쟁이 국가가 됐다는 분석이 더 많습니다.

부자가 낼 세금이 줄면 어느 계층은 세금을 더 내야 합니다. 남편의 수입이 줄었다고 가계지출이 쉽게 줄어들지 않듯이, 시장경제가 생겨난 이후 세수가 줄었다고 재정지출을 줄이는 왕실이나 정부는 찾아보기 어렵습니다.

레이건 정부는 물론 20년 후 대규모 감세정책을 되풀이한 부시 대통령(그는 상속세마저 한시적으로 폐지했습니다)은 막대한 감세정책에도 불구하고 이라크전쟁으로 인해 오히려 재정지출을 크게 늘립니다. 당연히 재정적자는 늘어나고 부자들이 나눠질 부담은 국민 모두에게 전가됩니다.

지난 수백여 년 동안 부자 감세의 역사는 되풀이되어 왔습니다.

잉글랜드 국왕 리처드 2세는 백년전쟁 중 프랑스 침공에 대비해 14세 이상 모든 성인에게 4펜스의 세금을 징수하는 인두세를 신설했다. 가난한 사람과 부자에게 모두 똑같은 세금이 부과됐다. 프랑스 원정과 스코틀랜드 원정에 많은 돈이 들어가자 왕실과 재무상은 또 10만 파운드의 인두세를 요구했다.

1380년, 의회는 다시 14세 이상의 남녀 모두에게 1실링의 인두세를 부과했다. 이후에도 농부가 죽으면 영주는 그가 군역을 다하지 않고 죽었다는 이유로 농부의 가장 좋은 가축을 빼앗아갔고, 성직자는 십일세를 내지 않고 죽었다며 농부의 두 번째 좋은 가축을 앗아갔다.

—전태영, 『세금 이야기』에서

박지성은 50퍼센트, 한국 부자는 38퍼센트

6백 년 전이나 지금이나 부자의 세금을 깎아주면 누군가는 이를 부담해야 합니다. 1979년까지 최고 소득세율이 70퍼센트에 달했던 우리나라도 소득세율이 점차 낮아졌습니다.

2008년 정부는 과표 8,800만 원 초과 구간에 대한 최고 세율을 35퍼센트까지 인하했습니다. 기업의 소득세 격인 법인세 역시 22퍼센트로 5퍼센트 더 낮아졌습니다.

부자와 대기업의 세금을 내리면 일자리가 늘고 경기가 살아날 것이라는 통화주의자들의 믿음(레이거노믹스)이 30년 만에 우리나라에서 부활한 것입니다.

통화주의자(신자유주의자): 이보게, 이제 부자나 기업의 세금을 내렸으니 그만큼 소비와 투자가 늘어서 경기가 살아날 거야.

케인지언: 세금이 줄었다고 부자들이 왜 지갑을 여나? 부자가 목사님도 아니고. 오히려 재정적자만 심각해질 거야. 그건 그렇고 재정지출을 그만큼 줄일 자신은 있는 거야?

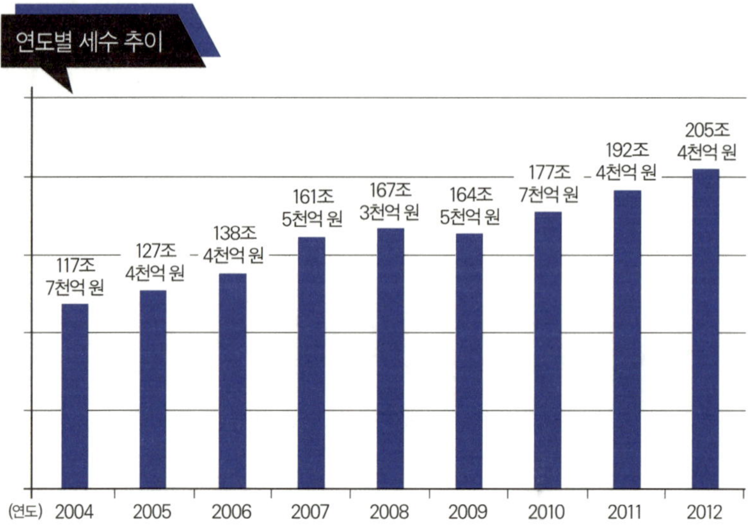

고소득자나 대기업에 대한 세율을 인하해 줬지만, 국세청이 거둬가는 세수총액은 해마다 큰 폭으로 늘어납니다. 2004년 117조 원 규모였던 연간 세수는 2012년 192조 원을 넘어섭니다.

이는 대기업이 장사를 잘해서 세금을 더 내는 것을 고려해도, 중산층이나 급여생활자의 세금이 늘어나거나 최소한 줄지 않고 있는 것을 반증합니다. 결국 누군가는 상대적으로 세금을 더 부담하는 것입니다.

부자 감세에 대한 비난이 이어지면서 정부와 국회는 2012년 말 다시 소득세 최고세율 구간을 연소득 3억 원 이상으로 확대해 38퍼센트의 세율을 적용하도록 했습니다. 그러나 소득이 3억 원 이상인 계층은 전체 근로자의 0.2퍼센트에 불과합니다.

우리가 부자 감세로 홍역을 앓는 사이, 유럽 선진국 대부분은 소득세 최고 구간의 세율을 오히려 큰 폭으로 올리고 있습니다. 프랑스는 재정적자 극복을 위해서 2012년 말 프랑수아 올랑드 대통령의 주도로 연소득이 1백만 유로 이상인 고소득자에 대해 75퍼센트의 높은 소득세를 부과하기로 했습니다. (이후 2013년 프랑스 헌법재판소는 지나치게 소득세율이 높다며 이 구간의 소득세율을 66퍼센트까지 내릴 것을 권고했습니다.)

스페인과 포르투갈도 소득세 최고 구간의 세율을 인상했습니다. 일본도 새로 집권한 아베 신조 내각이 일사천리로 소득세와 상속세 최고 세율을 5퍼센트씩 인상했습니다.

영국 프리미어리그에서 뛰었던 박지성 선수 역시 월 30만 파운드(약 6억 1천만 원) 정도의 수입 중 50퍼센트인 15만 파운드를 세금으로 냈습니다. 하지만 한국의 고소득층은 비교적 낮은 38퍼센트의 소득세를 내고 있습니다.

근로소득세의 모순

게다가 땀 흘려 일하는 사람이 금융투자로 돈을 버는 사람보다 더 많은 세금을 냅니다. 효리 씨의 근로소득과 철수 씨의 금융소득에 대한 과세를 들여다봅시다.

직장인 효리 씨 연소득이 5만 5천 달러(약 6천만 원)인 평균 시카고 직장인 효리 씨. 예금이 거의 없는 그녀는 전체 소득에서 금융소득이 차지하는 비율이 10퍼센트도 안 된다.

아침부터 저녁까지 열심히 일하는 그녀가 근로소득 대비 부담하는 연방세(연방정부에 내는 소득세와 사회보장세)율은 14.9퍼센트다.

금융투자가 철수 씨 연 소득이 효리 씨의 2백 배에 육박하는 철수 씨. 각종 투자상품과 예금상품, 부동산 임대소득 등으로 지난해 1,100만 달러를 벌었다. 그는 대부분의 투자를 투자은행에 일임하고 케이프타운에서 딩기요트를 즐기거나 이탈리아 북부 튜린에서 그림 수집을 위한 여행을 한다.

철수 씨의 연방세율은 연 평균 12퍼센트. 슈퍼리치 철수 씨보다 급여생활자인 철수 씨의 운전기사가 더 높은 비율의 소득세를 낸다.

—미국 조세정책센터에서

2011년 8월 14일, 《뉴욕타임스》에는 자신보다 자신의 사무실 직원들이 더 높은 비율의 소득세를 낸다는 워렌 버핏의 칼럼이 실렸습니다. 버핏은 이 칼럼에서 자신은 2010년 693만 8,744달러(약 78억 원)를 납부해 소득 대비 17.4퍼센트의 세금을 낸 반면, 자신의 사무실 직원 20명은 33~41퍼센트의 소득세를 납부했다고 밝혔습니다.

실제 미국은 노동으로 돈을 버는 근로자가 돈으로 돈을 버는 금융투자자보다 더 높은 비율의 소득세를 부담합니다. 부시 대통령이 이른바 금융시장의 투자 촉진을 위해 자본이득세율을 15퍼센트로 인하했기 때문입니다. 이 때문에 미국은 각종 금융투자로 천문학적인 수익을 올려도 최대 15퍼센트의 세금만 납부합니다.

2012년 미국 대선 당시 후보들의 소득세(실효세율)는 오바마 대통령(소득 79만 달러) 20.5퍼센트, 미트 롬니 공화당 후보(자산 2억 5천만 달러) 15.4퍼센트였습니다. 페이스북 설립자 마크 주커버그 역시 2012년 여름 페이스북을 상장하면서 고작 20억 달러(약 2조 원)의 세금만 납부했습니다. 버핏은 이 같은 자본이득세에 대해 의문을 표시합니다.

"세율을 좀 높인다고 수억 달러의 이익을 노리는 투기세력이 과연 투자를 꺼릴 것인가?"

버핏의 이 같은 문제 제기를 계기로 재선에 성공한 오바마 대통령은 '버핏세Buffet Rule' 도입을 추진 중입니다. 버핏세는 연간 수입이 1백만 달러(약 11억 3천만 원)를 초과하는 가구에 대해 최소 30퍼센트의 소득세를 부과하는 방안을 담고 있습니다(미 상원은 2012년 4월 버핏세 법안을 부결했다. 2013년 1월 의회는 고소득층의 소득세 최소세율을 35퍼센트에서 39퍼센트로 올리는 소득세법 개정 법안을 통과시켰다).

워렌 버핏이 15퍼센트도 너무 낮다고 말한 자본이득세, 우리나라는 0퍼센트입니다. 우리나라는 주식거래로 수십억 원을 벌어도 단 한 푼의 세금도 내지 않습니다(비상장 주식은 10~20퍼센트까지 과세합니다). 주식거래에 따른 0.3퍼센트의 거래세만 부과될 뿐입니다. 역시 투자 활성화를 위한다는 명분이 걸려 있습니다.

이에 따라 땀 흘려 1억 원을 번 근로자는 1,266만 원(기획재정부, 2011년)의 소득세를 내지만, 주식거래로 1억 원을 번 투자자는 단 한 푼의 소득세도 내지 않습니다.

사람보다 돈이 일하는 시대. 생산시장에서 자본시장으로 빠르게 시장경제가 이동하는 시대에 우리는 돈으로 돈을 버는 사람에게는 세금을 거의 거두지 않습니다. 그만큼 조세 부담은 땀 흘려 돈을 번 사람에게 전가됩니다.

결국 김 과장만 봉이다

1930년 이후 부자들의 소득세율은 꾸준히 낮아지고, 천문학적 수익을 내는 대기업에 대한 법인세도 자꾸 인하됩니다. 주식거래로 수십억 원의 양도차익을 챙겨도 투자 촉진을 명분으로 세금을 거의 내지 않습니다.

부자들의 소득세는 낮아지지만 모든 문명국가의 재정지출은 해마다 늘어납니다. 누군가 이제 늘어나는 그 세금을 더 부담해야 합니다. 그 주인공은 결국 김 과장입니다.

•국민 절반은 소득세를 내지 않는다

세금을 부과하는 기본 원칙 중 하나는 '순소득 과세'입니다. 모든 소득에 과세하는 것이 아니라 총소득에서 생계를 유지하기 위한 기본 소비지출을 제하고 남은 소득에 대해서만 과세를 합니다.

이에 따라 이런저런 소득공제 제도를 적용할 경우 우리 근로자 42퍼센트의 과세 표준액은 0원입니다. 과세할 소득이 없으니 소득세를 한 푼도 내지 않습니다. 자영업자도 마찬가지입니다. 2010년 자영업자 523만 명 가운데 247만 명이 과세 대상에서 제외됐습니다(국세청 조세연구원).

•지하경제는 원래 안 낸다

불법 대부업이나 성매매업, 도박이나 마약거래 등 이른바 떼돈을 버는 지하경제의 대표 업종도 물론 세금을 한 푼도 내지 않습니다.

•아파트 부자도 소득세는 안 낸다

강남에 아파트 여러 채를 소유한 효리 씨. 이들 아파트를 전세 내주

고 전세보증금 수십억 원을 은행에 예금해 막대한 이자소득을 올리지
만 역시 소득세를 내지 않습니다. 전세보증금을 소득으로 간주하지 않
고 다시 돌려줄 빚으로 간주하기 때문입니다.

2011년부터 정부는 3주택 이상 소유주 중에 전세보증금 3억 원 초
과 부분 이자의 60퍼센트에 대한 소득세를 과세하고 있습니다. 하지만
주택 3채의 전세보증금이 10억 원이라고 가정해도 연간 부과되는 소득
세는 불과 32만 원 정도입니다.

•예술인들은 소득세를 안 낸다

수억 원의 그림을 사고팔아 큰 차익을 남겨도 예술 발전을 위해 과세
하지 않습니다. 아들에게 증여세 없이 1백억 원을 물려주고 싶으면 10
억 원짜리 그림 10점을 사서 물려주면 됩니다.

부자들의 세금은 줄어들고, 자본이득에는 과세하지 않고, 지하경제
는 세금을 내지 않고, 저소득층은 세금을 면제받습니다. 결국 조세 부
담은 평균 급여를 받는 중간층 근로소득자에게 몰릴 수밖에 없습니다.
그들의 소득은 늘 투명하게 드러나 과세하기도 참 쉽습니다.

김 과장이 월급 날마다 '유독 나만 세금을 많이 내는 것 같다'고 느끼
는 데는 분명한 이유가 있었습니다. **"귀족들의 마차에 대한 통행료를 서민
들이 이용하는 마차의 통행료보다 높게 받는다면, 부자들의 교만한 허영심을 담
은 무거운 상품을 지방으로 수송하는 서민들의 운송비용이 내려가고, 이 비용은
손쉽게 서민들의 생활 구제에 기여하게 될 것이다."** —애덤 스미스, 시장의 자유를 신
봉했지만 그 무서움도 알고 있었던 경제학자

누가 세금을 더 낼 것인가

소득세는 상품을 팔면서 내는 부가세와 기업이 돈을 벌어서 내는 법인세와 함께 국가 경제를 구성하는 가장 중요한 세금입니다. 만약 국가가 모든 국민에게 세출을 통해 동일한 혜택을 줄 수 있다면 국가는 모든 국민에게 동일한 세금을 거둬야 합니다.

하지만 국민 개개인이 국가로부터 받는 혜택이 제각각이듯 국가가 개인에게 부과하는 소득세의 크기도 각각 다릅니다. 명동 롯데백화점 앞 10차선 도로는 백화점을 찾는 고객들의 차로 늘 정체가 이어집니다.

시민의 세금으로 만들어진 10차선 도로는 롯데백화점과 그 고객들에게 큰 혜택을 주지만, 롯데백화점이 유발한 교통정체는 다른 운전자에게 전가됩니다. 롯데백화점이 교통유발부담금을 내지 않는다면 시민들이 그 부담을 나눠 질 수밖에 없습니다. 누군가의 혜택이 누군가의 부담이 되는 것입니다.

이처럼 세금의 존재 이유는 가깝게는 '부의 재분배', 멀리는 '더 나은 삶을 위한 기회의 재분배'입니다. 과세를 통한 소득 재분배 기능이 훼손되면 결국 그 부담은 특정 계층의 등급 하락으로 이어집니다. **"부자 증세가 부자들의 근로의욕을 떨어뜨린다면, 부자들이 최고 70퍼센트까지 소득세를 내던 1970년대 미국은 어떻게 성장할 수 있었을까?"**

실제 1980년대 이후 기업과 부자들에 대한 과세율이 크게 낮아진 미국에서는 근로자들의 노동 시간이 늘고, 맞벌이가 늘고, 가계부채는 사상 최고를 기록 중입니다. 이는 다시 저소득층의 등급 상향을 위한 사다리를 무너뜨리는 부작용으로 확대됩니다.

부자나 가난한 자의 소득격차는 거의 모든 통계에서 두드러집니다.

미국의 소득 상위 1퍼센트는 국민 평균 소득의 225배를 벌어들입니다(CNN머니, 2011년). 그들의 소득은 치솟았지만 정치권은 그들에게 더 많은 세금을 거둬야 한다는 주장을 애써 모른 척하고 있습니다.

그리스 시대는 세금을 부과받은 부자 A가 세금이 공정하지 못하다고 생각되면 제3의 부자 B를 과세자로 지정할 수 있었습니다. 부자 B는 세금을 내거나 또는 그 역시 부당하다고 생각되면 그를 지명한 부자 A와 재산을 맞바꿀 수 있었습니다. 재산을 맞바꾼 부자 B는 이제 당초 부자 A의 재산으로 세금을 내면 됩니다.

인류는 끊임없이 소득을 재분배하는 방법을 고민해 왔습니다. 하지만 격차는 계속 심화됩니다. 공정한 과세가 자꾸 멀어지면서 김 과장의 부담도 계속 늘어납니다. 김 과장의 유리 지갑은 여전히 세금을 걷는 자들에게 최고 수입원입니다.

김 과장의 허리가 휩니다. 그러니 누군가는 손을 들어 "부자들에게 세금을 더 거둬야 합니다!"라고 외칠 시간입니다.

아파트는 넘치는데 내 집에 사는 사람은 줄어든다

아파트부채와 PIR

"저는 그 많은 한강변의 아파트들이
북한의 공격에 대비한 군사시설인 줄 알았죠."
—발레리 줄레조, 『아파트 공화국』에서

대공황이 기승을 부리던 1932년, 주택에 대한 수요가 다시 높아졌습니다. 미국은 주택경기를 살려 경기부양을 시도합니다. 연방주택청을 만들고 주택 담보를 통한 저리 대출을 유도합니다.

주택 구입 희망자들이 대출을 쉽게 받을 수 있도록 금융기관에 자금을 대주는 패니메이Fanni Mae도 설립됐습니다. 주택담보대출 기간이 최장 30년으로 길어집니다. 미국인들이 앞 다퉈 주택을 구입합니다. 당시 연방주택청의 TV 광고에 등장한 주택의 가격은 4,800달러. 이중 960달러를 선납하면 입주가 가능합니다. 매월 갚아야 할 원리금은 27.62달러로 이는 당시 평균적인 도시 주택의 월 임대료보다 낮았습니다. 빌려 살지 않고 내 집에 사는 시대가 시작된 것입니다.

이 같은 정책은 1970년 뒤 되풀이됩니다. 2002년 10월, "5년 안에 저소득 소수민족 550만 가구가 내 집을 갖게 될 것이다"라고 공언한 조지 부시 대통령의 발표 이후 연방 정부는 대출 규제를 크게 완화합니다.

미국 대륙이 대출 열풍에 휩싸입니다. 그러나 돈을 빌려간다고 모두가 돈을 갚는 것은 아닙니다. 그 대출에는 특히 돈을 갚을 수 없는 리스크를 따지지 않는 악의적 의도가 숨어 있습니다.

약탈적 대출의 시작

월 5부 이자(연 60퍼센트의 이자율로 불법 대부업체에서는 비교적 낮은 이자율입니다)로 대출을 해주는 사채업자 A가 있습니다. 사채업자 A가 당장 돈이 궁한 B에게 돈을 빌려줍니다. A는 물론 B가 쉽게 돈을 갚을 수 없다는 것을 알고 있습니다. A는 B가 돈을 갚지 않을 경우 B의 모든 것을 빼앗을 준비가 돼 있습니다.

자산도 소득도 불안하기만 한 B는 그러나 돈을 빌릴 수밖에 없는 상황입니다. 대출 서류에 도장을 찍습니다. 이른바 약탈적 대출의 준비가 끝났습니다. 작전을 전개할 시간입니다. 작전명은 '서브프라임 모지기'입니다.

서브프라임 모기지의 반칙

"처음 6퍼센트 이자율로 빌려드려요."

⇨ 그러나 2년이 지나면 이자율이 2~4퍼센트 포인트 올라간다

"누구든지 빌려드려요. 소득, 직업, 자산 따지지 않습니다."

⇨ NINJA(No Income No Job No Asset) 대출

"이런 저런 서류도 필요 없다니까요!"

⇨ NO-DOC(No Document) 대출

"월 얼마씩 갚아나갈지는 대출자가 알아서 결정하세요."

⇨ ARMs(Adjustable-Rate Mortgages) 대출

"그러니 일단 대출부터 받아가세요."

⇨ 그러나 대출 후 조기상환 때는 매우 높은 조기상환 위약금이 부과된다

주택담보대출이 빠르게 늘어납니다. 모기지업체는 채권자들에게 받을 원리금을 담보로 MBS(3장 참고)를 발행합니다. 시중 투자은행이 채권을 인수하고 채권 대금이 다시 모기지업체로 흡수돼 이 돈으로 다시 대출이 이뤄집니다.

모기지업체는 채무자들이 돈을 잘 갚으면 높은 이자를 받고, 돈을 잘 갚지 못하면 더 높은 연체이자를 받으며, 돈을 아예 갚지 못하면 주택을 압류하면 됩니다. 손실은 MBS를 인수한 금융회사들이 떠맡을 것입니다. '닥치고 대출'의 시대가 열린 것입니다. 2005년 MBS 발행 물량은 4조 달러(약 4,498조 원)를 넘어섭니다. 그러나 자본가의 잔치 뒤에는 항상 납세자의 고통이 뒤따릅니다.

서브프라임 모기지의 만기는 보통 30년, 대출을 받고 만 2년이 지나

면 변동 이자율로 전환됩니다(그래서 '2-28 상품'이라고 부릅니다). 따라서 월소득이 매달 갚아야 하는 원리금보다 썩 높지 않은 서민들 입장에서는 주택가격이 30년 동안 꾸준히 오르거나, 최소한 크게 떨어지지 않아야 합니다.

하지만 미국의 주택가격은 2006년 여름을 고비로 결국 상승세가 꺾입니다. 초저금리 시대가 막을 내리면서 대출 이자율이 급등합니다. 덩달아 대출금 연체 가구가 급증합니다. 주택담보대출 채권을 기초로 설계된 각종 파생금융상품의 지불 중단이 현실화됩니다.

2007년 8월 9일 프랑스 BNP파리바은행이 MBS 펀드의 환매를 중단한다고 발표하면서 초대형 은행의 부실 고백이 이어집니다. 당황한 모기지업체들이 서둘러 채권을 회수합니다.

주택 압류가 급증하고 집주인들이 거리로 내몰립니다. 2008년 미 전역에서 7백만 가구의 주택이 압류됐습니다. 2011년에는 105만 가구가 대출금을 갚지 못해 집을 압류당했습니다. **"초저금리로 대출을 유도했던 그들은 다시 금리가 높아질 시간이 다가온다는 사실을 몰랐을까?"**

집이 아니라 돈이 부족하다

서울 아파트의 가격은 평균 4억 8,703만 원, 전국 평균 주택가격은 2억 6,284만 원입니다(국민은행 전국 주택가격 동향 조사, 2012년). 2011년 도시 근로자 4인 가구의 평균 소득은 4,700만 원. 따라서 한 푼도 쓰지 않고 10.3년을 모으면 서울 평균 아파트를 구입할 수 있습니다. 이때 집을 장만하는 데 걸리는 시간 10.3년을 PIR^{Price to Income Ratio}, 즉 가구소득 대비 주택가격 비율이라고 합니다.

서울의 PIR

$$10.3 = \frac{\text{4억 8,703만 원(평균 주택가격)}}{\text{4,700만 원(4인 가구)}}$$

그런데 2010년 기준 가계저축률은 3퍼센트 미만, 통계적으로 우리는 고작 소득의 2.8퍼센트를 저축합니다. 한 달 384만 원을 버는 가구의 월 저축액은 11만 원가량. 이 속도로 저축을 하면 서울에 내 집을 마련하기 위해서는 2백 년 이상 생존하고 노동해야 합니다. 결국 해답은 대출입니다.

통계적으로 서울에서 전세를 구하는 것도 쉬운 일은 아니다. 2012년 2월 기준 서울의 평균 전세가격은 2억 2,945만 원이다. 평균 소득의 2.8퍼센트만 저축하는 서울의 평균 근로자는 174년간 돈을 모아야 평균 전세주택에 들어간다. 그러니 서울에서 우리가 전세든 내 집이든 마련했다면 이는 참 신기한 일이다.

그런데 문제가 생겼습니다. 평균 소득의 직장인이 평균적인 삶을 포기하고 장만한 평균 아파트 가격이 계속 떨어집니다. 빚을 내서 산 집은 알고 보니 자산이 아니고 부채였습니다.

이제 남은 것은 가구당 평균 4,560만 원의 빚(한국은행, 2012년 2월). 소득 하위 50퍼센트의 가계수지 흑자 폭이 줄어들고, 이 은행 저 카드사에 빚을 진 다중채무자가 늘어납니다. 비금융권(우리가 3장에서 대부업체와 다름없다고 비난했던 그 회사들!) 대출 비중은 급등하고 있습니다.

돈 벌어 빚 갚는 시대, 1백 가구 중 9가구(8.7퍼센트)는 소득의 40퍼센트 이상을 대출 원리금을 갚는 데 쓰고 있습니다. 중요한 것은 빚이 빛의 속도로 늘고 있다는 사실. 지난 1999년부터 11년 동안 가계부채는 연평균 13퍼센트씩 불어납니다(한국은행, 2012년). **"우리의 탐욕은 언제 어디서 시작됐을까?"**

아파트의 탐욕 매트릭스

각종 규제를 풀어 건설경기를 부양하려는 정치인과 관료들의 탐욕

⇨ '분양권 전매'를 허용한다는 것은 아파트를 분양받아 언제든 되팔아도 된다는 뜻이다. LTV나 DTI^{Debt To Income} 규제를 완화한다는 것은 대출을 더 받아서 아파트를 사라는 뜻이다.

아파트를 가능한 높게, 많이 분양해 최대의 이익을 남기려는 조합원들의 탐욕

⇨ 한남동 단국대 부지에 들어선 '한남 더 힐'은 분양가상한제를 피하기 위해 민간 임대아파트로 건설됐다. 법적으로 임대아파트인 한남 더 힐의 최고층은 보증금 25억 원에 월 임대료가 429만 원이다.

이 탐욕에 편승해 아파트를 투기재로 변질시킨 건설사들의 탐욕

⇨ 1999년 도곡동 타워팰리스의 평당 분양가는 990만 원이었지만 2006년 파주 한라비발디의 분양가는 평당 1,300만 원이다.

무차별 대출에 앞장선 금융권의 탐욕

⇨ 전체 가계대출의 65.9퍼센트가 주택담보대출이다(은행연합회, 2011년).

아파트 주인의 탐욕

⇨ 주택대출자의 평균 가처분소득은 246만 원. 이중 매월 원리금으로 102만 원이 지출된다. 가처분소득 대비 원리금 비율이 41.6퍼센트에 달한다(현대경제연구원, 2011년).

대출을 받은 지 3년, 늦어도 4년 후부터는 이자뿐 아니라 매달 원금까지 상환해야 합니다. 4백조 원에 달하는 주택담보대출의 상환은 2012년부터 본격화됩니다. 이제 본격적으로 빚을 갚을 시간입니다.

맑은 날 당나귀가 욕심껏 짊어진 솜이불은 비가 오자 감당하기 어려울 만큼 무거워졌습니다. 이 모든 탐욕들이 버무려진 한국의 아파트시장은 이제 스릴러 영화에서 공포영화로 내달립니다.

왜 내 집에 사는 사람은 자꾸 줄어들까?

탐욕의 부동산 공화국에는 2000년 이후 매년 25만~35만 가구의 아파트가 새로 공급됐습니다. 모두가 내 집 마련의 꿈에 젖어 아파트 공화국을 건설하면서 전국의 주택 보급률은 101.9퍼센트에 다다랐습니다(국토해양부, 2010년). 우리 국민이 1백 가구라면 전국의 주택은 이미 101채를 넘어섰습니다. 그렇다면 내 집에 사는 집주인들도 늘어났을까요?

2010년 서울 40대 가구주의 자가주택 거주율은 52.3퍼센트로 2005년 57.3퍼센트보다 큰 폭으로 하락했습니다. 30대 가구주의 자가주택 거주율 역시 같은 기간 39.3퍼센트에서 36.8퍼센트로 하락했습니다(보험연구원, 2011년).

통계청의 인구주택총조사에서도 2010년 전국의 자가주택 거주율은 여전히 54.2퍼센트에 머물고 있습니다. 두 집 중 한 집은 여전히 남의 집에 살고 있습니다. **"해마다 수십만 가구의 주택이 새로 공급되는데 왜 내 집에 사는 사람은 오히려 줄어들까?"**

이유는 1~2인 가구가 늘면서 전·월세로 남의 집에 사는 2~30대가 늘었기 때문입니다. 또 새로 공급되는 주택의 가격이 지나치게 비싸다보니 새 주택의 상당수는 이미 집이 있는 유주택자가 구입하기 때문입니다.

실제 2007년 말 기준 전국의 다주택자 105만 가구가 477만 채의 주택을 소유하고 있습니다. 평균 저축률이 3퍼센트도 안 되는 도시근로자가 수억 원의 주택을 분양받는 것은 애초에 불가능합니다.

주택 보급률이 이미 110퍼센트를 넘은 일본과 미국의 자가주택 거주율

역시 70퍼센트에 못 미칩니다. 주택 보급률이 1백 퍼센트를 넘어서면 그 이후 아무리 주택을 많이 공급해도 자가주택 거주율은 크게 올라가지 않습니다. **"결국 집이 부족한 것이 아니라 돈이 부족한 거라니까!"**

게다가 2010년 인구주택총조사 대상 가구 1,733만 가구 중 121만 가구(7퍼센트)는 화장실 또는 부엌이 없는 주택에 거주합니다. 수도권 전체 가구 중 옥탑방에 거주하는 경우도 53만 가구(6.4퍼센트)나 됩니

보금자리주택의 실패

정부는 2009년 수도권에 집중적으로 저렴한 아파트를 공급하는 '보금자리주택' 사업을 시작했다. 주변 시세의 2분의 1이 안 되는 4억 원의 분양가로 시범 공급된 강남 세곡지구 보금자리주택(전용 면적 84m²)에는 632명이 몰려 5.5대 1의 경쟁률을 기록했다. 보금자리주택 계획이 속속 발표되면서 민간 건설사들이 분양하는 아파트는 된서리를 맞았다.

주택 공급을 늘려 집값을 잡아보자는 정부의 계획은 민간 분양시장에 심각한 걸림돌이 됐다. 정부가 교통 대책으로 그랜저나 프라이드를 싸게 판매한다고 발표하자 소비자들이 현대자동차에 등을 돌린 것이다. 정부의 교통 대책은 그랜저를 싸게 파는 게 아니고 지하철이나 버스 요금을 낮추는 것이어야 했다.

비즈니스 프렌들리 정책으로 시장을 살린다는 정부가 꺼내든 보금자리주택 카드로 인해 민간 건설사들은 오히려 큰 피해를 입었다. 주택시장에서 시장원리는 위축됐고 분양시장은 더 얼어붙었다. 주택을 새로 구입하는 수요가 줄고 경기침체까지 겹쳐 부동산 거래도 크게 줄었다. 2012년 정부는 슬그머니 보금자리주택 추가 건설 계획을 백지화 또는 축소했다.

다. 따라서 정부는 이제 주택을 많이 공급할 게 아니라 저렴한 주택이나 임대주택을 집중적으로 공급해야 합니다.

토지의 주인은 누구인가

경제학은 '한정된 재화를 효율적으로 분배'하는 학문입니다. 공급이 가장 제한된 재화인 공기·물·땅 3가지 중에서 유일하게 땅만 주인이 정해져 있습니다. 그리고 주택과 공장은 땅을 필요로 하며, 산업 생산이 늘고 소득이 늘수록 공급이 한정된 토지의 가격이 급등합니다. 시장경제의 탄생 이후 토지의 소유는 이윤을 독점하기 가장 쉬운 방법입니다.

효리 씨의 치킨점 효리Q. 맛있다는 소문이 나면서 기다리는 손님의 줄이 길게 이어진다. 효리 씨는 1년 만에 1억 원의 영업이익을 올렸다. 그런데 이 소식을 들은 건물주 철수 씨가 월 임대료를 큰 폭으로 올렸다. 이듬해 효리 씨의 영업이익은 그만큼 줄었다.

1년이 지나 건물주 철수 씨가 다시 임대료를 인상하려 하자 효리 씨는 이웃동네 수현 씨의 건물로 옮겨 다시 효리Q를 열었다. 하지만 수현 씨 역시 효리 씨가 많은 이윤을 남길수록 임대료를 인상했다.

효리 씨는 자신의 이윤이 A의 비율로 높아지면 건물주들이 $A \times a$퍼센트만큼의 비율로 임대료를 인상한다는 사실을 깨달았다. 결국 효리Q에서 소비자들이 제공한 이윤의 대부분이 건물주에게 이전되는 것이다.

19세기 미국의 경제학자 헨리 조지는 경제 규모가 커지는데도 빈곤이 사라지지 않는 까닭을 시장경제가 생산하는 부의 대부분이 '토지비용'에 사용되기 때문이라고 설명했습니다.

인구증가와 산업발달은 필연적으로 토지의 공급 부족 현상을 불러오는데, 이 때문에 우리는 산업이 발달할수록 더 많은 토지비용을 지불해야 한다는 것입니다. 토지가 없는 효리 씨가 아무리 소득을 올려도 임대료로 대부분을 빼앗기는 이유도 이 때문입니다.

토지와 이윤이 일부에 집중되는 현상을 완화하기 위해 헨리 조지는 지대의 상당 부분을 세금으로 회수해야 한다고 주장했습니다. 유형원을 비롯한 조선의 실학자들이 주장했던 균전론도 같은 맥락입니다.

그들은 지주들이 독점한 토지를 국유화한 뒤 농민들에게 재분배하자는 혁명적인 주장을 했습니다. 신분에 따라 토지를 차등 지급하고 이를 통해 생산을 독려하면, 늘어난 생산은 조세 수입의 증가로 이어집니다. 균전론은 실현되지 못했지만, 놀랍게도 '사익의 추구를 통한 공익의 실현'이라는 고전경제학의 핵심이 숨어 있습니다.

헨지 조지 이후 서구 선진국은 재산세 등의 방법으로 토지와 주택에 쏠린 이윤의 일부를 회수하는 방법을 고민해 왔습니다. 미국은 보통 기본 재산세 1퍼센트에 다양한 재산세가 추가돼 매년 집값의 1.2~3퍼센트의 주택보유세가 부과됩니다.

뉴저지 주의 경우 30만 달러(약 3억 3,700만 원) 규모의 주택은 연 6천~8천 달러(약 675만~9백만 원)의 재산세를 냅니다. 이 세금은 결국 한정된 땅이라는 재화를 독점한 것에 대한 기회비용입니다. 반면 우리나라의 재산세는 미국의 10분의 1에도 못 미칩니다.

재산세가 낮을 경우 분배 효과가 약화되는 것은 물론, 다주택자 양산의

	연간 재산세	재산세율
미국 (뉴저지)	6천~8천 달러 (약 675만~9백만 원)	1.2~3퍼센트 ⇨ 각 주, 카운티마다 조금씩 다르다
한국	57만 6천 원 ⇨ 재산세 27만 원+지방교육세 5만 4천 원+도시교육세 25만 2천 원	0.17~0.52퍼센트 ⇨ 종부세를 내는 고가 주택의 경우 0.5퍼센트 정도가 추가된다. 이를 포함하면 평균 재산세 실효세율은 0.2퍼센트 남짓이다(재정경제부, 2006년).

30만 달러 주택의 재산세

배경이 됩니다. 주택은 차량이나 구두 같은 재화와 달리 다주택자라고 해도 보통 1가구만 점유하고 나머지 주택은 임대를 하게 됩니다.

이에 따라 다주택 보유자는 시장에서 '선한 주택 공급자'가 되고, 특히 선진국처럼 높은 재산세와 주택 임대에 따른 소득세가 투명하게 부과된다면 설령 투기적 의도가 있더라도 '선한 시장참여자'입니다.

반면 우리나라처럼 주택 소유에 대한 재산세율이 낮고 주택 임대소득에 대한 과세도 불투명할 경우 다주택자는 '악한 시장참여자'가 될 수밖에 없습니다. 그 악에 대한 비용은 고스란히 무주택자에게 전가됩니다.

한정된 땅이라는 재화를 일부 계층이 차지하고 효리 씨는 이제 더 많은 비용을 지불해야 합니다. 효리 씨가 땀 흘려 번 소득의 상당 부분은 단지 토지가 없다는 이유로 지주의 주머니로 들어갑니다. 무주택자의 주택담보대출 이자나 상인의 상가 임대료는 지대 형식으로 다주택자(건물 소유주)에게 넘어가 땀 흘리지 않은 그들의 곳간을 채웁니다.

결국 주택에 대한 탐욕을 정책적으로 막기 위해서는 다주택자에 대한 공정한 과세와 저렴한 임대주택의 공급이 해법입니다. 그것이 열심히 일한 사람보다 '똑똑한 집 한 채' 잘 장만한 사람이 더 잘사는 사회를 막는 지름길입니다. **"모든 중산층이 탐욕스러워졌을 때 탐욕은 더 이상 탐욕이 아니다."** ─김재영, 『하우스푸어』에서

아파트 탐욕의 대가

'땅(부동산)'은 지난 백 년 동안 가장 첨예한 투기의 대상이 됐습니다. 땅은 공급이 한정돼 있어 이윤을 독점하기 가장 쉽습니다. 대치동 은마아파트 4,424가구 중 집주인이 직접 거주하는 집은 불과 11.4퍼센트뿐입니다. 10가구 중 9가구는 살기 위해서가 아니라 이윤 추구를 위해 집을 구매한 것입니다(〈PD수첩〉, 2009년).

투기 대상으로 전락한 집은 다른 모든 투기적 재화가 그런 것처럼 탐욕의 대가를 요구합니다. 주택담보대출 원리금을 갚기 위해 소비를 줄인 계층 이른바 하우스푸어가 갈수록 늘어납니다. 지난 2011년 한 해 동안 미국에서는 모두 105만 가구가 대출금을 제때 갚지 못하고 압류됐습니다.

가계부채의 본격 상환이 시작되는 2012년부터 탐욕에 대한 대가는 더욱 가혹해 질 전망입니다. 평균 소득으로 평균 주택을 구입하기 위해 평균적인 삶을 포기했던 평균 중산층은 부동산 탐욕의 매트릭스에 빠져 이제 평균적으로 내리막길을 걷고 있습니다.

새로운 시대는
열리지 않는다

투기 시대의 환상들

"다음 주에 위기를 만나진 못할 것 같군요. 그러기엔 제 스케줄이 너무 바쁘네요."
(There cannot be a crisis next week. My schedule is already full.)
—헨리 키신저, 전 미 국무장관

1920년, 포드자동차 디트로이트 공장. 포드의 대표 승용차 '모델T'가 17초당 1대씩 완성됩니다. 노동자의 역할은 컨베이어벨트라는 공간으로 제한됩니다. 노동자가 어떤 일을 할 수 있느냐에 따라 설계됐던 공장은 이제 컨베이어벨트가 노동자에게 어떤 일을 맡기느냐에 따라 설계됩니다. 우리는 이 풍경을 찰리 채플린의 1932년 영화 〈모던 타임스〉에서 보았습니다.

20세기 초 컨베이어벨트 도입으로 분업이 세분화되면서 생산성이 치솟습니다. 노동 강도가 집약화되면서 노동 시간도 하루 8시간으로 2시간 줄어듭니다. 모델T가 불티나게 팔리면서 하루 2.34달러였던 직원들의 임금도 오를 것입니다.

이제 소득이 높아진 노동자들의 소비가 늘어나면 불황은 영원히 사라질 것입니다. 대량생산 대량소비 시대의 개막. 인류는 드디어 시장경제에서 물건을 싸게 만들어 싸게 파는 법을 개발했습니다.

1930년대 미국의 착각

포디즘Fordism의 영향은 빠르게 시장 곳곳으로 번졌습니다. 1923년에는 독일 건축가 발터 그로피우스가 조립식 주택의 대중화에 성공합니다. 도심 외곽에 수백 채의 주택이 몇 개월 만에 완성됩니다. 번영은 무서운 속도로 찾아왔습니다.

1920년~29년까지 미국의 GDP는 59퍼센트 급등합니다. 1929년 한 해에만 450만 대의 자동차가 미국의 도로 위로 쏟아져 나왔습니다. 자동차산업의 발전은 철강산업과 석유산업의 발전을 견인했고, 이는 관광산업과 항공산업의 발전으로 이어졌습니다.

기술이 발전하면서 냉장고와 세탁기가 보급됩니다. 1928년 미국에는 10억 대에 가까운 라디오가 새 시대를 예고했습니다. 주 5일 근무가 자리 잡고 미키마우스가 등장한 것도 이 무렵입니다.

맨해튼에 클라이슬러 빌딩과 엠파이어스테이트 빌딩이 들어서고, 1929년 3월 취임한 로버트 후버 대통령은 '빈곤의 시대는 끝났다'고 선언합니다. 모든 미국인들이 새로운 시대를 맞을 준비가 됐습니다. **"모든 냄비에 닭고기를, 모든 차고에 자가용을 약속합니다."** ─로버트 후버, 1928년 대통령 유세에서

그러나 7개월 뒤 미국은 역사상 최악의 대공황에 맞닥뜨립니다. 새로운 시대는 열리지 않았습니다. 1932년 미국의 GDP는 1929년의 절반으로 추락하고 거리에는 실업자의 행렬이 이어집니다. 대공황으로 생겨난 판잣집은 대통령의 이름을 따 '후버 빌Hoover Ville', 노숙인들이 덮고 자는 신문은 '후버 담요Hoover Blanket'라는 이름이 붙었습니다. 1920년대 후반 미국인들이 직접 목격한 번영은 왜 가짜로 판명났을까요?

많은 학자들이 그 원인을 공정한 분배 시스템의 훼손에서 찾습니다. 대량생산으로 늘어난 기업의 이윤이 충분히 노동자에게 전달되지 못했습니다. 기업이 돈을 잘 벌면 노동자들의 소득이 늘어 구매력이 강화되고 소비가 늘어날 것이라는 이론은 빗나갔습니다. 1923년~29년 기업의 이윤은 60퍼센트나 늘었지만 노동자들의 임금은 11퍼센트만 올랐습니다(이영직, 『펄떡이는 길거리 경제학』에서).

컨베이어벨트의 도입은 노동자들의 해고를 앞당겼습니다. 대량생산에 길들여진 기업들은 생산에 몰두했지만 이를 구매할 지갑이 두둑한 소비자는 턱없이 부족했습니다. 소비는 늘지 않고 재고는 쌓여갔습니다.

노동으로 얻는 평균 소득이 평균 생계비보다 높아야 소비와 지출이 정상적으로 이뤄지고 경제가 성장합니다. 소비가 멈춰서면서 저축이 멈추고 컨베이어벨트가 멈춰섭니다.

유럽에서 시작된 불황이 미국 대륙으로 번질 무렵, 미국인들의 절반은 여전히 농업에 종사했고, 도시에서는 소득이 늘어난 상위 계층이 주

식시장으로 몰려갔습니다. 기업이 만든 부가가치를 뛰어넘는 투기 수요가 증시에 쏠렸고 주가는 급등했습니다.

그러나 하나둘 주식을 팔기 시작하고 모두가 팔아야 한다는 불안에 잠긴 그날, 1929년 10월 24일 목요일, 주가는 43퍼센트 폭락합니다. 이 착각과 투기, 그리고 위기의 과정은 60년 뒤 태평양 건너 일본에서 고스란히 되풀이됩니다.

1980년대 일본의 착각

1985년 9월, 무역적자를 참다못한 미국은 뉴욕 플라자 호텔에 일본을 불러들여 '플라자 합의'를 이끌어냅니다. 1984년 달러당 250엔이었던 엔화의 가격은 2년 후 160엔까지 폭등합니다. 엔화의 폭등으로 'Made in Japan'의 수출가격이 급등합니다.

수출이 줄어들 것을 우려한 일본 정부는 서둘러 기준금리를 내리고 각종 재정정책을 통해 시장에 돈을 공급했습니다. 1987년 5퍼센트 대였던 기준금리는 2.5퍼센트까지 내려갑니다. 이렇게 풀린 유동성 대부분이 부동산시장과 증시로 유입됩니다. '잃어버린 10년'은 그렇게 시작됐습니다.

도쿄 시내 아파트가격의 1백 퍼센트까지 대출해 주는 은행이 생겼습니다. 대출 경쟁이 심해지면서 은행이 아파트 등기비까지 대납해 줍니다. 만기 50년짜리 대출상품과 부모가 빌린 돈을 자녀가 대신 갚는 2세대용 대출도 이 무렵 등장했습니다.

1989년 10월 3일, 미쓰비시부동산은 맨해튼의 상징 록펠러센터를 사들입니다. 하와이에는 엔화를 들고 온 일본 주부들의 땅투기가 본격화되고, 도쿄에는 2백억 원이 넘는 아파트가 등장합니다. 도쿄 부동산 시장이 급등하면서 도쿄 23개 구의 부동산가격이 미국 전체 본토가격을 돌파했다는 분석이 이어집니다.

1989년의 마지막 거래일, 니케이 지수는 38,915.87을 기록합니다 (2012년 가을, 일본 니케이 지수는 8,600선을 겨우 지키고 있었습니다). 부인과 두 자녀의 가장이면서 유명 수출상사의 과장인 히로유키 씨는 연소득의 20배가 넘는 2억 8천억 엔(약 29억 원)의 신도시 아파트를 구입하면서 생각합니다. '드디어 새로운 시대가 열렸구나!'

1989년 취임한 미에노 야시스 일본은행 총재는 자산시장 거품을 우려하며 금리 인상을 단행합니다. 1989년 5월, 9년 만에 금리가 인상됩니다. 1990년 3월에는 토지 관련 대출 비율이 은행의 전체 대출 증가율을 넘지 못하도록 규제합니다. 거품 붕괴를 눈치 챈 은행들이 서둘러 채권 확보에 나섰고 2퍼센트 대였던 이자율은 5퍼센트 대로 치솟습니다.

1991년 겨울이 되자 거의 모든 일본 국민이 부동산을 내던졌습니다. 상업지 땅값과 상업용 건물, 주택, 골프장 회원권 등 모든 자산의 가격이 폭락합니다. 1992년까지 부실채권을 감당하지 못한 17개 은행 등 124개 금융기관이 파산했습니다.

영화 〈울트라맨〉〈고질라〉 미술감독인 스즈키 요시오 씨. 미나토구의 작은 양복점의 가격이 2억 엔에서 16억 엔으로 폭등하자 그는 양복점을 팔고 은행에서 6억 엔을 더 대출받아 부동산업에 뛰어들었다. 이후 거품이 꺼지자 그는 모든 것을 잃고 산속에서 살고 있다.

도쿄의 부동산개발업자 고지마 노부타카 씨. 1980년대 후반, 그는 도쿄 시내에

70개의 건물을 소유하고 연간 1,500억 엔의 수익을 올렸다. 당시 그는 2백만 엔짜리 양복을 입었다. 거품이 꺼지고 1992년 8천억 엔의 자산이 순식간에 사라졌다. 남은 은행 대출금을 모두 상환하기 위해서는 앞으로 8,333년 3개월이 걸린다. —KBS스페셜 〈욕망과 혼돈의 기록 도쿄 1991〉

투기가 대중적으로 작동하기 위해서는 경기부양을 위한 저금리와 이를 통한 막대한 유동성, 새롭게 등장한 기술이나 이론에 대한 환상 그리고 '대중의 착각'이 필요합니다.

지금의 강남사거리(말죽거리)가 서울로 편입된 1963년 이후 강남은 끊임없이 확장됩니다. 1967년 경부고속도로 예정 부지에 편입된 땅을 갖고 있는 주민들이 큰돈을 버는 것이 목격되면서 이제 우리의 시장에도 부동산투기의 공식이 완성됩니다.

영동지구 토지개발 사업 등 정부의 강남개발 사업이 잇달아 발표되면서 말죽거리 일대의 땅값은 1963년~1969년까지 1백 배가량 폭등합니다. 그 투기의 정점에 들어선 도곡동 타워팰리스. 1992년 완공된 뒤 평당 1억 원을 넘어서며 한국 부동산투기의 완성품으로 자리를 잡습니다. 그러나 조만간 1백억 원이 넘을 것이라던 타워팰리스의 가격은 2008년 금융위기 이후 속절없이 추락하고 있습니다.

벤처 열풍이 몰아치던 1999년 8월, 다이얼패드 기술이 알려지면서 주당 2,575원이던 새롬기술의 주가는 2년 만에 주당 28만 원까지 치솟습니다. 1999년 하반기에 1천만 원을 투자한 투자자는 두 달 만에 10억 원 이상의 수익을 올렸습니다. 주가 상승률은 복리입니다.

외환위기 이후 저금리로 풀린 막대한 유동성은 IT 투자로 몰렸고, 투자자들은 특별한 수익 모델도 없는 새롬기술의 주가가 1백만 원을 돌파할 것이라고 믿었습니다. 사람들은 이제 작은 IT기업이 삼성전자나 현대자동차처럼 막대한 수익을 올리는 '새로운 시대'가 열렸다고 믿었습니다. 그러나 실제 현대자동차 시가총액을 육박하던 주가는 벤처 거품과 함께 순식간에 사그라졌습니다.

불황은 투기와 환상을 앞세워 등장합니다. 경제학의 대표적 투기 사례인 1720년 남해주식회사. 당시 투기꾼들 역시 스페인령 서인도제도에서 30년간 11만 4천여 명의 노예가 유입되면 영국의 번영이 지속될 것으로 믿었습니다. 새로운 시대를 기대했습니다.

1825년 런던 증시에 투자 광풍이 몰아칠 때 주식 발행인들은 '과거와의 이별과 새 시대와의 만남'을 선언했습니다. 이 착각은 2백 년 동안 국가와 시대를 오가며 되풀이됩니다. 1819년, 1837년, 1866년, 1893년, 1907년, 금융위기는 되풀이됐습니다. 1929년 대공황은 그 시리즈의 일부일 뿐입니다.

창조되지 않는 부는 분배되지 않는다

시장에서 새로운 거래가 일어나기 위해서는 새로운 부가가치가 탄생해야 한다. 농부인 효리 씨가 마르시아 장미 한 덩굴을 재배하거나 치과 의사인 철수 씨가 새로운 보철기법을 개발할 경우 거래는 늘어나고 이윤이 발생한다. 그래야 분배가 가능하다. 경제학은 이를 '창조되지 않으면 분배되지 않는다'라고 정의한다.

대중이 투기 시대에 경험하는 창조는 대부분 가공된 숫자일 가능성이 높다. 투기 시대에 창조된 부가가치가 현실에서 지속되기란 불가능하다.

어업국가 아이슬란드의 침몰

어업국가 아이슬란드에 정어리 흉년이 찾아왔습니다. 1992년 집권한 데이비드 오드손 총리는 천수답 구조의 재래산업을 정리하고 금융산업으로의 재편을 선언합니다.

어업과 제련업 등 당시 주력산업에 대한 지원 대신 외국자본 유치를 위한 범정부적 노력이 시작됐습니다. 외국자본에 대한 규제 장벽이 빠르게 낮아지고 40퍼센트의 법인세율은 12퍼센트까지 내려갑니다. 정부가 지급보증을 하면서 대출 한도가 90퍼센트까지 확대됩니다.

경기는 빠르게 회복됐고 인플레이션을 막기 위해 금리가 치솟았습니다. 고금리를 노리고 최첨단 투기수법으로 무장한 투기자본들이 속속 어업국가 아이슬란드에 진입했습니다.

2004년 이후 아이슬란드 금융시장이 팽창을 시작합니다. 4년 동안 증시는 9배, 부동산시장은 3배 이상 급등합니다. 자산시장의 부는 빠르게 국민들에게 전이됐습니다. 고기잡이배는 요트로 바뀌고 해안가 주택의 가격은 치솟았습니다. 주택담보대출을 받기 위한 행렬이 이어지고, 이해하기 힘든 각종 금융투자상품 가입이 유행처럼 번졌습니다.

천 년 어업국가의 국민들은 앞 다퉈 대구잡이 어선을 팔았습니다. 환투기를 배우고 블랙 숄스 공식을 외웠습니다. 국제적인 금융기관이나 금융대학원 하나 없는 아이슬란드 국민들이 모두 금융전문가(?)로 변신했습니다. **"오드손의 개방정책은 빛보다 빠른 경제 성공이 무엇인지를 보여줬다."** —《월스트리트 저널》, 2006년

글로벌 투기자금의 유입과 주택담보대출의 증가로 2007년, 아이슬란드 3대 은행의 자산은 1,400억 달러로 치솟고 GDP가 6만 4,141달러를

기록합니다. 아이슬란드는 세계 3위의 부자나라가 됐습니다.

누구나 빚을 내 부자가 되는 시대가 열렸습니다. 흥청망청 소비가 이어졌습니다. 국민들은 런던과 코펜하겐에 별장을 사들였습니다. 전용기로 방문해 노래 2곡을 부른 엘튼 존은 1백만 달러를 챙겨갔습니다.

그러나 2008년 말 유럽 발 금융위기로 외국 투기자본이 썰물처럼 빠져나갔습니다. 은행들이 다시 금리를 15퍼센트까지 올리고 대출금 회수에 골몰할 무렵, 주택투기의 거품이 순식간에 사그라졌습니다.

해외투자에 열 올렸던 은행들이 대외채무를 갚기 어려워졌습니다. 그러자 피 냄새를 맡은 상어처럼 외환시장에 투기세력의 공격이 이어졌습니다. 크로나화의 가치가 1년 새 44퍼센트나 폭락하고 국가적 예금인출 사태가 줄을 이었습니다.

국가도 국민도 빚을 못 갚는 시대, 2008년 11월 아이슬란드는 대외채무 불이행, 디폴트를 선언합니다. 갚지 못한 아이슬란드의 대외채무는 GDP의 7배까지 치솟습니다. 대외채무 1,200억 달러를 갚기 위해서는 30만 인구가 1인당 40만 달러(약 4억 5천만 원)를 갚아야 합니다. 어업국가 아이슬란드는 그렇게 침몰했습니다.

"금융 선진화가 완성됐고 정부의 규제·감독 시스템도 훌륭하다." 연방준비제도이사회 이사를 지낸 프레드릭 미시킨 컬럼비아대 교수는 2006년 아이슬란드 금융시장을 둘러보고 이 같은 보고서를 냈습니다. 2008년 금융위기로 아이슬란드가 사실상 파산하자 그는 슬그머니 대학으로 돌아갔습니다. 그는 이 보고서를 쓰는 대가로 아이슬란드 정부로부터 12만 달러(약 1억 3,500만 원)를 받았습니다(영화 〈인사이드 잡〉에서).

지난 2004년 이후 아이슬란드 국민들이 경험한 새 시대 역시 환상에 불과했습니다. 새 시대는 열리지 않았습니다. 아이슬란드 관련 파생 금융상품에 1억 7천만 달러(약 1,900억 원)를 투자한 영국 경찰청은 이후 야간 순찰을 줄일 만큼 심각한 재정위기를 겪었습니다.

금융은 산업이 아닙니다. 재화나 서비스를 창조하지 못합니다. 다만 산업의 발전을 지원할 도구일 뿐입니다. 아이슬란드 국민이 금융시장에서 창조한 것은 부가가치가 아니라 컴퓨터 모니터 위의 숫자였습니다. 숫자는 분배할 수가 없습니다. **"사회가 정의로운지 묻는 것은, 우리가 소중히 여기는 것들, 이를테면 소득과 부, 의무와 권리, 권력과 기회, 공직과 영광 등을 어떻게 분배하는지 묻는 것이다. 정의로운 사회는 이것들을 올바르게 분배한다."**—마이클 샌델, 『정의란 무엇인가』에서

창조된 부는 공정하게 분배돼야 한다

위기를 부르는 또 하나의 조건은 계층 간 격차입니다. 경제학자들은 1929년 미국의 대공황 때, 1990년대 초 일본의 경기침체 당시, 또 2008년 글로벌 금융위기 때 소득이 크게 벌어진 사실에 주목합니다.

미국 역사에서 소득 상위 1퍼센트가 전체 부의 23퍼센트 이상을 차지한 때는 단 두 번, 1929년과 2007년 뿐이었습니다. 하지만 이후 모두 글로벌 경제위기로 이어졌습니다(로버트 라이시, 『위기는 왜 반복되는가』에서).

1980년대 중반 경기부양을 서두르던 일본 정부는 법인세율을 42퍼센트에서 30퍼센트로, 소득세율을 70퍼센트에서 40퍼센트로 크게 내립니다. 이후 5년이 안 돼 최고 수준의 제조업 국가 일본은 부동산 승

자와 패자로 나뉜 불공정한 국가로 변질됩니다.

"시민들이 소득 순으로 거리를 행진한다. 이 나라는 소득이 낮을수록 키가 작다. 행진은 1시간 동안 진행된다. 행진의 앞머리에는 땅에 머리를 처박은 사람이 지나간다. 그는 소득 없이 빚만 있는 채무자다.

이후 20분이 넘도록 키가 1미터가 되지 않는 사람들의 행진이 계속된다. 3분의 1의 시민들 소득이 평균 소득에 턱없이 못 미친다는 뜻이다. 키 작은 사람들의 행렬은 한참 동안 계속된다.

48분이 다 돼서야 평균 키를 가진 시민이 등장한다. 평균 소득을 가진 시민이 30분이 아닌 48분 만에 등장하는 이유는 이후에 등장하는 사람들의 소득이 지나치게 높기 때문이다.

잠시 후 키가 2미터가 넘는 사람들이 등장하기가 무섭게 키가 5미터, 10미터가 넘는 시민들의 행렬이 이어진다.

59분쯤에는 키가 1백 미터 가까운 시민들이 모습을 드러내고 행렬의 마지막은 석유 왕 진 폴 게티가 모습을 드러낸다. 그는 "당신의 재산이 얼마인지 계산할 수 있다면 당신은 진정한 부자가 아니다"라는 말을 남긴 대부호다."

—얀 펜, 『소득 분배』에서

2010년 미국인을 소득에 따라 한 줄로 세우면 가장 가운데 있는 마이클의 연 소득은 4만 9,445달러. 1999년 이후 처음으로 5만 달러 이하로 떨어졌습니다(미 인구통계국, 2010년).

미국의 상품과 서비스 생산은 지난 10여 년 동안 19퍼센트, 수익은 85퍼센트나 늘었지만 민간 부문의 일자리는 2백만 개나 사라졌습니다. 격차가 벌어지면서 2008년 글로벌 금융위기는 여전히 현재진행형입니다.

메르세데스-벤츠 서비스업체에서 일하는 사무직 백인과 작업복을 입고 실제 AS를 담당하는 히스패닉 직원과의 임금격차는 7배를 넘었습니다. 중산층은 줄어들고(옥스퍼드 영어사전은 2010년 사라지는 중산층을 '쪼그라든 중산층Squeezed Middle'이라고 명명했습니다) 저소득층의 소득은 더 감소합니다.

총량이 커진 시장에서 신기술로 무장한 다국적 기업은 기계적으로 생산을 늘립니다. 그러나 수요는 이를 따라잡지 못하고 수요 공백은 반복됩니다. 소득이 늘지 않는 소비자들이 대형 마트에서 바나나와 생수를 구입하는 동안 마트 창고에는 위스키 재고가 쌓여갑니다.

컨베이어벨트와 포디즘이 도입되었을 때 인류는 크게 환호했지만, 기술의 진보는 노동자들의 해고로 이어졌습니다. 그 컨베이어벨트의 공장은 해가 바뀌면 임금이 더 싼 나라로 옮겨갈 것입니다. 기술 발전이 노동자를 위기로 몰고 갈 것이라는 제레미 리프킨의 오래전 주장(『노동의 종말』, 1995)은 불행히도 맞아 떨어지고 있습니다.

위기의 반복은 불가피해졌습니다. 새 시대는 열리지 않았습니다. 생산된 부가 설비투자 등 실물경제보다 각종 금융상품 등 자본투자에 몰리면서 일자리는 더욱 줄어들고 소비는 더 위축됩니다. 노동자들에 대한 수요가 와이셔츠 마지막 단추처럼 무의미해지면 이제 위기는 필연이 됩니다.

20세기 초반부터 경제학은 격차 해소에 주력해 왔습니다. 시장참여자들은 근로 시간을 제한하고 여성의 노동을 보장하고 노조의 허용에 합의했습니다. 공교육을 확대하고 실업급여와 국민건강보험 같은 보완 장치를 마련했습니다.

해마다 최저임금이 높아집니다. 그런데도 격차는 계속 벌어집니다. 탐욕은 멈추질 않고 우리는 또 언젠가 '새로운 시대'가 도래했다고 착각할 것입니다.

위기는 되풀이됩니다. 믿었던 과학과 기술의 발전이 예전만큼 노동자를 부자로 만들지 못합니다. 시장경제의 탈락자들이 늘어납니다. 성장과 분배를 연결해 줄 가치사슬(기업활동에서 부가가치가 생성되는 과정)을 만들어야 할 시간.

하지만 생산의 과실을 독점하는 계층의 탐욕을 억제할 제도적 장치는 여전히 의회 사무실 구석에서 주인이 불러주기만을 기다리고 있습니다. 그 생산의 과실을 고루 나누는 것에서부터 새로운 시대는 시작될 것입니다.

"우리가 만나는 미래는, 우리가 시장의 다른 대안을 상상하고 자유시장경제의 문제점을 되돌아보고 새로운 가치를 평가할 대안을 만들겠다는 우리의 의지에 달려 있다."
—칼 폴라니, 『거대한 전환』에서

시장경제가 오직 생산에 몰두했던 시절이 있었습니다. 만들면 팔리는 시대. 그러나 1929년 대공황이 찾아왔고 인류가 시장에 쌓은 믿음은 송두리째 무너졌습니다. 경제학은 이때부터 인위적으로 재화와 서비스의 거래를 늘릴 방법을 고민해 왔습니다.

케인즈라는 경제학자가 태어났고 돈을 더 찍어내고 더 유통시키는 해법이 제시됐습니다. 시장은 위기를 극복하고 자본주의의 수명은 더 길어졌습니다. 그러나 이 과정에서 지나치게 발행된 화폐는 암세포처럼 시장을 위협합니다. 헬기에서 돈을 뿌려도 좀처럼 돈이 돌지 않는 시대, 상처받은 시장참여자들의 분노가 깊어집니다.

끝으로 그 분노를 잉태한 지난 2백 년간의 경제학 이론과 경제학자들을 만나 봅니다. 놀랍게도 그들은 지난 세기 동안 우리 시장경제를 지켜낸 주인공들입니다.

부록

경제학자와 그 이론

01

정부는 절대 신라면 가격을 결정할 수 없다

마르크스와 가격 통제의 꿈

"철학자들은 세상을 다양한 방법으로 해석할 뿐이지만, 핵심은 세상을 변화시키는 것이다."

-칼 마르크스

애덤 스미스의 『국부론』(1776년) 이후 1백 년쯤 뒤, 경제학은 보이지 않는 손의 전지전능한 역할을 비로소 의심합니다. 그 역할을 정부가 대신해야 한다고 생각하는 사람이 하나둘 늘어날 무렵, 유럽에서는 극단적으로 정부의 역할을 확대하려는 시도가 있었습니다.

그들은 보이지 않는 손에 족쇄를 채워 시장의 자율을 최소화하려 했습니다. 이를 통해 시장이 만든 부가가치가 특정한 계급에 쏠리는 것을 막으려 했습니다. 인간의 이기심의 원천인 소유를 부정해 누구도 소유하지 않아서 모두가 소유할 수 있는 유토피아를 실현하려 했습니다. 정부가 공급과 수요를 통제해 가격을 결정할 수 있다고 믿었습니다. 실패한 가격 통제의 꿈, 계획경제 이야기입니다.

> "그 나라는 공동 소유의 나라다. 누구의 것도 아니기 때문에 모두의 것이다. 주택은 10년마다 서로 교환한다. 모든 시민은 오전과 오후 3시간씩 하루 6시간 노동한다. 54개 자치도시로 구성된 이 나라에서 모든 시민은 농촌에서 2년, 또 도시에서 2년씩을 노동한다. 엄격하게 보장된 여가시간에 시민들은 더 나은 정신적인 자유를 위한 학습을 한다. 병원은 있지만 법원은 없는 나라. 소유가 없어지자 도둑질이 사라졌다. 경제적 경쟁이 사라지면서 전쟁도 자취를 감췄다."　　　—토마스 모어,『유토피아』에서

소유의 금지

코끼리의 사유화를 허가한 뒤 오히려 그 개체 수가 늘어났다는 아프리카 어느 나라 이야기도, 우리가 자주 먹는 돼지는 멸종이 안 되는데 먹어본 적도 없는 호랑이는 멸종된 것도 '소유'의 문제입니다. 돈을 벌겠다는 양돈업자의 이기심이 돼지의 멸종을 막습니다.

고전경제학의 머리말에 쓰인 것처럼 소유가 허용되지 않으면 누구도 거래를 통한 편익을 추구하지 않습니다. 보이지 않는 손은 마비되고 거래는 사라집니다. 거래가 사라진다면 시장은 더 이상 부를 생산하지 못할 것입니다.

보이지 않는 손을 붙들어 매는 방법으로 유토피아를 꿈꿨던 경제학자

들이 있었습니다. 그들은 인간의 이기심을 인간의 이성으로 규제할 수 있다고 믿었습니다. 그들은 '공동 소유와 무상 이용'을 통해 자원의 최적 분배를 시도했습니다. 자유시장경제가 필연적으로 무너지고 그들이 원하는 유토피아가 스스로 찾아올 것이라고 믿었습니다.

칼 마르크스(1818~1883)

마르크스는 생산 수단에 따라 지배계급과 피지배계급이 나뉜다고 설명합니다. 지배계급은 수탈로 얻은 수단을 시대에 따라 소유합니다. 예컨대 로마 시대에는 노예, 중세 봉건 시대에는 토지, 자본주의 사회에서는 공장과 자본으로 지배계급이 유지됩니다. 이 때문에 피지배계층은 늘 지배계층을 위한 노동에 종사합니다. **"노동자들은 하루 종일 구슬을 꿰지만 그 구슬을 집에 가져갈 수 없다. 그 구슬은 자본가의 것이기 때문이다."**

이 같은 체제 유지를 위해 지배계급은 종교나 활자 등 문화와 도덕을 앞세웁니다. '당신과 당신의 가족이 하루 종일 노동하는 것은 천국에 가기 위해서다' '농노가 영주에게 저항하는 것은 하늘의 이치에 어긋나는 일이다' 등의 이데올로기로 사회가 유지됩니다.

마르크스는 이를 '상부 구조$^{Super\ Structure}$'라고 설명합니다. 이를 통해 사람이 사람을 지배하는 과정은 한층 자연스러워집니다. **이집트의 왕이 죽으면 수많은 부인과 노예들이 함께 순장됐는데, 아무도 "내가 왜 왕을 따라 죽어야 하나요?"라고 묻지 않았다면 이도 상부 구조 때문이다.**

마르크스는 또 자본주의는 구조적인 한계, 다시 말해 계급적 필요성에 의해 필연적으로 문을 닫게 될 것이라고 믿었습니다. 투입된 자본에 비해 이윤율이 갈수록 떨어지기 때문입니다. 이윤율이 떨어지면 그 부담은 고스란히 노동자에게 전가됩니다. 이론가 마르크스와 노동자 효리 씨의 대화를 잠깐 들어보겠습니다.

효리 씨 "예전에는 1천 원의 재료비로 햄버거를 만들어 2천 원에 팔았어요. 개당 1천 원의 이윤을 얻었죠. 그런데 도저히 임대료를 감당하지 못해 지금은 철수햄버거에 취업했답니다. 저는 여기서도 똑같은 햄버거를 만들고 햄버거의 가격도 그대로 2천 원이에요. 하지만 저는 노동의 대가로 개당 4백 원의 임금을 받아요."

마르크스 "결국 효리 씨가 가져가는 이윤은 1천원에서 4백 원으로 줄었군. 그렇다니깐, 일은 효리 씨가 하는데 철수햄버거가 꼬박꼬박 6백 원을 떼어가는군! 그게 바로 잉여가치야."

효리 씨 "그럼 제가 착취당하는 건가요? 그걸 어떻게 증명하죠?"

마르크스 "효리 씨가 받는 임금(개당 4백 원)과 그들이 떼어가는 돈(개당 6백 원)의 비율이 바로 잉여가치율이야. 그들이 얼마나 착취하느냐를 보여주지. 600/400=1.5 그러니까 잉여가치율은 150퍼센트야."

효리 씨 "내가 노동한 가치의 150퍼센트를 그들이 가져가는군요."

마르크스 "그들은 그것을 공장과 자본을 투입한 대가라고 하지. 이제 따져보자고. 햄버거의 가격은 2천 원인데 그중 재료비가 1천 원, 임금 4백 원. 철수햄버거가 들인 비용은 1,400원이군. 그런데 개당 6백 원의 이윤을 챙겨가니 42퍼센트의 이윤율로 돈을 벌고 있는 거야."

$$\text{이윤율} = \frac{\text{잉여가치}}{\text{투입자본}}$$

효리 씨 "그래서인지 돈을 많이 벌었다고 하더라고요. 도대체 얼마를 벌어야 만족할까요?"

마르크스 "하지만 이윤율을 계속 높여야 할 거야! 옆 동네 수현피자도 햄버거 사업에 뛰어들었잖아. 살아남으려면 투입자본을 줄여야 하는데 그건 쉽지 않고 조만간 새 장비도 구입해야 해. 투입자본이 계속 필요하지. 게다가 새 장비가 들어오면 그만큼 일하는 사람을 줄여야 해. 그렇지 않으면 효리 씨에게 주는 임금을 줄이려 할 거야. 필연적으로 이윤율을 높여야 된다고. 철수햄버거가 원하지 않아도 그럴 수밖에 없다니깐. 그게 제일 큰 문제야!"

마르크스는 이렇게 토지 등 생산 수단을 갖춘 자본가의 노동자 착취가 일상화될 것으로 예측했습니다. 실제로 산업혁명 당시 영국 아동의 평균 노동 시간은 19시간이었습니다(장하준, 『그들이 말하지 않는 23가지』에서).

또 경쟁이 심화될수록 자본가들은 더 많은 기계를 도입하고, 이 때문에 노동자의 임금도, 자본가의 이윤율도 계속 하락할 수밖에 없다고 설명했습니다.

새로 문을 연 수현피자가 가격을 크게 낮춘 햄버거를 출시했다. 이 때문에 매출이 떨어진 철수햄버거. 생산단가를 줄여야 한다. 결국 철수 씨는 새 장비를 구입하기로 했다. 새 장비가 들어온 만큼 투입자본을 더 줄여야 한다. 제일 쉬운 방법은 효리 씨의 임금을 깎는 것! 아니 다시 생각해보니 효리 씨를 해고하는 게 제일 좋은 방법이다.

결국 경쟁이 심화되고 투입자본이 늘면서 기업의 이윤율이 계속 하락합니다. 이윤율을 높이기 위해 자본가는 계속 기계를 사들이는데 이는 노동자의 실업으로 이어집니다. 직장을 잃은 노동자는 더 이상 햄버거를 살 수 있는 구매력이 없습니다.

과잉생산된 재화의 가격은 폭락하고. 자본가의 이윤율은 더 떨어집니다. 이를 피하기 위해서는 노동자들을 더 착취해야 하는데 노동자들이 이를 용납하지 않을 것입니다. 마르크스는 그렇게 자유시장경제가 스스로 문을 닫을 것으로 믿었습니다.

그런데 자본주의는 왜 아직 숨 쉬고 있나

마르크스의 예측은 빗나갔습니다. 가장 큰 이유는 노동만이 부가가치를 생산하는 것이 아니기 때문입니다. 아이패드는 노동자의 피와 땀뿐만 아니라, 어느 혁신적 기업가의 창조에서 태어납니다. 마르크스의 주장처럼 꼭 노동 시간을 늘리거나 새로운 기계를 도입하지 않아도 기업은 이제 더 높은 이윤율을 창조합니다.

또 정치가 경제와 함께 발전하면서 노동자들을 보호하는 여러 사회적 시스템이 도입됐습니다. 시간당 최저임금을 지급하지 않거나 또는 아동의 노동을 이용한 기업인은 처벌받습니다. 기업은 여성이나 장애인을 차별해서는 안 되고 직원이 3천 명 이상인 대기업은 반드시 육아시설을 설치해야 합니다.

노동자들의 지위는 더디지만 그래도 끊임없이 개선됩니다. 미국에서는 월마트 판매 직원을 '어소시에이트Associate', 청소노동자를 '위생기사Sanitary Engineer'라고 부릅니다. 이 같은 제도적 발전은 노동자들의 분노를 한시적으로 누그러뜨립니다.

또 마르크스의 주장처럼 공업 선진국에서 과잉생산된 재화는 제3국에 헐값에 팔려나가 선진국 안에서의 가격 폭락을 막았습니다. 덕분에 자본주의 시장경제는 인류가 지금까지 발견한 가장 덜 악한 경제 시스템으로 생명을 유지하고 있습니다. **"자본주의의 내재된 단점은 물려받은 축복을 불공평하게 분배한다는 것이고, 사회주의의 내재된 장점은 물려받은 불행을 공평하게 분배한다는 것이다."**—윈스턴 처칠

자본주의 시장경제의 모순을 극복하려 했던 공산주의 계획경제는 '수요와 공급의 법칙' 대신 '노동이 투입된 가치만큼 가격이 매겨져야 한다'고 믿었습니다. 따라서 모든 재화에 투입된 노동력을 가격으로 환산해 값을 매긴 뒤 공급할 수 있다고 믿었습니다. 이 경우 모든 재화는 하나의 가격만 갖게 됩니다(일물일가의 법칙).

소련은 공산주의 혁명 이후 모든 소유를 점진적으로 국유화하고 생산과 소비의 총량을 계획했습니다. 국가계획위원회^{Gosplan}가 창설되고 사회주의 계획경제를 위한 구체적인 계획이 5년마다 수립되었습니다. 모든 재화와 서비스의 생산량을 추산하고, 생산시설을 계획했으며 이를 운영하기 위한 노동력까지 계산했습니다.

이를 통해 생산·수송·유통 규모, 생산 투입인력 등의 수치가 완성됐습니다. 경제학자 피터 와일스는 이를 '완전 계산^{Perfect Computation}'이라고 불렀습니다.

이 같은 과정을 통해 농업국가 소련은 중공업국가로 탈바꿈합니다. 1959년 미국을 방문한 흐루시초프가 "20년 후면 미국 경제보다 소련 경제가 더 커질 것이다"라고 했을 때 많은 서방 언론이 이 말을 믿었습니다. 실제로

1970년대 초 소련의 경제성장률은 유럽을 앞질렀고 위성국가들에 대한 통제력은 확장됐습니다.

하지만 계획경제가 어렵게 만들어낸 이 같은 수치를 시장은 받아들이지 않았습니다. 고스플랜이 오늘 낮 브란덴부르크에서 몇 개의 햄버거가 팔릴지 계산한다는 것은 불가능합니다. 만약 가능하다면 '총리실 산하 햄버거 가격 결정위원회'가 만들어져서 매일 회의를 해야 합니다.

또 이를 위해 전국 수백 명의 공무원이 햄버거 식자재의 가격 동향과 햄버거 식당의 이윤율 추이, 심지어 소비자들의 '일일 입맛 동향'까지 조사해야 합니다. 결국 위원회 수는 소련의 인구보다 많아질 것입니다.

계획경제의 생산성은 갈수록 무뎌졌고, 정부의 통계와 실제 국민들의 삶은 큰 격차가 벌어졌습니다. 공동 생산과 공동 소유의 꿈은 벼랑으로 치달았습니다.

거의 모든 사회주의 국가가 계획경제를 포기한 것처럼, 거의 모든 자본주의 국가도 자유시장경제를 변형해서 운영합니다. 시장에 대한 정부의 간섭은 시기와 국가에 따라 다양한 계획으로 펼쳐집니다. 따라서 자본주의도 일정 부분 또는 많은 부분 계획경제입니다.

정부는 여전히 이동전화회사의 허가를 계획하고 신라면 블랙의 가격 인상을 막을 계획을 세웁니다. 시장이라는 차를 차선에 맞게 운전하면서, 지나치게 이기심 차선으로 주행하지 않도록 유도합니다.

이를 통해 정부는 각 경제주체의 개별적 행동을 하나의 조화로운 상태로 수렴시키려 합니다. 이 조화로운 상태가 바로 경제학의 목표인 '자원의 효율적인 배분'입니다. 경제학은 그 시장의 조화로운 상태를 위해 경제학이 침범할 수 있는 보이지 않는 손의 한계치를 계산하는 학문이 됐습니다.

가격은 길들여지지 않는다

일부 소비재의 권장가격을 부풀린 뒤 할인해 주는 방식으로 유통시장이 혼란스러워지자 정부는 1999년부터 오픈프라이스^{Open Price} 제도를 도입합니다. 제조회사가 아닌 마트 등 최종 판매자가 가격을 결정하고 표시하는 제도입니다. 가전제품이나 의류 등에서 지난 2011년 7월부터는 라면·과자·빙과류·아이스크림 등 4가지 가공식품이 추가됐습니다. 정부는 가격 표시가

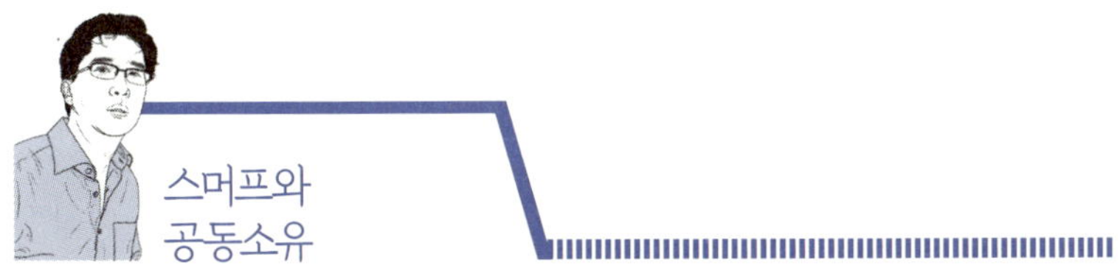

스머프 마을은 그 자체가 사회주의자들이 꿈꾼 공동생활체, 혹은 코뮌^{Commune}의 완벽한 전형이다. 스머프 마을은 자급자족하며, 토지는 사유물이 아니라 전체 스머프의 공동 소유이다. 이들은 거대한 생산 수단인 댐을 공동 관리하고 공동 소유한다. 스머프들이 입는 동일한 푸른색 옷 역시 마오쩌둥 시대 공동 생산을 위해 중국 노동자들이 입었던 마오 수트^{Mao suit}를 연상시킨다.

덥수룩한 수염의 마을 지도자 파파 스머프는 칼 마르크스를 닮았다. 그는 유일하게 붉은색 옷을 입고 있다. 특정 문제에 대한 해결책을 제시하는 똘똘이 스머프는 트로츠키를 의미한다. 똘똘이 스머프가 따돌림을 당하는 것처럼 트로츠키 역시 급진적인 사상으로 소련으로부터 추방당했다.

스머프를 붙잡아 황금을 만들려는 연금술사 가가멜은 자본주의 부르주아를 상징한다. 그는 오직 황금을 통한 부의 축적을 추구한다. 가가멜의 충직한 고양이 아즈라엘은 자본주의 사회의 프롤레타리아를 의미한다. 그는 목소리(노동조합)가 없어 불평조차 할 수 없다. 오늘도 가가멜을 위해 열심히 일하지만 최소한의 빵만 돌아올 뿐이다(마크 슈미트, 『마크 슈미트의 이상한 대중문화 읽기』에서).

자유로워지면 가격이 내려갈 것으로 기대했습니다.

그러나 소매점마다 가격이 달라지면서 "왜 여기는 월드콘이 2,100원이에요?"라고 묻는(의심하는) 소비자들이 늘었습니다. 동네 상점들은 정확하게 가격을 표시하기도 어려워 손해를 보는 경우도 늘었습니다. 대형 마트들은 주요 품목의 가격을 슬그머니 담합했습니다. 2010년 12월 농심 신라면 5개 가격은 이마트와 홈플러스, 롯데마트에서 나란히 2,920원에 팔렸습니다.

소매점이 가격을 결정하면 가격이 내릴 것이라는 정부의 판단은 빗나갔습니다. 결국 정부는 2011년 8월 오픈프라이스제를 폐지합니다.

가격을 인위적으로 통제하겠다는 정부의 시도는 늘 실패합니다. 정부가 우윳값이나 목욕탕 요금을 내리려 해도 시장은 이를 쉽게 받아들이지 않습니다. 우윳값이나 목욕탕 요금은 옛날이나 지금이나 보이지 않는 손이 결정합니다.

정부가 예식장 대여료를 규제하면 예식장업주는 뷔페가격과 드레스 대여료를 올릴 것입니다. 정부가 아이스크림 가격 인상을 억제하면 아이스크림의 용량이 줄어듭니다. 우리가 사랑하는 메로나의 크기가 계속 작아지는 것도 이 때문입니다. 정부가 가격 인하를 지속적으로 요구하자 농심은 더 이상 신라면 블랙을 생산하지 않습니다. 자원의 효율적인 분배는 크게 훼손됩니다.

시장가격을 내릴 수 있는 가장 좋은 방법은 경쟁입니다. 정부가 공정거래위원회를 만든 이유도 '공정한 경쟁'을 촉진하기 위해서입니다. 보이지 않는 손에 자유를 확대할수록 시장가격은 내려갑니다. 그런데도 정부는 공정위를 내세워 시장가격을 인위적으로 내리는 시도를 포기하지 않습니다. 2011년 정부는 심지어 제품명에 '프리미엄'이 들어간 제품이 진짜 고급제품인지 확인하겠다며 엄포를 놓았습니다.

정부가 치솟는 기름값을 잡겠다고 급조한 알뜰 주유소는 정작 시장가격보다 리터당 1백 원도 저렴하지 않습니다. 결국 알뜰 주유소 1호점은 개점 6개월 만에 문을 닫았습니다. 정부의 가격 결정 시도는 시장원리에 맞지도 않고 성공하기도 어렵습니다. 공산주의든 자유시장경제든 정부의 가격 결정 시도가 비판받는 가장 큰 이유는 그 시도가 절대 성공하지 못하기 때문입니다.

"위대한 국민이 최선을 다해 자신이 원하는 것을 생산하고자 할 때, 또한 자신의 자본이나 산업을 자기 이익 추구를 위해 사용하고자 할 때 이를 막는 것은 인류의 가장 신성한 권리에 대한 명백한 위반 행위이다."

—애덤 스미스, 『국부론』에서

1917년 소비에트 혁명으로 시작된 인류의 가격 결정 시도는 결국 1991년 소련연방이 붕괴되면서 막을 내립니다. 누구도 소유하지 않아서 모두의 소유가 되는 유토피아를 위한 시도는 실패로 끝났습니다. 5백여 년 전 토머스 모어가 쓴 소설 『유토피아』의 원제는 라틴어 'Nusquama', 영어로는 'Nowhere'입니다. 유토피아는 '어디에도 없는' 것입니다.

정부는 어떤 재화나 서비스를 얼마나, 누구를 위하여 언제 어떻게 생산할 것이냐를 계산할 수 없습니다. 재화의 내재된 불변가치를 하나의 가격으로 계산할 수도 없습니다. 그 계산을 할 수 있는 유일한 가격기구Price Mechanism는 애덤 스미스의 보이지 않는 손입니다.

보이지 않는 손은 다시 『자본론』을 이기고 여전히 지구 경제를 지키고 있습니다. 정부가 보이지 않는 손을 훼손하지 않고 소비자의 이익을 지키는 가장 좋은 방법은 정당한 경쟁의 보장입니다.

마르크스의 시대가 지나고 이제 정부의 적극 개입을 주장한 케인지언들과 시장 자율의 확대를 주장했던 자유방임주의 학자들을 만나볼 시간입니다. 그들이 들고 온 가방에는 재정정책이나 규제 완화 같은 번쩍번쩍한 아이디어가 들어 있습니다. 그럼에도 불구하고 예수 다음으로 인류 역사에 지대한 영향을 미친 사람은 단연 마르크스입니다.

그 시절 트위터가 있었다면 마르크스는 이렇게 트윗을 날렸을지도 모릅니다. "이 아름답고 위대한 이상을 그놈의 보이지 않는 손이 망가뜨렸다니까!"

02

여객기 샌드위치 전쟁에
숨은 비밀

케인즈와 규제의 시작

> "고전주의 경제학의 포도주에서는 이제 식초 냄새가 난다."
>
> —케인즈, 이 책에서 가장 많이 등장하는 경제학자

애덤 스미스로부터 시작된 근대경제학은 20세기에 접어들면서 시장의 자유를 어디까지 확대할 것이냐를 놓고 치열한 논쟁을 이어갑니다. 시장 자유의 한계점은 곧 정부 규제의 한계점입니다.

정부의 규제가 확대될수록 시장의 자유는 축소됩니다. 그 무게중심을 왼쪽으로 또는 오른쪽으로 옮기기 위한 경제학자들의 노력이 곧 경제학의 역사입니다. 이제 이 무게중심을 왼쪽으로 옮기려 했던 천재 경제학자 케인즈의 시대를 살펴봅니다.

효리 씨는 햄버거를 생산한다. 10개를 생산하면 10개가 팔리고 20개를 생산하면 20개가 팔린다. 만약 오늘 18개만 팔린다면 내일은 생산량을 조금 줄이거나 가격을 조금 내리면 된다. 생산량은 곧 소비량이다. 재고는 생기지 않을 것이다.

보이지 않는 손이 약속합니다. 시장은 망하지 않습니다. 물건이 많이 팔릴수록 생산자들의 주머니는 두둑해지고, 생산자들은 이 돈으로 그만큼의 소비를 이어갈 것입니다. 수요와 공급은 어디선가 맞아 떨어질 것입니다.

애덤 스미스 이후 세계 경제는 1백 년 넘게 이 믿음을 믿고 따랐습니다. 경제학자 세이는 이를 "공급이 수요를 스스로 창출한다"고 간단하게 정리했습니다. 이 이론이 이른바 고전주의 경제학입니다(고집쟁이 케인즈가 자신의 이론 이전의 모든 이론은 '고전주의'라고 명명했다는 설이 있습니다).

소비자들은 효용 극대화를 위해 소비하고, 기업은 이윤 극대화를 위해 판매합니다. 소비자와 기업의 이해가 만나는 지점이 균형가격입니다. 이렇게 만든 재화가 다 팔린다면 기업은 해고하지 않고, 실업자가 없는 완전고용 상태가 이뤄집니다. 알아서 생산하고 알아서 소비하는 시장에서 정부는 치안과 국방만 책임지면 됩니다. 오직 생산하는 효리 씨와 소비하는 철수 씨가 시장을 책임질 것입니다.

그러나 대공황

제1차 세계대전 이후 유럽 국가들의 위기가 현실이 되면서, 미국의 대유럽 수출이 크게 줄었습니다. 미국의 기업들이 하나둘 노동자를 해고합니다. 자동차와 정유, 통신 같은 미국의 신산업 노동자들조차 임금이 줄었습니다. 창고에 재고가 쌓여갑니다. 오르기만 했던 미국의 증시는 '만들면 팔린다'는 이론을 의심하기 시작합니다.

기업과 서민, 은행의 파산이 시작되고 경제학은 송두리째 뒤집어졌습니다. 불완전 고용의 평형^{Unemployment Equilibrium} 상태, 수요가 줄면서 고용이 줄어듭니다. 금융 시스템이 멈추고 비로소 만들었지만 팔리지 않는 시대, 대공황이 찾아왔습니다.

실업률은 20퍼센트 가까이 늘었고 산업 생산은 3년 동안 50퍼센트 가까이 폭락합니다. 누군가 그동안 만들어내던 재화와 서비스가 절반이 사라진 것입니다. 이 기간 9천여 개의 은행과 금고가 문을 닫았습니다. 보이지 않는 손을 믿었던 학자들은 당황했습니다.

시장의 치유력은 사라졌고 시장경제는 호흡을 멈췄습니다. 이제 누군가 시장을 구원해야 할 시간입니다. 케인즈의 시대는 그렇게 시작됩니다. **"자본주의는, 어리석은 인간이 어리석은 동기로 우리 모두에게 도움을 줄 것이라는 아주 특별한 믿음이다."** —케인즈

케인즈의 재림: 새로운 마법의 탄생

시장이 멈추자 세상은 영국의 한 부르주아 경제학자, 케인즈의 이론에 주목하기 시작했습니다. 그는 시장의 자율보다 정부의 적극적인 개입을 요구합니다. 시장의 자율은 축소되고 정부의 몸집은 커질 시간입니다. 혹자는 이를 '경제학 버전1. 자유방임의 시장주의'가 끝나고, '경제학 버전2. 수정자본주의' 시대가 열렸다고 말합니다. 병든 자본주의의 방향을 수정할 시간입니다.

미국 경제가 불황의 긴 터널을 빠져나가지 못하고 있던 1936년, 케인즈는

『고용, 이자 및 화폐의 일반 이론』을 발표합니다. 경기가 침체되면 정부는 세수보다 재정지출을 늘려 경기를 부양해야 한다는 이론입니다. 이렇게 늘어난 돈은 투자와 일자리를 늘릴 것입니다.

경제학자들은 이를 "재정정책을 통해 유효수요를 창출한다"고 정리합니다. 정부가 인위적으로 돈을 풀고 이 돈이 시장에서 거래되면서 경기가 살아납니다. 마법은 신기하게 작동했습니다. 1940년대에 접어들면서 학자들과 관료들은 애덤 스미스가 주인공으로 등장하는 고전경제학 책을 버렸습니다. 그리고 모두 일반 이론을 신봉하는 케인지언이 됐습니다.

효리 씨가 미용실에서 매직 스트레이트파마를 하고 10만 원을 지불했다. 하지만 시장에는 10만 원만 유통되지 않는다. 10만 원을 받은 미용실 사장 철수 씨는 5만 원은 운동화를 사고, 5만 원으로 헬스클럽에 등록했다. 이제 시장에는 20만 원이 거래됐다. 처음 소비된 금액은 10만 원이지만 통화량이 20만 원으로 2배 늘어난 것이다.

이 경우 화폐의 승수는 2(배)가 된다. 만약 정부가 경기부양을 위해 1억 원을 풀었는데 이 돈이 7번 거래돼 7억 원이 유통됐다면 화폐승수는 7이다. 효리 씨는 정부가 1억 원을 풀어도 시장에는 7억 원이 유통될 수 있다는 사실을 알았다.

월급이 1백만 원인 효리 씨, 70만 원을 쓰고 30만 원은 저축하기로 했습니다. 이때 소비되는 비율이 한계소비성향^{MPC}으로, 효리 씨의 한계소비성향은 0.7입니다. 케인즈는 효리 씨의 한계소비성향을 통해 시중에 돈이 얼마나 유통되는지 계산합니다. 한계소비성향이 클수록 승수도 커집니다. 쉽게 말해 우리가 돈을 더 많이 쓸수록 승수가 커집니다. 돈이 발행량보다 더 많이 시장에 유통되는 것입니다.

$$승수 = \frac{1}{(1-MPC)}$$

만약 시장에 1천억 원의 돈이 필요한데, 현재 시장의 한계소비성향은 0.8로 조사됐습니다. 이 경우 1/(1-0.8)=5, 따라서 승수는 5입니다. 시장에 공급된 돈이 평균 5번 유통된다는 뜻입니다. 따라서 정부는 2백억 원(2백억 원이 5번 돌면 1천억 원이므로)을 풀면 됩니다.

지구인들은 이제 경기부양을 위해 시장에 돈이 얼마나 필요한지, 그래서 얼마를 풀면 되는지 계산하는 마법을 배웠습니다. 마법의 지팡이는 완성됐고, 이제 경기 동향에 따라 지팡이를 흔들기만 하면 됩니다. 지팡이의 효과는 뚜렷했습니다. 정부가 돈을 풀어 GDP 대비 재정적자 폭이 커질수록 실업률은 뚜렷하게 감소했습니다.

고전경제학자: "화폐를 더 발행해 봤자 인플레이션만 심해질 뿐이야. 화폐는 그저 거래를 위한 수단이라니까."

케인즈: "그렇지 않다네. 시장에 1백 달러를 풀 경우 시장에는 1백 달러가 아닌 1천 달러가 유통될 수가 있다고! 화폐가 유통되면서 스스로 통화량을 늘린다니까 그렇게 인위적으로 거래를 늘릴 수 있단 말일세!"

게다가 누진세와 실업보험처럼 시장경제의 허점을 극복할 보조 장치도

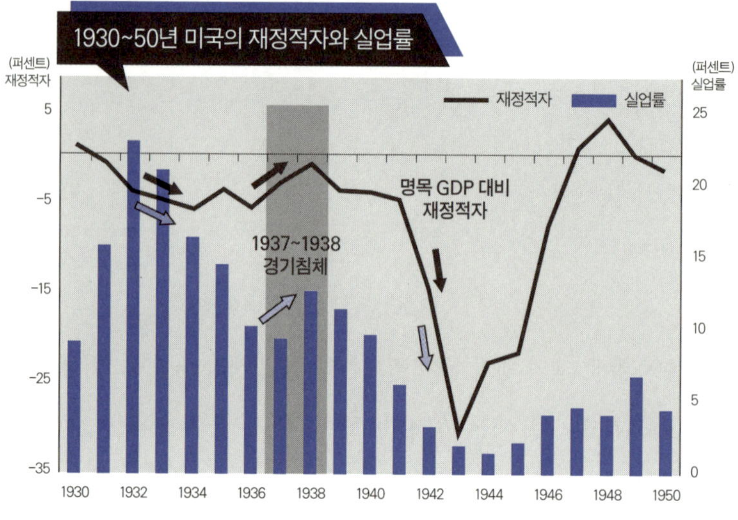

"대공황 이후 재정 적자가 커질수록 실업률이 뚜렷이 줄어들었다."

출처: JP모건

마련됩니다. 기업이나 개인이 돈을 더 벌면 더 높은 법인세와 소득세가 자동으로 부과됩니다. 반대로 노동자가 해고되면 정부가 미리 모아뒀던 실업수당을 지급합니다.

이제 정부는 액셀러레이터와 브레이크만 잘 조작하면 됩니다. 케인지언들에 힘입어 제2차 세계대전 이후 20여 년간 미국 경제는 미처 경험하지 못한 발전을 거듭합니다. 공장 굴뚝과 일자리가 급증하고 미국인들에게는 포드 승용차와 잔디밭이 딸린 집이 생겼습니다. 세계 총생산의 절반을 미국이 차지했습니다. 1971년 닉슨 대통령은 말합니다. **"우리는 모두 케인지언이야."**

"정부의 액셀러레이터에는 '정부지출과 세금 인하'라고 적혀 있고, 정부의 브레이크에는 '정부지출 감소와 세금 인상'이라고 적혀 있다. 정부는 이제 운전만 잘하면 된다."

—케인즈

규제 시대의 시작

그런데 재정정책의 성공을 경험한 정부의 규제가 갈수록 확대됩니다. 인간이 하늘을 날아 여행하는 법을 배우기 시작한 이 무렵, 항공산업도 대공황으로 위기를 맞았습니다. 케인지언의 정부는 항공 노선과 요금을 규제했습니다. 민간항공위원회가 모든 항공사의 운임을 결정하고 항공사의 신규 노선은 정부가 지정했습니다.

팬암사가 시카고에서 뉴욕을 하루 몇 차례 운항해야 하는지, 요금은 얼마가 적정한지를 정부가 결정하자, 우후죽순처럼 난립하던 항공편의 공급은 멈추었고 항공사들의 연쇄 파산도 멈췄습니다. 정부의 간섭은 성공적으로 보였습니다. 규제는 해마다 더 촘촘해지고 더 광범위해졌습니다.

하지만 정부의 가격 규제에도 불구하고 항공운임은 계속 올랐습니다. 노선은 더디게 늘었고 서비스는 나아지지 않았습니다. 여러 규제에 묶여 신생 항공사가 태어날 공간은 없었습니다. 여러 가격 할인 행위는 모두 금지됐습니다.

가격으로 승부하지 못하는 항공사들은 더 나은 기내식이라도 제공하기 위해 '샌드위치 전쟁'을 벌였습니다. 하지만 얼마 지나지 않아 민간항공위원회는 기내식으로 제공되는 샌드위치의 규격을 만들어냈습니다. 소비자들의 불만은 높아졌습니다.

케인즈는 고전경제학자들의 오류를 바로잡고 대공황에 빠진 미국 정부를 구했지만, 정부는 자기도 모르게 규제에 익숙해지고 규제는 비효율적인 거대한 정부를 만들어냈습니다. 횡단보도 신호등 하나를 세우기 위해 정부는 수백 가지의 규제를 하고 이를 위해 국민은 더 많은 비용을 부담합니다.

공무원의 권한이 커진 만큼 시장의 자유는 작아졌습니다. '사익을 추구하면 공익이 실현된다'는 시장경제의 근간이 훼손됩니다. 대공황 이후 40년이 흐르고 거대한 불황이 다시 찾아오자 시장은 비로소 정부가 너무 커졌다는 사실을 깨닫습니다.

케인즈의 시대가 저물 무렵인 1970년대, 불황에도 불구하고 오일쇼크로 기름값이 가파르게 올랐습니다. 물가가 너무 오르자 재정지출을 늘려 경기를 살리는 마법의 지팡이가 작동하지 않았습니다. 그동안 정부는 지나치게 커졌고 규제는 셀 수도 없이 늘었습니다(물론 그것이 케인즈의 의도는 아니었을 것입니다).

이 무렵 '정부는 작을수록 좋고 규제는 풀어야 한다'는 주장이 등장합니다. 다시 보이지 않는 손을 신봉하는 신고전주의학파의 목소리가 높아집니다. 흔히 통화주의자와 시카고학파, 신자유주의자를 신고전주의학파로 분류합니다.

케인즈가 애덤 스미스를 의심했듯, 시장은 이제 케인즈를 의심합니다. 큰 정부와 규제를 반대하는 목소리가 커지면서 항공산업의 규제도 빠르게 풀렸습니다. 미국 정부는 민간항공위원회를 해체하고, 노선 지정과 항공운임 규제 등을 철폐했습니다. 항공사들의 경쟁은 치열해졌고 항공권의 가격은 떨어졌습니다. 슈퍼세이브 요금 같은 할인요금이 등장하고 노스웨스트 같은 신생 항공사가 생겨났습니다. 시장에서 경쟁이 재개됐고 항공산업은 다시 발전을 시작했습니다.

정부는 막걸리산업 육성과 지원을 위해 막걸리의 성분을 규제했다. 구체적인 막걸리 제조 방법도 정부가 규정했다. 주세법 시행령에 따라 곡물에 누룩·효모를 섞어 발효하는 발효조를 $6kl$, 발효된 술을 여과해 상품으로 만드는 제성조를 7.2㎖ 이상 함유해야 한다. 이 성분을 벗어나면 막걸리가 아니고 정부 지원을 받을 수 없다. 예컨대 한약재인 복분자가 첨가되면 법적으로 막걸리가 아니다.

정부는 막걸리의 용기도 규정했다. 알루미늄·스테인리스·법랑·도자기·옹기에 담아야만 판매가 가능해졌다. 정부는 또 막걸리의 판매용량을 규제한 데 이어 인터넷 판매도 금지했다.

그러나 10여 년 전부터 정부는 막걸리 제조에 대한 규제와 지원을 하나둘 철폐했고, 그러자 다양한 성분의 막걸리들이 시장에 쏟아졌습니다. 정부 지원은 사라졌지만 오히려 막걸리산업은 큰 폭의 성장세를 거듭하고 있습니다.

적당한 치마 길이는 몇 센티미터인가

막걸리뿐만 아니라 정부는 여성의 치마 길이를 규제했었고, 학생들의 머리 스타일을 규제했습니다. 노래 음반의 마지막 곡에 '건전가요'를 넣는 것이 의무였던 시절도 있었습니다. 우리가 기억하는 〈어허야 둥기둥기〉도 이 법 때문에 모든 음반에 수록됐습니다.

지나친 규제는 시장의 순기능을 훼손합니다. 정부가 백화점 셔틀버스 운행을 규제하자 고객들의 불편이 커졌습니다. 매출이 줄어들고 시장 전체의 효용이 줄어들었습니다. 그러나 규제는 계속됩니다. 2010년 걸그룹이 지나치게 선정적인 의상을 입는다는 지적이 일자 방송통신위원회는 걸그룹의 치마·민소매·속바지의 길이 등을 규제합니다. 한동안 방송사들은 녹화에 앞서 일제히 의상 검사를 실시했습니다.

정부가 대형 서점의 지나친 가격 할인을 막고 소형 서점을 보호하기 위해 도서정가제를 시행하자 소비자들은 더 비싼 값에 책을 사야 했습니다.

어린이집을 운영하려면 연간 어린이 안전 관련 8개, 소방 관련 1개, 위생 관련 2개, 환경 관련 1개, 직무 관련 3개, 모두 120시간의 교육을 이수해야 합니다.

이 같은 모든 규제를 위해 정부는 법과 공무원 그리고 예산을 마련해야 합니다. 규제가 커질수록 정부가 커집니다. 그만큼 국민들은 더 많은 세금을 내야 합니다. **"네일숍을 여는 데 도대체 왜 헤어디자이너 자격증이 필요한 것일까?"**

"우리도 한때 자유로운 시장을 가진 적이 있었다."

—마거릿 대처, 영국인 케인즈를 믿지 않았던 영국 전 총리

케인즈로 인해 지나치게 거대해진 정부의 효율성이 본격적으로 의심을 받기 시작했던 1974년, 자유시장주의자 하이에크가 노벨 평화상을 받으면서 세계 경제는 케인즈에서 다시 애덤 스미스에게 무대를 돌려줍니다.

시장은 다시 정부보다 보이지 않는 손을 믿게 될 것입니다. 규제는 줄어들고 시장의 자유는 커지고 정부는 작아질 것입니다. 경제학 '버전3. 신자유주의' 시대가 열린 것입니다.

1929년 대공황부터 시작된 수정자본주의 시대가 40여 년 만에 막을 내립니다. 케인즈는 그러나 죽어가는 시장경제를 살린 주인공으로 여전히 경제학의 가장 중요한 페이지마다 살아 숨 쉬고 있습니다.

그는 1970년대 중반 시카고학파에게 무대를 물려줬지만, 이후 지나친 시

장 자유에 대한 맹신으로 글로벌 금융위기가 되풀이되면서 경제학은 다시 케인즈에게 답을 묻고 있습니다. 시장에서 지나친 탐욕과 위기가 되풀이되는 한, 그는 여전히 구관 중 최고 명관입니다.

시장에 위기가 찾아올 때마다 정부가 섣불리 개입한다는 지적, 다시 말해 케인즈의 일반이론이 지나치게 단기적이라는 지적에 대해 케인즈는 "장기적으로 보면 우린 모두 죽는다니까.(In the long run, we all dead.)"

큰 정부
증세를 통한 복지 강화
정부의 시장 감시 확대

1776년
국부론

1867년
자본론

【마르크스】
"교수형에 처해질 마지막 자본주의자는
우리에게 교수형에 쓰일
그 밧줄을 판 사람이 될 거야."

1936년
일반 이론

【케인즈】
"정부가 인위적으로 소비를 촉진해서
경기를 살릴 수 있을까?
두말 하면 잔소리다!"

1944년
노예의 길

1953년
신화폐수량설

작은 정부
감세를 통한 경기 활성화
정부 규제 최소화로 시장 활성화

【애덤 스미스】

"인간의 이기심이 시장을 창조하지만,
시장을 지키는 것 역시
타인에 대한 인간의 배려다."

【하이에크】

"마르크스는 자유시장과 사유재산을 폐지하면
우리가 향유하던 그 모든 자유도
함께 사라질 것을 왜 생각하지 못했을까?"

【프리드먼】

"이 연필 한 자루를 만들기 위해 누군가는 흑연을 캐고 누군가는 나무를 기르고 누군가는 연필을 조립하고 누군가는 이를 시장에 내다 팔았다. 그러면서 수천 명의 사람이 동원됐지만 어떤 과정에서도 중앙 정부의 역할은 없었다."

03

외계인의 침략이
시중 통화량에 미치는 영향
하이에크와 프리드먼

"돈이 어디에 쓰이는지 관심조차 없는 케인지언들의 재정정책 예산은 차라리 도둑들에게 주는 게 낫다. 도둑들은 소비 성향이 높기 때문에 그들에게 간 돈이 차라리 유통이 잘 된다."

—존 코크레인, 미국 시카고대 경영대학원 교수

LPGA에서 한국 선수들을 사라지게 하는 방법은 무엇일까요? 정답은 정부가 이들을 지원하기로 하고 정부 부처에 전담팀을 만들어 각종 규제를 도입하는 것입니다. 지나치게 커진 정부가 시장을 망친다고 믿는 사람들. 자유방임주의자들의 신자유주의 시대가 찾아왔습니다.

정치인과 관료, 경제학자들은 케인지언의 넥타이를 풀고 다시 애덤 스미스의 넥타이를 매기 시작했습니다. 이제 정부는 작아지고 시장에 대한 간섭은 줄어들 차례입니다.

하이에크, "정부 규제는 결국 실패한다"

1970년대 초에 본격 등장한 신고전주의 학자들은 스태그플레이션으로 휘청거리는 시장경제에 통화 공급이라는 처방은 약효가 없다고 믿었습니다. 그들은 약 처방을 줄이고 환자를 믿는다면 언젠가는 자연치유될 것이라고 믿었습니다. 그들은 보이지 않는 손을 믿는 애덤 스미스와 한패입니다. 그래서 신고전주의 학자라 부릅니다.

이를 위해 그들은 통화량의 엄격한 통제를 요구했습니다. 이제 통화라는 처방을 혐오하는 엄격한 통화주의자들의 시대가 시작됩니다. 선봉은 선한 자유주의자 프리드리히 하이에크입니다. **"시장에 대한 정부의 개입은 항상 비효율적이고 퇴행적이며 무책임하고 그래서 결국 실패한다."**—하이에크

그는 자유시장경제가 아주 천천히 완성된다고 믿었습니다. 어떤 부작용에 대한 케인지언들의 즉각적이고 인위적인 규제는 다른 부작용을 낳는다고 믿었습니다. 시장경제에 대한 조급함과 초초함이 시장경제가 가진 자연치유력을 말살한다는 것입니다.

하이에크는 규제에 치우친 시장경제를 곧 공산주의 계획경제의 시작으로 해석했습니다. 실제로 대공황 이후 시장경제의 치유력에 실망한 전 세계 3분의 1의 국가가 공산주의를 선택했습니다. 철저한 반공산주의자였던 하이에크는 모든 경제 문제를 철저히 개선함으로써 이상 국가에 진입할 수 있다는 공산주의와 정부가 아주 꼼꼼하게 지시하는 시장경제를 같은 맥락으로 해석했습니다.

미국의 상당수 주 정부가 슈퍼마켓의 감자값까지 규제하던 시절, 하이에크는 이 같은 규제가 곧 공산주의 계획경제의 시작이라고 믿었고, 결국 시장의 창조는 멈추고 '노예의 길'이 시작된다고 주장했습니다. 비틀거리는 보

이지 않는 손의 초보운전을 막기 위해서 정부가 적극적으로 운전대를 잡아야 한다는 케인즈의 이론에 하이에크 같은 자유방임주의자들은 말했습니다. **"그건 자동차가 잘못된 게 아니라 섣부른 운전자 때문이라니까!"**

그들은 왜 케인즈를 의심했을까

케인즈의 재정정책은 승수 효과(부록 참고)를 기대할 수 있습니다. 정부가 1조 원을 시장에 풀어도 시장에는 5조 원, 10조 원의 통화가 유통될 수 있습니다. 그러나 변수가 있습니다. 일단 과정이 복잡합니다.

부산에 공항을 건설하려면 정책토론회와 공청회, 사업타당성 분석, 예산

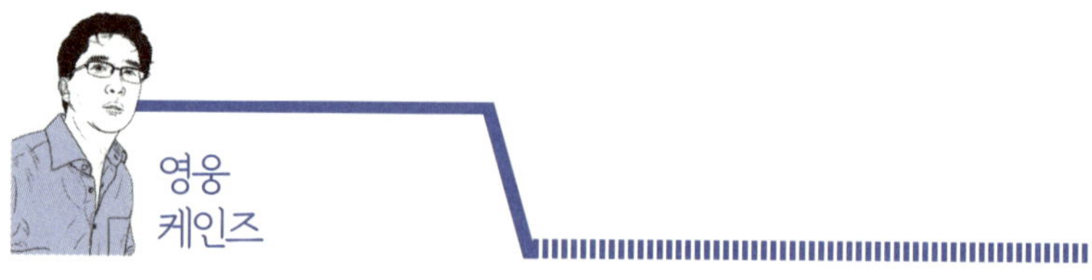

서로의 경제학에 대해 전혀 동의하지 못했던 하이에크와 케인즈는 그럼에도 불구하고 서로를 존경했다. 하이에크는 "당신에게 영웅이 있나요?"라는 질문에 "그럼요. 여전히 케인즈입니다"라고 답했다. 케인즈는 제2차 세계대전 때 피난 온 하이에크에게 연구실을 빌려주기도 했다.

시장의 위기가 장기적으로는 자연치유될 것이라는 지적에 대해 "장기적으로 보면 우린 모두 죽는다니까"라고 말했던 케인즈는 그의 말처럼 장기적으로 살지 못하고 1946년에 65세의 나이로 세상을 떠났다.

그러나 하이에크는 1992년 93세까지 생존했다. 그는 장기적으로 살았지만 그의 말처럼 장기적인 관점에서 보면 시장경제가 자연치유되는지에 대해서는 회의적인 시각이 더 많다.

확보, 국회 예산안 처리, 실시설계 등의 과정을 거쳐야 하는데, 이 과정이 길어지면 예산을 받을 때쯤 경기신호가 뒤바뀔 수도 있습니다. 이제 경기 신호가 좋아졌는데 부산 시민에게 공항을 짓겠다고 약속을 하고 예산 10 조 원까지 확보했다면 그야말로 낭패입니다.

또 하나 중요한 부분은 재정정책은 제로섬 게임이라는 것입니다. 이 부분이 통화정책과 가장 대비됩니다. 정부가 10조 원을 들여 공항을 짓기 위해선 현금을 마련해야 합니다. 그런데 중앙은행이 돈을 마구 찍어내면 곧바로 인플레이션이 발생합니다.

그래서 보통 국채를 발행합니다. 그럼 금융권이나 기업이 국채를 인수하고 현금이 정부로 흘러 들어갑니다. 이 경우 현금이 금융권이나 기업으로부터 정부로 단순 이동한 것일 뿐, 어디선가 돈의 양이 늘어난 것이 아닙니다(물론 외국인 투자자가 국채를 인수할 경우는 예외입니다). 따라서 정부가 국채를 발행해도 보통 나라 안의 화폐 유통량은 변화가 없습니다.

구축효과

여기서 문제가 발생합니다. 정부가 시장에서 돈을 가져온 만큼 시장에 있던 돈이 부족해집니다. 그럼 누군가는 은행에서 그만큼의 돈을 더 빌리려 할 것입니다. 돈을 빌리려는 수요가 늘면 은행은 이자율을 올립니다. 대출이 늘면 은행은 대출이자율을 높입니다. 자장면을 찾는 수요가 늘면 중국음식점이 자장면가격을 올리는 것과 같습니다. 이자율이 올라가면 경기는 위축되게 마련입니다.

결국 정부는 경기를 살리려고 재정정책을 폈는데, 은행 금리는 올라가고 시중의 돈은 다시 말라버립니다. 구축 효과가 발생하는 것입니다. 재정지출이 민간투자를 몰아내는 것입니다.

게다가 재정정책으로 생겨난 일자리는 대부분 해당 사업이 종료되면 사라지게 마련입니다. 재정정책은 경기부양의 신호탄이 될 수 있지만 자칫하면 반짝 효과의 진통제에 그칠 수 있습니다.

불황이 거듭될수록 통화주의자들의 목소리가 자꾸 높아집니다. 그들은 시장은 언제나 이성적이며 스스로 치료 가능하다는 경제학 모델을 찾아내려 했습니다. 하이에크에 이은 자유방임주의자 밀턴 프리드먼은 재정정책 대신 통화정책이라는 해법을 제시합니다.

때마침 영국에서는 케인즈의 큰 정부를 의심하는 철의 여인 마거릿 대처의 보수당이 집권합니다. 대처 수상의 취임 일성은 'self help', 스스로 일어서는 사람만 성공할 수 있다는 것입니다. 잇달아 1981년 미국에서는 역시 20년간 하이에크를 지지해 온 공화당의 로널드 레이건이 백악관에 입성합니다.

국가의 역할은 줄어들고 시장은 스스로 치유될 시간입니다. 케인즈의 국가 주도 경제학은 도서관 창고로 들어가고, 밀턴 프리드먼의 시장 주도 경제학이 팔릴 시간입니다. **"어떤 문제가 생긴다고 즉각 반응하는 것은 아주 바보 같은 짓이에요. 그런 짓은 주로 아이들이나 큰 정부가 벌입니다."**—밀턴 프리드먼

프리드먼의 통화정책

통화정책은 주로 중앙은행의 금리 조절을 통해 이뤄집니다. 또는 지급준비율이나 재할인율(중앙은행이 시중 은행에 빌려주는 자금의 이자율)의 조정도 가능합니다. 최근에는 특히 공개시장조작이 크게 늘었습니다. 말 그대로 중앙은행이 공개적으로 돈을 풀거나 흡수하는 정책입니다.

물가가 오른다. 경기가 과열 기미를 보인다. 다시 시중에서 돈을 거둬야 할 시간이다. 중앙은행이 기준금리를 올리기로 했다. 한국은행 금융통화위원회가 기준금리를 2.75퍼센트에서 3.25퍼센트로 전격 인상한다. 이제 은행끼리 돈을 빌릴 때 이자율이 크게 높아진다. 조달금리가 높아진 은행들은 서서히 대출이자를 올린다. 대출이 어려워진다. 대출을 받아 기업에 투자하고 자동차를 사고 장사를 하려는 사람이 줄어든다. 경기가 사그라진다. 다음 달엔 지급준비율(예금총액에 대한 현금준비 비율)도 8퍼센트로 높이기로 했다. 지급준비율이 6퍼센트에서 8퍼센트로 높아지면 은행들은 중앙은행 곳간에 2퍼센트 포인트만큼 예금을 더 쌓아둬야 한다. 이제 시중에 통화량은 줄어들고 물가는 내려갈 것이다.

이처럼 중앙은행은 시중의 통화량을 조절합니다. 그런데 적정 통화량을 어떻게 계산할까요?

계산하기 어렵습니다. 적정 통화량이란 '생산된 재화나 서비스가 모두 소비돼 한 푼도 남지 않는 화폐의 유통량'을 일컫습니다. 케인즈는 이를 추정할 수 있다고 믿었지만, 시카고학파는 정부도 중앙은행도 그 규모조차 가늠하기 어렵다고 믿었습니다. 그러니 지금처럼 돈이 너무 풀려서 물가가 오르고 인플레이션이 발생하는 것입니다.

다만 돈이 넘친다 싶으면 통화량을 흡수하는 정책을 쓰고, 돈이 부족하다 싶으면 유동성을 강화하는 정책을 씁니다. 마치 스스로 체온 유지가 안 되는 도마뱀이 추울 때 햇볕을 쬐고 더울 때 땅굴에 들어가는 것과 비슷합니다.

그런데 케인즈는 왜 통화정책을 믿지 않았을까

케인즈는 화폐의 유통 속도에 의문을 제기했습니다. **"통화정책으로 중앙은행이 돈을 풀면 뭐하나. 그 돈을 손에 쥔 효리 씨가 돼지저금통에 돈을 넣어버리면 어쩔 텐가?"** 다시 말해 그는 통화주의자들이 아무리 금리를 내려 화폐를 공급해도 시장참여자들이 그 돈을 얼마나 빨리 다시 유통시킬지 계산하기 어렵다고 믿었습니다. 반면 통화주의자들은 화폐의 유통 속도는 일정하다고 믿었습니다.

피셔의 교환방정식(화폐수량 방정식)에 따르면 통화량이 증가하는 만큼 물가와 GDP도 오르게 됩니다. 하지만 케인즈는 화폐의 유통 속도가 떨어질 경우(누군가 돈을 쥐고 돼지저금통에 넣어버리면) 통화량이 증가해도 GDP는 오히려 떨어질 수도 있다고 여겼습니다. **"그러니 문제는 돈이 거래되는 속도라니까! 그 속도를 모르는데 금리를 낮춰 돈만 풀면 뭐하나?"** 케인즈의 주장입니다. 이렇게 장롱 속에 잠겨버리는 돈이 결정적으로 유동성 함정을 만듭니다.

1970년대 이후 프리드먼 등 통화주의자들이 인기를 얻으면서 세계 각국은 대부분 통화정책을 통해 유동성을 조절합니다. 하지만 글로벌 금융위기 이후 미국에서도 유럽에서도 한국에서도 아무리 돈을 풀어도 돈이 돌지 않는 유동성 함정이 발생하고 있습니다.

정부가 통화량을 늘려도 돈이 거래된 횟수가 늘지 않다보니, 아니 오히려 줄다보니 좀처럼 GDP가 높아지지 않고 있습니다. 금리를 아무리 내려도 시장에 돈이 돌지 않습니다. 게다가 결정적으로 일본과 미국 등 선진국은 이미 기준금리를 0퍼센트 가까이 내려서 이제 더 내릴 기준금리도 없습니다.

이제 방법은 시중에 현금을 직접 쏟아 붓는 양적 완화밖에 없습니다

(2-6 참고). **"그러니 차라리 외계인이 침략했다고 하자. 외계인을 물리치기 위해 천문학적인 돈을 풀면 돈이 돌면서 경기는 다시 회복될 거야."** —폴 크루그먼, 프린스 턴대 경제학과 교수

신자유주의의 패착

케인지언으로부터 시장경제를 물려받은 통화주의자들은 제일 먼저 세금을 줄여 작은 정부를 추구했습니다. 규제는 줄어들고 시장의 자유는 회복됐습니다.

그러나 케인즈의 재정정책이 규제 범람의 부작용을 낳았듯이 통화주의자들의 규제 완화는 시장 만능주의로 번졌습니다. 신자유주의, 시장이 전지전능해지자 이를 막을 규제 장치는 느슨해졌습니다. 그러자 기다렸다는 듯 인간의 욕심이 질주를 시작합니다.

시장 규제 완화와 부작용

	규제 완화	부작용
대학	지역 할당제 폐지	강남 학생들의 서울대 입학 비율 급증
공장	수도권 공장 신설 허용	텅 빈 지방의 공업단지
대기업	출자총액제한 폐지	대기업의 떡볶이 업종 진출
병원	영리병원 허용	영리병원으로 떠나버린 유능한 의사들
금융	금융자본시장 개방	글로벌 투기자본의 진입

인간의 탐욕을 스스로 막지 못한 시장은 통화주의자들의 기대처럼 스스로 치유되지 않았습니다. 시장은 병들고 쏠림은 더 심해졌습니다. 선진

국과 후진국, 대기업과 중소기업, 부자와 서민, 정규직과 비정규직의 격차가 깊어집니다.

21세기가 찾아오고 고삐 풀린 투기자본이 세계 금융시장을 침몰시키고 나서야 시장은 다시 케인즈의 규제라는 처방전을 찾고 있습니다. 시장만능주의는 30여 년 만에 슬그머니 고개를 숙였지만 병든 시장경제는 습관적으로 위기가 반복됩니다. 신자유주의자들이 믿었던 자유는 그들만의 자유였습니다.

이제 지난 50년간 경제학 시험의 1번을 장식했던 케인지언과 통화주의자들의 주장을 정리할 시간입니다. 케인지언들의 재정정책은 정부가 돈을 풀어 인위적으로 수요를 창조하는 정책입니다. 그들은 정부의 역할을 확장해 격차를 해소하고자 했습니다. 이를 위해서는 더 많은 세금을 거둬야 합니다. 문제는 정부가 이를 효율적으로 관리할 능력이 있느냐입니다.

반대로 통화정책은 중앙은행이 이자율을 조정해서 시중의 돈의 양을 적절하게 조절하는 정책입니다. 통화주의자들은 특히 함부로 돈을 풀지 말라고 경고합니다. 그들은 시장에 대한 정부의 간섭을 싫어했습니다. **"영어에 가장 두려운 단어가 9개 있다. '정부에서 나왔는데요. 당신을 도와드리려고요! I'm from the government and I'm here to help!'"** —로널드 레이건

그러나 재정지출을 줄이고 금리를 내린다고, 또 그만큼 세금을 덜 거둔다고 해도 부자들의 지갑이 얼마나 열릴지는 미지수입니다. 1970년대 이후 통화주의자를 믿고 세계 각국이 재정지출을 줄이면서 복지는 약화되고 빈부격차는 확대됐습니다.

그렇다고 케인즈를 믿고 정부가 헬기로 달러를 뿌린들 그 현금뭉치가 시장의 다른 주머니에서 잠시 빌려온 것이라면 경기는 살아나지 않을 것

입니다.

유럽은 헬기로 뿌릴 돈조차 부족하고, 뿌릴 돈이 넉넉하다고 해도 인플레이션이 걱정입니다. 달러가 차고 넘치는 중국은 물가가 들썩입니다. 2011년 이후 중국 정부는 지급준비율을 두 차례 올리고 기준금리를 네 번이나 인상했습니다. 지나치게 돈을 많이 써버린 시장경제는 통화정책에 대한 내성만 키웠습니다.

케인즈와 하이에크, 프리드먼은 시장 실패에 대한 다른 처방을 내놨지만, 시장경제의 낙관론을 경계하고 시장경제의 위기를 예견했다는 공통점을 갖고 있습니다. 그들의 노력으로 시장경제는 투약과 수술을 거듭하며 인류의 소유와 거래를 보장합니다.

그들은 지난 1백 년 동안 위기의 시장경제가 가장 신뢰했던 외과 의사들입니다. 케인즈의 일반 이론이 발표됐을 때 만약 트위터가 있었다면 그의 팔로어는 족히 10억 명은 됐을 것입니다. 물론 마르크스만은 못했겠지만 말입니다.

글로벌 금융위기가 습관처럼 되풀이됩니다. 위기의 이면에는 전가의 보도처럼 처방된 재정정책과 통화정책이 있습니다. 내성이 강해진 시장에서 경기는 좀처럼 살아나지 않고, 인플레이션과 재정적자는 더 심각해집니다. 빚을 빚으로 막는 시대, 어쩌면 크루그먼의 말처럼 해법은 단 하나. 외계인의 침략을 기다리는 수밖에 없어 보입니다.

1시간 전…… 30분 전…… 10분 전…….

블룸버그통신 같은 미국 경제 매체들은 벤 버냉키 연방준비제도이사회 의장의 발표가 있을 때마다 로켓을 발사할 때처럼 카운트다운을 합니다. 그의 한 마디는 실시간으로 전파를 타고, 국채가격을 흔들고 기업의 가치를 결정합니다. 시장에 풀린 달러의 양을 결정하는 연방준비제도이사회의 기능은 그만큼 더 중요해졌습니다.

연방준비제도이사회가 지난 20년간 계속해 온 '돈 풀기'의 악행이 계속됩니다. 2013년 6월, 그 악행을 이제 끝낼 때가 됐다는 버냉키의 한 마디로 세계 증시가 급락하고 외환시장이 출렁입니다. 돈 풀기의 악행을 끊기에, 우리는 너무 흥청망청 풀린 '유동성'에 익숙해졌습니다.

"중앙은행이 없었을 때가 더 좋았다."

—그 악행의 초대 주인공, 앨런 그린스펀

2008년 글로벌 금융위기 이후 연방준비제도이사회는 이미 3조 달러, 우리 돈으로는 약 3,300조 원을 풀었습니다. 미국은 실업률이 6.5퍼센트까지 떨어질 때까지 이 위력적인 돈 풀기를 계속하기로 했습니다. 달러가 너무 흔해져 조만간 베개 안에 달러를 꽉꽉 채워 베고 자는 날이 올지도 모르겠습니다.

따지고 보면 중앙은행이 정부로부터 독립해 시장의 화폐량을 공정하게 조절하던 때가 얼마나 있었나 싶습니다. 과도하게 풀린 돈이 시장을 살리지 못하자 시장에는 온갖 부작용이 더 심해졌습니다. 그것은 아무리 효과 좋은 약도 지나치면 병이 되는 것과 똑같습니다.

지금 그 부작용이 저소득층과 비정규직, 아직 일자리를 찾지 못한 젊은이들에게 부메랑으로 돌아오고 있습니다. 그래서 생겨난 말이 '아프니까 시장'이라고 합니다.

지난 백 년간 수없이 되풀이된 시장경제의 위기는 우리에게 분명한 깨달음을 줬습니다. 그것은 '노력한 만큼 빵을 얻지 못하는 시장은 결국 누구에게도 이롭지 않다'는 것입니다. 우리가 이 진리를 믿는 한 소수가 부를 독점하는 시장은 언젠가 다시 치유될 것입니다. 때마다 겪는 글로벌 금융위기는 어쩌면 그 치유를 위한 과정일지 모릅니다.

사랑하는 큰딸 지민이가 10여 년 후 어른이 돼 만날 시장은 지금보다 더 공정하고 더 근사하길 기원해 봅니다. 빵과 포도주는 더 풍성해지고 시장은 더 공정해질 것입니다. 그 출발점은 지금의 위기에 대한 냉정한

비판과 그 비판에 대한 젊은 시장참여자들의 공유일 것입니다. 이 책이
그 공유의 마당에서 한 줌 지나는 바람이라도 되면 좋겠습니다.

"하느님…… 굶주린 자들에게는 빵을 주시고, 빵을 가진 우리에게
는 정의에 대한 굶주림을 주소서."

—니콜라스 월터스토프, 『정의와 평화가 입맞출 때까지』에서

참고자료

고영성,『경제를 읽는 기술 HIT』, 스마트북스, 2011년

누리엘 루비니,『위기 경제학』, 청림출판, 2010년

대니얼 카너먼,『생각에 관한 생각』, 김영사, 2012년

로버트 기요사키,『부자아빠 기요사키가 말하는 부자들의 음모』, 흐름출판, 2010년

로버트 라이시,『위기는 왜 반복되는가』, 김영사, 2011년

강준만,『자동차와 민주주의』, 인물과사상사, 2012년

마크 슈미트,『마크 슈미트의 이상한 대중문화 읽기』, 인간희극, 2010년

미쓰하시 다카아키,『부자 삼성 가난한 한국』, 티즈맵, 2011년

발레리 줄레조,『아파트 공화국』, 후마니타스, 2007년

쑹훙빈,『화폐전쟁』, 랜덤하우스코리아, 2012년

유시민,『부자의 경제학 빈민의 경제학』, 푸른나무, 2004년

이원재,『이상한 나라의 경제학』, 어크로스, 2012년

이언 에어즈,『당근과 채찍』, 리더스북, 2011년

에두아르도 포터,『모든 것의 가격』, 김영사, 2011년

장하준,『그들이 말하지 않는 23가지』, 부키, 2010년

전태영,『세금 이야기』, 생각의나무, 2005년

찰스 페인스틴, 피터 테민 외 1명,『대공황 전후 세계경제』, 동서문화사, 2008년

칼 폴라니,『거대한 전환』, 길, 2009년

토드 부크홀츠,『죽은 경제학자의 살아있는 아이디어』, 김영사, 2009년

폴 크루그먼,『폴 크루그먼 경제학의 진실』, 황금사자, 2009년

필립 하워드,『상식의 죽음: 어떻게 법이 미국을 질식시키고 있는가』, 랜덤하우스,
1991년

국민연금관리공단 홈페이지

기획재정부 홈페이지

미국 조세정책센터

EBS 지식채널 e

통계청

김원장 기자의 앵그리 경제학

초판 1쇄 2013년 9월 23일
초판 2쇄 2013년 11월 25일

지은이 | 김원장
펴낸이 | 송영석

편집장 | 이진숙 · 이혜진
기획편집 | 박신애 · 박은영 · 한지혜 · 서희정 · 이수정
디자인 | 박윤정 · 김현철
마케팅 | 이종우 · 허성권 · 김유종
관리 | 송우석 · 황규성 · 전지연 · 황지현 · 한승민

펴낸곳 | (株)해냄출판사
등록번호 | 제10-229호
등록일자 | 1988년 5월 11일(설립연도 | 1983년 6월 24일)

121-893 서울시 마포구 잔다리로 30(서교동 368-4) 해냄빌딩 5 · 6층
대표전화 | 326-1600 **팩스** | 326-1624
홈페이지 | www.hainaim.com

ISBN 978-89-6574-412-2

파본은 본사나 구입하신 서점에서 교환하여 드립니다.